GUIA DE CONVERSAÇÃO PARA VIAGENS

Italiano

Essencial Para Você se Comunicar Bem

ROUGH GUIDES

GUIA DE CONVERSAÇÃO PARA VIAGENS

Italiano

Essencial Para Você se Comunicar Bem

Compilado por

LEXUS

PUBLIFOLHA

Traduzido de "The Rough Guide Phrasebook Italian", edição de 2006, publicado por Rough Guides Ltd, 80 Strand, Londres, WC2R 0RL, Inglaterra.
Título original: "The Rough Guide Phrasebook Italian"

ISBN 978-85-7402-915-3

PUBLIFOLHA

Divisão de Publicações do Grupo Folha
Al. Barão de Limeira, 401, 6° andar
CEP 01202-900, São Paulo, SP
Tel.: (11) 3224-2186/2187/2197
www.publifolha.com.br

COORDENAÇÃO DO PROJETO
PUBLIFOLHA
Assistência editorial: Rodrigo Villela
Produção gráfica: Soraia Pauli Scarpa
Assistência de produção gráfica: Mariana Metidieri

PRODUÇÃO EDITORIAL
EDITORA PÁGINA VIVA
Tradução: Anna Quirino
Revisão: Felice Morabito
Consultoria técnica: Giliola Maggio de Castro

ROUGH GUIDES
Compilação: Lexus com Michela Masci
Edição da Série Lexus: Sally Davies
Direção de Referência: Andrew Lockett
Edição da Série: Mark Ellingham
Imagem de capa: © Rough Guides

Dados Internacionais de Catalogação na Publicação (CIP)
(Câmara Brasileira do Livro, SP, Brasil)

Italiano : Guia de Conversação Para Viagens / compilado por Lexus ; [tradução Anna Quirino]. – São Paulo : Publifolha, 2008. – (Coleção Guia de Conversação Para Viagens)

Título original: The Rough Guide Italian Phrasebook.
ISBN 978-85-7402-915-3

1. Italiano – Vocabulários e manuais de conversação – Português 2. Português – Vocabulários e manuais de conversação – Italiano I. Lexus. II. Série.

08-04304 CDD-468.3

Índices para catálogo sistemático:
1. Italiano : Guia de Conversação : Lingüística 468.3
2. Guia de Conversação : Italiano : Lingüística 468.3

SUMÁRIO

Introdução

O *Guia de Conversação Para Viagens Italiano* é uma introdução muito prática ao idioma. Organizado em estilo claro de A a Z, usa a referência de palavras-chave para levar você até as palavras e frases que deseja. Assim, se quiser reservar um quarto, é só olhar "quarto". Este guia vai direto ao ponto em todas as situações: em bares e lojas, trens e ônibus, em hotéis e bancos.

A parte principal é um dicionário duplo: Português–Italiano e Italiano–Português. Antes disso, há uma seção chamada **Frases Básicas** e, para envolver você numa comunicação de duas mãos, o livro inclui um conjunto de diálogos nos **Cenários**, que ilustram perguntas e respostas em situações-chave, como aluguel de carro ou pedido de orientação.

O coração do guia, a seção **Português–Italiano**, fornece transliterações das palavras italianas, fáceis de usar, sempre que houver dúvida quanto à pronúncia. Nessa parte, referências cruzadas permitem que você identifique fatos e frases básicas, enquanto as palavras com asterisco indicam que serão encontradas mais informações numa seção no final do livro, chamada **Como Funciona a Língua**. Ali estão as regras fundamentais do idioma, com muitos exemplos práticos. Também estão lá outros dados, a exemplo de números, datas, como dizer as horas e frases básicas. No dicionário **Italiano–Português** estão as frases que você provavelmente ouvirá (com uma série de gírias e coloquialismos), além de placas, etiquetas, instruções e outras palavras básicas que estarão impressas ou em locais públicos.

No final do livro, o *Guia de Conversação* oferece a seção **Menu**: listas de comidas e bebidas (com termos fundamentais), indispensáveis se você for comer fora, tomar uma bebida ou quiser dar uma espiada num mercado local.

buon viaggio!
boa viagem!

Frases Básicas

sim
sì

não
no

OK
d'accordo

bom-dia
buongiorno
buondjorno

boa-tarde (no fim da tarde)
buonasera
buonasera

boa-noite (mais tarde)
buonanotte
buonano-te

até logo
arrivederci
ar-rivedertchi

por favor
per favore
per favore

sim, obrigado(a)
sì, grazie
si gratzi-e

obrigado(a) grazie
gratzi-e

muito obrigado(a)
grazie mille
mil-le

não, obrigado(a)
no grazie

não há de quê
prego
prego

muito prazer
piacere
p-iatchere

como vai?
come sta?
ko-me stá

bem, obrigado(a), e você/ o senhor?
bene, grazie e tu/lei?
bene gratzi-e e tu/lei?

prazer em conhecê-la
piacere di conoscerla
p-iatchere di konocherla

com licença
(para passar) permesso
permes-so
(chamar a atenção) mi scusi
mi skuzi

queira desculpar (para se desculpar)
chiedo scusa
k-iedo skuza

desculpe/desculpe-me
scusa/mi scusi
skuza/mi skuzi

como? (sem entender)
prego?
pr**e**go

compreendo
capisco
kap**i**sko

não compreendo
non capisco
non kap**i**sko

você compreende?
capisci/capisce?
kap**i**chi/kap**i**che

você fala inglês?
parla inglese?
p**a**rla ingl**e**ze

eu não falo italiano
non parlo italiano
non p**a**rlo ita-li**a**no

poderia falar mais devagar?
puoi/può dirlo più lentamente?
pu**oi**/pu**ó** d**i**rlo pi**ú** lentam**e**nte

poderia repetir?
può ripetere?
pu**ó** rip**e**tere

poderia escrever para mim?
può scrivermelo?
pu**ó** skr**i**vermelo

eu gostaria...
vorrei...
vor-r**ei**

você gostaria...?
vuoi/vuole...
vu**o**i/vu**o**le

eu queria...?
vorrei...
vor-r**ei**

tem...?
avete...?
av**e**te

quanto custa?
quanto costa?
ku**a**nto k**o**sta

saúde!
(brinde) alla salute!
ala sal**u**te

é...
è...
é

onde é...?/onde está?
dov'è...?
dov**é**

é longe daqui?
è lontano da qui?
é lont**a**no da ku**í**

FRASES BÁSICAS

Cenários

1. Hospedagem

pode me recomendar um hotel econômico?
▸ mi può consigliare un albergo economico?
[mi puó konsi-lhare un albergo ekonomiko]

---

mi dispiace, sembrano tutti al completo ◂
[mi disp-iatche sembrano tut-ti al completo]
sinto muito, parece que estão todos lotados

---

pode me dar o nome de um bom hotel de preço médio?
▸ mi può dare il nome di un buon albergo a prezzo medio?
[mi puó dare il nome di un buon albergo a pretzo méd-io]

---

vediamo; vuol essere al centro? ◂
[ved-iamo vuol es-sere al tchentro]
vamos ver; deseja no centro?

---

se possível
▸ se possibile
[se pos-sibile]

---

le dà fastidio essere un po' fuori città? ◂
[le dá fastid-io es-sere un pó fuori tchi-tá]
importa-se de ficar um pouco fora da cidade?

---

não muito longe
▸ non troppo fuori
[non tro-po fuori]

onde fica no mapa?
▸ dove si trova sulla piantina?
[dove si trova sul-la p-iantina]

pode me escrever o nome e o endereço?
▸ mi può scrivere il nome e l'indirizzo?
[mi puó skrivere il nome e lindiritzo]

procuro um quarto numa casa particular
▸ cerco una stanza in una casa privata
[tcherko una stantza in una caza privata]

2. Bancos

conta bancária	il conto bancario	[konto banka-rio]
trocar dinheiro	cambiare dei soldi	[kambiare dei soldi]
cheque	l'assegno	[las-senho]
depositar	depositare	[depozitare]
euro	l'euro	[leu-ro]
senha	il pin	[il pin]
sacar/retirar	ritirare	[ritirare]

pode trocar isto por euros?
▶ mi può cambiare questi in euro?
[mi puó kamb-iare kuesti in e-uro]

---

come preferisce i soldi? ◀
[kome preferiche i soldi]
como quer o dinheiro?

---

notas pequenas
▶ banconote di piccolo taglio
[bankonote di pi-kolo ta-lho]

notas grandes
▶ banconote di grosso taglio
[bankonote di gros-so ta-lho]

---

tem informações em português sobre como abrir uma conta?
▶ ha informazioni in portoghese su come aprire un conto?
[a informatz-ioni in portogueze su kome aprire un konto]

▶ sì, che tipo di conto vuole?
[si ke tipo di konto vuole]
sim, que tipo de conta deseja?

quero uma conta corrente
vorrei un conto corrente ◀
[vor-rei un konto kor-rente]

▶ il suo passaporto, per favore
[il su-o pas-saporto per favore]
seu passaporte, por favor

---

posso usar este cartão para retirar dinheiro?
▶ posso usare questa carta per ritirare dei soldi?
[pos-so uzare kuesta karta per ritirare dei soldi]

▶ deve andare alla cassa
[deve andare al-la kas-sa]
precisa ir ao caixa

---

quero transferir este dinheiro para minha conta no Banco di Roma
▶ voglio trasferire questi soldi nel mio conto presso il Banco di Roma
[vo-lho trasferire kuesti soldi nel mi-o konto pres-so il Banko di Roma]

---

va bene, ma le dobbiamo addebitare la telefonata ◀
[va bene ma le do-biamo a-debitare la telefonata]
está bem, mas vamos lhe cobrar a chamada telefônica

3. Como reservar um quarto

chuveiro/ducha	la doccia	[la d**o**tcha]
telefone no quarto	telefono in stanza	[tel**e**fono in st**a**ntza]
telefone público no hall	telefono pubblico nella hall	[tel**e**fono p**u**-bliko ne-la ol]

tem quartos vagos?
▶ avete stanze libere?
[av**e**te st**a**nze l**i**bere]

▶ per quante persone?
[per ku**a**nte pers**o**ne]
para quantas pessoas?

para uma/para duas
per una/per due ◀
[per **u**na/per d**u**-e]

▶ sì, abbiamo delle stanze libere
[si ab-bi**a**mo d**e**-le st**a**ntze l**i**bere]
sim, temos quartos vagos

▶ per quante notti?
[per ku**a**nte n**o**-ti]
para quantas noites?

só por uma noite
solo per una notte ◀
[s**o**lo per **u**na n**o**-te]

---

quanto custa?
▶ quanto costa?
[ku**a**nto k**o**sta]

90 euro col bagno e 70 euro senza bagno ◀
[nov**a**nta **eu**-ro kol b**a**-nho e se-tanta **eu**-ro s**e**ntza b**a**-nho]
90 euros com banheiro e 70 euros sem banheiro

---

o café-da-manhã está incluído?
▶ la colazione è compresa?
[la kolatz-**io**ne é kompr**e**za]

posso ver um quarto com banheiro?
▶ posso vedere una stanza col bagno?
[p**o**s-so ved**e**re **u**na st**a**ntza kol b**a**-nho]

OK, fico com ele
va bene, la prendo ◀
[va b**e**ne la pr**e**ndo]

quando devo fazer o check out?
▶ quando devo lasciare la stanza?
[ku**a**ndo d**e**vo lachi**a**re la st**a**ntza]

há algum lugar para deixar a bagagem?
▶ posso lasciare i bagagli da qualche parte?
[p**o**s-so lachi**a**re i baga-lhi da ku**a**lke p**a**rte]

4. Aluguel de carro

câmbio automático	con il cambio automatico	[kon il **ka**mb-io outo-**ma**tiko]
tanque cheio	il serbatoio pieno	[serbat**oi**-o p-i**e**no]
câmbio manual	con il cambio manuale	[kon il **ka**mb-io manu-**a**le]
carro alugado	l'automobile a noleggio	[lautom**o**bile a nol**e**-djo]

gostaria de alugar um carro
▶ vorrei noleggiare un'automobile
[vor-r**ei** noledj**a**re un autom**o**bile]

per quanti giorni? ◀
[per ku**a**nti dj**o**rni]
por quantos dias?

dois dias
▶ due giorni
[d**u**-e dj**o**rni]

fico com o...
▶ prendo la...
[pr**e**ndo la...]

a quilometragem é ilimitada?
▶ il chilometraggio è illimitato?
[il kilometr**a**-djo é ilimit**a**to]

sì ◀
[si]
sim

mi fa vedere la patente per favore? ◀
[mi fa ved**e**re la pat**e**nte per fav**o**re]
posso ver sua habilitação, por favor?

e il passaporto ◀
[e il pas-sap**o**rto]
e seu passaporte

o seguro está incluído?
▶ l'assicurazione è compresa?
[las-sikuratz-i**o**ne é compr**e**za]

sì, ma deve pagare i primi 100 euro ◀
[si ma d**e**ve pag**a**re i pr**i**mi tchento **eu**-ro]
sim, mas terá de pagar os primeiros 100 euros

può lasciare una caparra di 100 euro? ◀
[pu**ó** lachi**a**re **u**na kap**a**r-ra di tch**e**nto **eu**-ro]
pode deixar um depósito de 100 euros?

e se a loja estiver fechada, onde deixo as chaves?
▶ e se quest'ufficio è chiuso, dove posso lasciare le chiavi?
[e se kuesto u-f**i**tcho é k-i**u**zo d**o**ve p**o**s-so lachi**a**re le k-i**a**vi]

le infili in quella cassetta ◀
[le inf**i**li in ku**e**-la kas-s**e**t-ta]
coloque-as naquela caixa

5. Comunicações

modem ADSL	il modem ADSL	[il **mo**dem a-di-es-se-**e**-le]
arroba	chiocciola	[ki**ot**cho-la]
modem telefônico	il modem a linea commutata	[il **mo**dem a **li**ne-a ko-mu**ta**ta]
ponto	punto	[**pu**nto]
internet	l'internet	[**li**nternet]
celular	il cellulare	[il tche-lu**la**re]
senha	la password	
adaptador do telefone	l'adattatore del telefono	[lada-tat**o**re del tel**e**fono]
acesso sem fio	il punto di accesso wireless a internet	[il **pu**nto di atch**e**sso wireless a **i**nternet]

tem um cibercafé por aqui?
▶ c'è un internet café da queste parti?
[tch**é** un **i**nternet kaf**é** da ku**e**ste p**a**rti]

posso mandar e-mail daqui?
▶ posso mandare delle mail da qui?
[p**o**s-so mand**a**re d**e**-le mail da ku**i**]

onde é a arroba no teclado?
▶ dov'è la chiocciola sulla tastiera?
[d**o**ve la ki**o**-tchola s**u**-la tast-i**e**ra]

pode mudar para teclado britânico?
▶ si può cambiare la tastiera in britannica?
[si pu**ó** kamb-i**a**re la tast-i**e**ra in brit**a**-nika]

pode me ajudar a fazer o log in?
▶ mi può aiutare a fare il log in?
[mi pu**ó** a-iut**a**re a f**a**re il log in]

não consigo conexão, pode me ajudar?
▶ non riesco a collegarmi, mi può aiutare?
[non ri-**e**sko a ko-leg**a**rmi mi pu**ó** a-iut**a**re]

onde posso comprar recarga para o meu celular?
▶ dove posso comprare una ricarica per il mio cellulare?
[d**o**ve p**o**s-so kompr**a**re **u**na rik**a**rika per il m**i**-o tche-lul**a**re]

pode me conectar a...?
▶ mi può passare...?
[mi pu**ó** pas-s**a**re...]

zero zero [dz**e**ro]	**cinco** cinque [tch**i**nk ue]
um uno [**u**no]	**seis** sei [sei]
dois due [d**u**-e]	**sete** sette [s**e**-te]
três tre [tré]	**oito** otto [**o**-to]
quatro quattro [ku**a**-tro]	**nove** nove [n**o**-ve]

6. Orientação

oi, procuro a via Messina
▶ salve, cerco via Messina
[salve tcherko vi-a mes-sina]

mi dispiace, mai sentita ◀
[mi disp-iatche ma-i sentita]
desculpe, nunca ouvi falar dela

oi, pode me dizer onde fica a via Messina?
▶ salve, mi sa dire dove si trova via Messina?
[salve mi sa dire dove si trova vi-a mes-sina]

anch'io non sono di quí ◀
[anki-o non sono di kuí]
eu também não sou daqui

olá, a via Messina, você sabe onde fica?
▶ salve, via Messina, sa dov'è?
[salve vi-a mes-sina sa dové]

onde?
dove?
[dove]

em que direção?
in quale direzione?
[in kuale diretz-ione]

▶ a sinistra al secondo semaforo
[a sinistra al sekondo semaforo]
à esquerda, no segundo semáforo

▶ all'angolo
[a-langolo]
na esquina

poi è la prima strada a destra ◀
[poi é la prima strada a destra]
depois, é a primeira rua à direita

appena dopo [a-pena dopo] logo depois	indietro [ind-ietro] atrás	sempre dritto [sempre dri-to] em frente	svoltare [svoltare] voltar
davanti a [davanti a] diante de	lì [li] ali	strada [strada] rua	vicino [vitchino] perto
di fronte [di fronte] na frente	più avanti [p-iu avanti] mais adiante	sulla destra [su-la destra] à direita	
dopo il... [dopo il...] depois de...	prossimo [pros-simo] próximo	sulla sinistra [sul-la sinistra] à esquerda	

7. Emergências

acidente	l'incidente	[lintchidente]
ambulância	l'ambulanza	[lambulantza]
cônsul	il console	[il console]
embaixada	l'ambasciata	[lambachiata]
bombeiros	i vigili del fuoco	[vidjili del fuoko]
polícia	la polizia	[politzi-a]

socorro!
▸ aiuto!
[a-iuto]

pode me ajudar?
▸ può aiutarmi?
[puó a-iutarmi]

por favor, venha comigo! é realmente muito urgente!
▸ per favore venga con me! è davvero molto urgente!
[per favore venga com me é da-vero molto urdjente]

perdi (as chaves)
▸ ho perso (le chiavi)
[o perso (le k-iavi)]

(meu carro) não funciona
▸ (la mia automobile) non funziona
[(la mi-a automobile) non funtz-iona]

(minha bolsa) foi roubada
▸ (il mio borsellino) è stato rubato
[(il mi-o borse-lino) é stato rubato]

fui assaltada
▸ sono stata aggredita
[sono stata a-gredita]

---

come si chiama? ◂
[kome si k-iama]
qual é seu nome?

---

mi può mostrare il passaporto? ◂
[mi puó mostrare il pas-saporto]
posso ver seu passaporte?

---

sinto muito, todos os meus documentos foram roubados
▸ mi dispiace, mi hanno rubato tutti i documenti
[mi disp-iatche mi a-no rubato tut-ti i documenti]

8. Amigos

oi, como vai?
▸ ciao, come va?
[tchau kome va]

bene, e tu? ◂
[bene e tu]
bem, e você?

---

tudo bem
▸ bene
[bene]

menos mal
▸ non c'è male
[non tché male]

---

conhece o Marco?
▸ conosci Marco?
[conochi marco]

---

e esta é Hannah
▸ e questa è Hannah
[e kuesta é han-nah]

sì, ci conosciamo già ◂
[si tchi konoch-iamo djá]
é, a gente já se conhece

---

de onde se conhecem?
▸ dove vi siete conosciuti?
[dove vi s-iete konochuti]

nos conhecemos na casa do Luca
▸ ci siamo conosciuti da Luca
[tchi s-iamo konochuti da luka]

---

aquilo é que foi festa, né?
▸ che festa quella, vero?
[ke festa kue-la vero]

fantastica ◂
[fantastika]
fantástica

---

querem tomar uma cerveja?
▸ venite a prendere una birra?
[venite a prendere una bir-ra]

▸ grande, andiamo
[grande and-iamo]
legal, vamos lá

no, mi vedo con Luisa ◂
[no mi vedo con lu-iza]
não, vou encontrar a Luisa

a gente se encontra na casa do Luca, à noite
▸ ci vediamo da Luca stasera
[tchi ved-iamo da luka stasera]

---

ciao ◂
[tchau]
tchau

9. Saúde

Não estou me sentindo bem
▸ non mi sento bene
[non mi **se**nto **be**ne]

pode chamar um médico?
▸ può chiamare un dottore?
[pu**ó** k-iam**a**re un do-t**o**re]

▸ dove le fa male?
[d**o**ve le fa m**a**le]
onde dói?

dói aqui
mi fa male qui ◂
[mi fa m**a**le ku**í**]

▸ il dolore è continuo?
[il dol**o**re é kont**i**nu-o]
é uma dor constante?

não é uma dor constante
non è un dolore continuo ◂
[noné un dol**o**re kont**i**nu-o]

---

posso marcar uma hora?
▸ posso prendere un appuntamento?
[pos-so pr**e**ndere un a-puntam**e**nto]

---

pode me dar algo para...?
▸ mi può dare qualcosa per...?
[mi pu**ó** d**a**re kualk**o**za per...]

sim, tenho seguro (de saúde)
sì, sono assicurato ◂
[si s**o**no as-sikur**a**to]

antibióticos	gli antibiotici	[antibi**o**titchi]
pomada anti-séptica	la pomata antisettica	[pom**a**ta] antis**e**-tika]
cistite	la cistite	[tchist**i**te]
dentista	il/la dentista	[dent**i**sta]
diarréia	la diarrea	[di-arr**e**-a]
doutor	il dottore	[do-t**o**re]
hospital	l'ospedale	[osped**a**le]
doente	malato/a	[mal**a**to]
remédio	la medicina	[meditch**i**na]
analgésicos	gli analgesici	[analdj**e**zitchi]
farmácia	la farmacia	[farmatch**i**-a]
prescrever	prescrivere	[pre**skri**vere]
afta	la candida	[k**a**ndida]

10. Dificuldades de linguagem

algumas palavras	qualche parola	[kualke parola]
intérprete	l'interprete	[interprete]
traduzir	tradurre	[tradur-re]

la sua carta di credito è stata respinta ◀
[la su-a karta di kredito é stata respinta]
seu cartão de crédito foi recusado

---

como, não entendo; você fala inglês?
▶ come, non capisco; parla inglese?
[kome non kapisko parla ingleze]

---

non è valida ◀
[noné valida]
não é válido

---

poderia repetir?
▶ può ripetere?
[puó ripetere]

lentamente
lentamente ◀
[lentamente]

---

entendo só um pouco de italiano
▶ capisco solo un po' d'italiano
[kapisko solo un po dital-iano]

falo italiano muito mal
▶ parlo italiano molto male
[parlo lital-iano molto male]

---

non può usare questa carta per pagare ◀
[non puó uzare kuesta karta per pagare]
não pode usar este cartão para pagar

▶ capisce?
[kapiche]
entende?

não, desculpe
no, mi dispiace ◀
[no mi disp-iatche]

---

tem alguém que fale inglês?
▶ c'è qualcuno che parla inglese?
[tché kualkuno ke parla ingleze]

---

ah, agora entendo
▶ oh, ora capisco
[o ora kapisko]

está tudo bem agora?
▶ va bene ora?
[va bene ora]

11. Ao conhecer pessoas

olá
▶ salve
[**sa**lve]

---

salve, mi chiamo Anna ◀
[**sa**lve mi k-**ia**mo **an**-na]
olá, meu nome é Anna

---

sou Graham, de Thirsk, na Inglaterra
▶ io sono Graham, di Thirsk, in Inghilterra
[**i**-o **so**no graham di thirsk in inguil**ter**-ra]

---

non conosco questo posto, dove si trova? ◀
[non kon**o**sko ku**e**sto p**o**sto d**o**ve si tr**o**va]
não conheço esse lugar, onde fica?

---

não muito longe de York, no norte; e você?
▶ non lontano da York, nel nord; e lei di dov'è?
[non lont**a**no da york nel nord e lei di dov**é**]

▶ io sono di Milano; è qui da solo?
[**i**-o **so**no di mil**a**no é ku**í** da s**o**lo]
eu sou de Milão; está aqui sozinho?

---

não, estou com minha esposa e dois filhos
▶ no, sono qui con mia moglie e i miei due figli
[no **so**no ku**í** con m**i**-a m**o**-lhe e i m-**ie**-i d**u**-e f**i**-lhi]

---

o que você faz?
▶ che lavoro fa?
[ke lav**o**ro fa]

mi occupo di computer ◀
[mi **o**-kupo di 'kompi**u**ter']
trabalho com computadores

eu também
▶ anch'io
[ank**i**-o]

---

esta é minha esposa
▶ ecco mia moglie
[e-ko m**i**-a m**o**-lhe]

---

piacere ◀
[p-iatch**e**re]
prazer em conhecê-la

12. Correio

correio aéreo	la posta aerea	[**po**sta a-**e**re-a]
cartão-postal	la cartolina	[karto**li**na]
correio	la posta	[**po**sta]
selo	il francobollo	[frankob**o**-lo]

a que horas fecha o correio?
▶ a che ora chiude la posta?
[a ke **o**ra k-**iu**de la **po**sta]

alle cinque dal lunedì al venerdì ◀
[**al**-le tch**in**kue dal lune**di** al vener**di**]
às 17h, nos dias úteis

---

o correio abre aos sábados?
▶ la posta è aperta il sabato?
[la **po**sta é ap**er**ta il **sa**bato]

fino a mezzogiorno ◀
[**fi**no a medzodj**o**rno]
até meio-dia

---

gostaria de mandar esta carta registrada para a Inglaterra
▶ vorrei spedire questo in Inghilterra per raccomandata
[vor-**rei** sped**i**re ku**e**sto in inguilt**er**-ra per ra-komand**a**ta]

---

sì, sono 10 euro ◀
[si s**o**no di-**e**tchi **eu**-ro]
sim, são 10 euros

---

e também dois selos para a Inglaterra, por favor
▶ e anche due francobolli per l'Inghilterra, per favore
[e **a**nke d**u**-e frankob**o**-li per linguilt**er**-ra per fav**o**re]

tem adesivos de correio aéreo?
▶ ha degli adesivi di posta aerea?
[a d**e**-lhi ades**i**vi di p**o**sta a-**e**re-a]

tem carta para mim?
▶ c'è posta per me?
[tché p**o**sta per me]

internacional	estero	[**e**stero]
posta restante	fermo posta	[f**e**rmo p**o**sta]
pacotes	pacchi	[p**a**ki]

13. Restaurantes

conta	il conto	[konto]
menu	il menù	[menu]
mesa	il tavolo	[tavolo]

gostaríamos de uma mesa para não-fumante
▶ vorremmo un tavolo per non fumatori
[vor-re-mo un tavolo per non fumatori]

somos dois/duas
▶ siamo in due
[s-iamo in du-e]

somos quatro
▶ siamo in quattro ◀
[s-iamo in kua-tro]

---

o que é isto?
▶ questo cos'è?
[kuesto kozé]

è un tipo di pesce ◀
[é un tipo di peche]
é um tipo de peixe

è una specialità del posto ◀
[é una spetch-ialitá del posto]
é uma especialidade do local

entri e le faccio vedere ◀
[entri e le fatchio vedere]
entre e eu lhe mostro

---

gostaríamos de dois destes, um deste e um daquele
▶ vorremmo due di questi, uno di questi, e uno di questi
[vor-rem-mo du-e di kuesti uno di kuesti e uno di kuesti]

▶ e da bere?
[e da bere]
e para beber?

vinho tinto
▶ vino rosso
[vino ros-so]

vinho branco
▶ vino bianco
[vino b-ianko]

uma cerveja e dois sucos de laranja
▶ una birra e due succhi d'arancia
[una bir-ra e du-e su-ki darantcha]

---

um pouco mais de pão, por favor
▶ ancora pane, per favore
[ankora pane per favore]

▶ è andata bene?
[é andata bene]
como estava a comida?

excelente!, muito boa!
▶ ottimo!, molto buono!
[o-timo molto buono]

▶ desiderano altro?
[deziderano altro]
algo mais?

só a conta, obrigado(a)
▶ solo il conto, grazie
[solo il konto gratzi-e]

14. Compras

posso esserle d'aiuto? ◀
[pos-so es-serle da-iuto]
posso ajudá-lo(la)?

---

posso dar só uma espiada?
▶ posso dare uno sguardo?
[pos-so dare uno sguardo]

sim, procuro...
▶ sì, cerco...
[si tcherko...]

---

quanto custa isto?
▶ quanto costa questo?
[kuanto kosta kuesto]

trentadue euro ◀
[trentadu-e eu-ro]
32 euros

OK, não posso levar; é meio caro para mim
▶ lasciamo stare; è un po' troppo caro per me
[lach-iamo stare é un pó tro-po karo per me]

---

e questo? ◀
[e kuesto]
e isto?

---

posso pagar com cartão de crédito?
▶ posso pagare con una carta di credito?
[pos-so pagare kon una karta di kredito]

é muito grande
▶ è troppo grande
[é tro-po grande]

é muito pequeno
▶ è troppo piccolo
é tro-po pik-kolo]

é para meu filho: ele tem mais ou menos esta altura
▶ è per mio figlio: è alto più o meno così
[é per mi-o fil-ho é alto p-iú o meno kozi]

▶ altro?
[altro]
mais alguma coisa?

isso é tudo, obrigado(a)
▶ è tutto, grazie
[é tu-to gratzi-e]

---

se fizer por 20 euros, eu levo
▶ se me lo dà a venti euro, lo prendo
[se me lo dá a venti eu-ro lo prendo]

tudo bem, eu levo
▶ bene lo prendo
[bene lo prendo]

aperto	aberto(a) [aperto]	chiuso	fechado(a) [kiuzo]
cambiare	trocar [kambiare]	svendita	venda [svendita]
la cassa	a caixa [kassa]		

15. Turismo

galeria de arte	la galleria d'arte	[ga-ler**i**-a d**a**rte]
passeio de ônibus	la gita in autobus	[dj**i**ta in **au**tobus]
centro da cidade	il centro della città	[tch**e**ntro d**e**-la tchi-t**á**]
fechado	chiuso	[k-i**u**zo]
guia	la guida	[gu**i**da]
museu	il museo	[muz**e**-o]
aberto	aperto	[ap**e**rto]

estou interessado em ver a cidade velha
▶ mi piacerebbe vedere la città vecchia
[mi p-iatcher**e**-be ved**e**re la tchi-t**á** v**e**k-ia]

---

há visitas guiadas?
▶ ci sono visite guidate?
[tchi s**o**no v**i**zite guid**a**te]

mi dispiace, siamo al completo ◀
[mi disp-i**a**tche s-i**a**mo al kompl**e**to]
desculpe, está lotado

---

conto cobraria para nos levar para passear de carro por 4 horas?
▶ quanto vorrebbe per portarci in giro in automobile per quattro ore?
[ku**a**nto vor-r**e**b-be per port**a**rtchi in dj**i**ro in autom**o**bile per ku**a**-tro **o**re]

---

podemos reservar aqui os ingressos para o concerto?
▶ possiamo prenotare qui i biglietti per il concerto?
[poss-i**a**mo prenot**a**re ku**í** i bi-lh**e**-ti per il contch**e**rto]

---

sim, em nome de quem?
▶ sì, a nome di qui?
[si a n**o**me di ki]

qual cartão de crédito?
quale carta di credito? ◀
[qu**a**le k**a**rta di kr**e**dito]

---

onde pegamos os ingressos?
▶ dove possiamo ritirare i biglietti?
[d**o**ve poss-i**a**mo ritir**a**re i bi-lh**e**-ti]

potete ritirarli all'entrata ◀
[pot**e**te ritir**a**rli a-lentr**a**ta]
pode pegá-los na entrada

---

abre aos domingos?
▶ apre la domenica?
[**a**pre la dom**e**nika]

quanto custa para entrar?
▶ quanto costa l'ingresso?
[ku**a**nto k**o**sta lingr**e**s-so]

---

tem desconto para grupos de seis pessoas?
▶ ci sono sconti per gruppi di sei persone?
[tchi s**o**no sk**o**nti per gr**u**-pi di sei pers**o**ne]

---

foi realmente impressionante!
▶ era davvero straordinario!
[**e**ra (é st**a**to) da-v**e**ro stra-ordin**a**ri-o]

16. Trem

trocar de trem	cambiare	[kamb-iare]
plataforma	il binario	[binari-o]
ida e volta	andata e ritorno	[andata e ritorno]
só ida	sola andata	[sola andata]
estação	la stazione	[statz-ione]
parada	la fermata	[fermata]
bilhete	il biglietto	[bi-lhe-to]

quanto custa...?
▶ quanto costa...?
[kuanto kosta...]

só de ida, de segunda classe, para...
▶ un biglietto di seconda classe, di sola andata per...
[un bi-lhe-to di sekonda klas-se di sola andata per...]

dois ida e volta, de segunda classe, para...
▶ due biglietti di seconda classe, andata e ritorno per...
[du-e bi-lhet-ti di sekonda klas-se andata e ritorno per...]

para hoje
▶ per oggi
[per od-ji]

para amanhã
▶ per domani
[per domani]

para a próxima terça-feira
▶ per martedì prossimo
[per martedi pros-simo]

c'è un supplemento per l'Intercity ◀
[tché un su-plemento per lintersiti]
há um suplemento para a Intercity

vuole prenotare un posto? ◀
[vuole prenotare un posto]
quer reservar um lugar?

deve cambiare a Bologna ◀
[deve kamb-iare a Bolonha]
você tem de trocar de trem em Bolonha

este lugar está livre?
▶ è libero questo posto?
[é libero kuesto posto]

desculpe, em que estação estamos?
▶ scusi, che stazione è questa?
[skuzi ke statz-ione é kuesta]

é aqui que troco de trem para Pisa?
▶ è qui che devo cambiare per Pisa?
[é kuí ke devo kamb-iare per piza]

Português

→

Italiano

A

a la
a vida la vita
à alla
às 18 horas alle sei [a-le]
abacaxi l'ananas **m**
suco de abacaxi il succo d'ananas [su-ko]
aberto aperto [aperto]
a céu aberto all'aria aperta
abobrinha il zucchino [dzu-kino]
aborrecido (chato) seccante [se-kante]
abridor (de garrafa) il cavatappi
abridor de lata l'apriscatole **m** [lapriskatole]
abrigo de moletom la felpa
abril aprile [aprile]
abrir aprire [aprire]
não consigo abri-lo(la) non riesco ad aprirlo/aprirla [r-iesko ad aprirlo/aprirla]
quando abre? quando aprite? [kuando aprite]
absorvente higiênico gli assorbenti igienici [as-sorbenti idjenitchi]
acabar finire [finire]
acabou è finito/finita [é]
quando acaba? quando finisce? [kuando finiche]
acampamento il campeggio [kampedjo]
acampamento de trailer/ motor-home il campeggio per roulotte [kampedj per]
acampar campeggiare [kampedjare]
podemos acampar aqui? possiamo accamparci qui? [pos-iamo kampedjare kui]
aceitar accettare [atchetare]
aceita cartão de crédito? accettate carte di credito? [ache-tate karte di kredito]
sim, aceito va bene, lo/la prendo [bene]
acelerador l'acceleratore **m** [atcheleratore]
acender (ligar a TV, a luz) accendere [atchendere]
achados e perdidos (escritório) l'ufficio oggetti smarriti **m** [u-fitcho odje-ti zmar-riti]
achar (encontrar) trovare [trovare]
achei l'ho trovato/trovata
não encontro um(a) dos meus(das minhas)... non trovo uno/una dei miei/delle mie... [dei miei/de-le mie]
não acho non lo/la trovo
achatado piatto [p-ia-to]
acidente l'incidente **m** [intchidente]
houve um acidente c'è stato un incidente [tché]
acidente rodoviário l'incidente stradale **m** [intchidente stradale]
ácido (sabor) aspro
acima di sopra
acima de... sopra a...
acontecer succedere [sutchedere]

o que aconteceu? che è successo? [é sutches-so]
o que está acontecendo? che succede? [ke sutchede]
acordar svegliare [svelhare]
ele está acordado? è sveglio? [é zvelho]
açougueiro il macellaio [matchel-la-io]
acreditar credere [credere]
acredito (acho) que não non credo [kredo]
açúcar lo zucchero [dzu-kero]
adaptador il riduttore [ridu-tore]
adega la cantina
adiante avanti
é mais adiante nesta rua è più avanti su questa strada [é p-iú – su kuesta]
mais adiante più avanti [p-iú]
adolescente l'adolescente **m/f** [adolechente]
Adriático il mare Adriatico [mare]
adulto l'adulto **m** [adulto]
advogado l'avvocato **m**
aérea: por via aérea per via aerea [per vi-a aerea]
aeroplano l'aeroplano **m** [a-eroplano]
aeroporto l'aeroporto **m** [a-eroporto]
ônibus para o aeroporto l'autobus dell'aeroporto **m** [lautobus]
para o aeroporto, por favor all'aeroporto, per favore [per favore]
afiado(a) (faca etc.) tagliente [talhente]
África do Sul il Sudafrica [sudafrika]
afta la stomatite [stomatite]
agasalho la giacca a vento [dja-ka]
agência de correio l'ufficio postale **m** [u-ficho postale]
agência de viagens l'agenzia di viaggi **f** [adjentz-ia di vi-adji]
agenda l'agenda **f** [ladjenda]
agenda de endereços la rubrica
agora adesso
pode fazê-lo agora? può farlo adesso? [puó]
agosto agosto
agradar piacere
agradável piacevole [piatchevole]
água l'acqua **f** [akua]
eu queria um pouco d'água vorrei un po' d'acqua [vor-rei]
água de colônia l'eau de toilette **f**
água destilada l'acqua distillata **f** [lakua]
água mineral l'acqua minerale **f** [akua min-erale]
água potável l'acqua potabile [akua potabile]
esta água é potável? è potabile quest'acqua? [e – kuest]
água tônica l'acqua tonica **f** [akua]
água-viva la medusa [meduza]
agudo (dor) acuto [akuto]

agulha l'ago **m**
aids l'aids **m** [a-idiesse]
ainda ancora

diálogo

já chegou? è (già) arrivato? [é dja]
não, ainda não no, non ancora
você ainda terá de esperar um pouco devi/deve aspettare ancora un po' [deve aspe-tare]
ainda estou esperando sto ancora aspettando
ele ainda está aqui? è ancora lì? [é]
ele ainda não se levantou non si è ancora alzato [non si é – altzato]

aipo il sedano [sedano]
ajuda l'aiuto **m** [a-iuto]
ajudar aiutare [a-iutare]
obrigado pela ajuda grazie dell'aiuto [gratzi-e]
pode me ajudar? mi può aiutare? [puó]
alarme de incêndio l'allarme antincendio **m** [a-larme antintchend-io]
alavanca la leva [leva]
alavanca de câmbio la leva del cambio
albanês (adj.) albanese [albaneze]
Albânia l'Albania **f**
albergue da juventude l'ostello della gioventù **m** [djoventu]
alça (de balde) il manico [maniko]
(de mala) la cinghia [tching-uia]
(de vestido) la spallina
álcool l'alcool **m** [alkol]
alcoólico alcoolico [alkoliko]
além oltre [oltre]
além de a parte [parte]
Alemanha la Germania
alemão (adj.) tedesco
alérgico(a): sou alérgico a... sono allergico a... [al-lerjiko]
alfabeto l'alfabeto **m**

a a	**j** i-lunga	**s** es-se
b bi	**k** kap-pa	**t** tee
c tchi	**l** el-le	**u** u
d di	**m** em-me	**v** vu
e e	**n** en-ne	**w** vu dop-io
f ef-fe	**o** o	**x** iks
g dji	**p** pi	**y** ipsilon
h ak-ka	**q** ku	**z** tze-ta
i i	**r** er-re	

alface la lattuga [lat-tuga]
alfaiate il sarto
alfândega la dogana
alfinete lo spillo [spi-lo]
alfinete de segurança la spilla di sicurezza [sikuretza]
alga marinha le alghe marine [algue marine]
algo qualcosa [kualkoza]

diálogo

algo mais? altro?
mais nada, obrigado(a) nient'altro, grazie [n-ientaltro]
quer algo para beber? vuole qualcosa da bere? [vuole kualkoza da bere]
Não quero nada, obrigado(a) non voglio niente, grazie [non volho n-iente]

algodão il cotone [kotone]
algodão em rama l'ovatta **f**
alguém qualcuno [kualkuno]
alguém fala inglês? c'è qualcuno che parla inglese? [tché – ke parla ingleze]
alguns/algumas alcuni/alcune [alkuni/alkune]
alguns dias alcuni giorni
alho l'aglio **m** [lalho]
alho-poró il porro
ali lì, là
ali adiante laggiù [ladju]
ali em cima lassù [las-su]
aliança (de casamento) la vera [vera]
alicate le pinze [pintze]
alimento (comida) il cibo [tchibo]
almoço il pranzo [prantzo]
almofada il cuscino [kuchino]
alô (ao telefone) pronto
Alpes le Alpi
alpinismo l'alpinismo **m**
alto (elevado) alto
(som) forte [forte]
altura l'altezza **f** [altetza]
alugar noleggiare [noledjare]
carro alugado la macchina a noleggio [ma-kina a noledjo]
onde posso alugar uma bicicleta? dove posso noleggiare una bicicletta? [dove]
para alugar a nolo
aluguel (de apartamento etc.) l'affitto **m**
(de carro) l'autonoleggio **m** [autonoledjo]
alvorada l'alba **f**
amanhã domani
amanhã de manhã domani mattina
depois de amanhã dopodomani
amanhã estou ocupado domani ho da fare [o da fare]
amanhecer (alvorada) l'alba **f**
ao amanhecer all'alba
amanhecido (pão) raffermo [ra-fermo]
amar amare [amare]
eu amo a Itália mi piace molto l'Italia [mi p-iatche]
amarelo giallo [dja-lo]
amargo amaro
ambiente interno all'interno [interno]
ambos tutti e due [tu-ti e du-e], tutte e due [tu-te]
ambulância l'ambulanza **f** [ambulantza]
chame a ambulância!

chiamate un'ambulanza! [k-iamate]
amêndoa la mandorla
amendoins le arachidi [arakidi]
ameno (clima) mite [mite]
América l'America **f** [amerika]
americano americano [amerikano]
sou americano (a) sono americano/americana
amigdalite la tonsillite [tonsi-lite]
amigo(a) l'amico **m**, l'amica **f**
amor l'amore **m** [amore]
amortecedor (de carro) l'ammortizzatore **m** [a-mortitzatore]
ampère: um fusível de 13 ampères un fusibile da tredici ampere [fuzibile da – ampere]
ampliação (de foto) l'ingrandimento **m**
analgésicos gli analgesici [analdjezitchi]
andar (de prédio) il piano
anel (de dedo) l'anello **m**
anfiteatro l'anfiteatro **m** [anfite-atro]
animado (pessoa, cidade) pieno di vita [p-ieno di vita]
animal l'animale **m** [animale]
aniversário il compleanno [komple-a-no]
feliz aniversário! buon compleanno! [buon]
aniversário de casamento l'anniversario di matrimonio **m**
ano l'anno **m**
Ano-Novo l'anno nuovo **m** [nuovo]
feliz Ano-Novo! felice anno nuovo! [feli-tche]
anteontem l'altro ieri
antepasto l'antipasto **m**
antecipadamente in anticipo [in antitchipo]
antes prima di [prima]
antibióticos gli antibiotici [antibi-otitchi]
anticoncepcional il contraccettivo [kontratche-tivo]
anticongelante l'antigelo **m** [antidjelo]
antigo antico
antiguidade: isto é uma antiguidade? è un pezzo d'antiquariato? [é un petzo dantikuar-iato]
anti-histamínico l'antistaminico **m**
antipático antipatico
antiquário il negozio di antiquariato [negotz-io di]
anti-séptico l'antisettico **m**
aparar: apenas aparar (no cabeleireiro) solo una spuntatina per favore [spuntatina]
aparelho auditivo l'apparecchio acustico **m** [a-parek-io akustiko]
aparelho de som lo stereo [stere-o]
apartamento l'appartamento **m**
apart-hotel l'appartamento (per le vacanze) **m** [per le vakantze]

apenas (somente) solo
apenas um solo uno
apenas para mim solo per me [per me]
são apenas 6 horas sono solo le sei
apendicite l'appendicite **f** [a-penditchite]
Apeninos gli Appennini
aperitivo l'aperitivo **m** [aperitivo]
apertado (roupa justa etc.) attillato, stretto
está muito apertado è troppo stretto [é]
aperto de mão stringersi la mano [strindjersi]
apinhado (lotado) affollato
aposentado(a) il pensionato, la pensionata
sou aposentado sono in pensione [pens-ione]
aprender imparare [imparare]
apresentar presentare [presentare]
posso lhe apresentar...? posso presentarle...? [presentarle]
apressar-se sbrigarsi
depressa! sbrigati! [zbrigati]
aproximadamente grossomodo
aquecedor (em casa) il radiatore [radiatore]
(no carro) il riscaldamento
aquecedor elétrico la stufa elettrica [stufa]
aquecimento (esporte) il riscaldamento
aquecimento central il riscaldamento autonomo [autonomo]
aquele(a), aqueles(as) quello(a), quelli(e)
aquela mulher quella donna [kuel-la]
aquelas mulheres quelle donne
aquele(a) é...? (quello/quella) è...?
aquele(a) quello/quella
aqueles(as) quelli/quelle [kue-li/kue-le]
aquele homem quell'uomo [kuel uomo]
aqueles homens quegli uomini [kuelhi]
aquelas crianças quei bambini [kuei]
quais? – aqueles, aquelas quali? – quelli/quelle [kuali]
aqui qui [kuí]
aqui está ecco qua [kua]
bem aqui proprio qui [kuí]
eis aqui... ecco...
ar l'aria **f**
ar livre: ao ar livre all'aperto [aperto]
arame il filo di ferro [fer-ro]
aranha il ragno [ranho]
ar-condicionado l'aria condizionata [laria conditz-ionata]
área la zona
areia la sabbia
armário l'armadio **m** [armad-io]
(de cozinha) la credenza [kredentza]

arranhão il graffio **[gra-fio]**
arriscado rischioso **[risk-iozo]**
arrombar: minha casa foi arrombada mi sono entrati i ladri in casa
arroz il riso **[rizo]**
arruela la rondella
arte l'arte **f** **[arte]**
artista l'artista **m/f**
árvore l'albero **m** **[albero]**
asa-delta il deltaplano
asma l'asma **f**
aspirador de pó l'aspirapolvere **m** **[aspirapolvere]**
aspirina l'aspirina **f**
assaltado: fui assaltado sono stato aggredito **[a-gredito]**
assento il posto
este assento está livre? è libero questo posto? **[é libero kuesto]**
assento no corredor (em avião) il posto vicino al corridoio **[vichino al kor-rido-io]**
assim così **[kozi]**
assim basta, obrigado basta così, grazie **[kozi gratzi-e]**
assinatura la firma
atadura la fasciatura **[fashatura]**
atalho la scorciatoia **[skortchato-ia]**
ataque l'attacco **m**
até finché **[finke]**, perfino **[perfino]**
até logo arrivederci **[ar-rivedertchi]**, ciao! **[tchau]**
atenção! (cuidado!) attenzione! **[a-tentz-ione]**
atirar (jogar) gettare **[djet-tare]**
atlética l'atletica **f** **[atletika]**
atrações: as atrações turísticas de... le attrazioni turistiche di... **[a-tratz-ioni turistike]**
atraente attraente **[a-tra-ente]**
atrás dietro **[d-ietro]**
atrás de mim dietro di me **[me]**
uma semana atrás una settimana fa
uma hora atrás un'ora fa
atrasado in ritardo
desculpe-me pelo atraso mi scuso del ritardo **[mi skuzo]**
o trem estava atrasado il treno era in ritardo
temos de ir – senão nos atrasamos dobbiamo andare – altrimenti faremo tardi **[dob-iamo andare – faremo]**
atraso il ritardo
através attraverso **[at-traverso]**
atravessar attraversare **[a-traversare]**
átrio l'atrio **m**
atropelar (pedestre) investire **[investire]**
ele foi atropelado è stato investito **[é]**
atum il tonno
Austrália l'Australia **f** **[austral-ia]**
australiano australiano **[austral-iano]**
sou australiano(a) sono australiano(a)

Áustria l'Austria **f** **[austri-a]**
austríaco austriaco **[austri-ako]**
autêntico (antiguidade etc.) autentico **[autentiko]**
automático automatico **[automatiko]**
(carro) l'automobile con il cambio automatico **f** **[lautomobile kon il kamb-io]**
avelãs le nocciole **[nochole]**
avenida il viale **[vi-ale]**
avião l'aereo **[aereo]**
chegar de avião arrivare in aereo **[ar-rivare in a-ere-o]**
partir de avião partire in aereo **[partire]**
avô il nonno
avó la nonna
azedo (sabor) aspro
azeite l'olio di oliva **m** **[ol-io]**
azeitonas le olive **[olive]**
azeitonas pretas/verdes le olive nere/verdi **[nere/verdi]**
azul blu **[blu]**
olhos azuis gli occhi azzurri **[o-ki adzur-ri]**
azul-claro blu chiaro **[k-iaro]**
azul-marinho blu marino

B

babá la bambinaia **[bambina-ia]**
baby-sitter il/la baby-sitter
bagageiro (de carro) il bagagliaio **[bagalha-io]**
bagagem i bagagli **[bagalhi]**
carrinho de bagagem il carrello
bagagem de mão il bagaglio a mano **[bagalho]**
baía la baia **[ba-ia]**
baixo (som) sordo
(estatura) basso
bala (doce) la caramella **[karame-la]**
bala de hortelã la caramella alla menta, le mentine **[mentine]**
balcão il balcone **[balkone]**
um quarto com balcão una stanza con balcone
balcão de informações il banco (delle) informazioni **[de-le]**
balcão de recepção la reception
balde il secchio **[sek-io]**
balé il balletto
banana la banana
banca de jornal l'edicola **f**
banco (de dinheiro) la banca
banda (musical) il gruppo **[gru-po]**
bandeira la bandiera **[band-iera]**
bandeja il vassoio **[vas-so-io]**
banheira la vasca da bagno
banheiro il bagno, la stanza da bagno **[stantza]**
banheiro no quarto il bagno in camera **[banho in kamera]**
com banheiro con bagno
banheiros públicos i gabinetti pubblici **[pub-blitchi]**
banho il bagno **[banho]**
posso tomar banho? posso fare un bagno? **[fare]**

bar il bar
barata (inseto) lo scarafaggio [skarafadjo]
barato a buon mercato [buon merkato]
tem algo mais barato? ha qualcosa di meno caro? [kualkoza]
(de má qualidade) scadente [skadente]
barba la barba
barbante lo spago
barbatanas (de peixe) le pinne [pi-ne]
barbeador (elétrico) il rasoio [razo-io]
creme de barbear la schiuma da barba [sk-iuma]
lâmina de barbear le lamette [lame-te]
tomada para barbeador la presa per il rasoio [preza per il razo-io]
barbeiro il barbiere [barb-iere]
barco la barca
(de passageiros) il battello
barra de chocolate una tavoletta di cioccolato [tcho-kolato]
barraca (tenda) la tenda
barulho il rumore [rumore]
há muito barulho c'è troppo rumore
base facial il fondotinta
basta basta
bastante (adv.) abbastanza [a-bastantza]
não é grande o bastante non è grande abbastanza [é]
batata la patata
batatas fritas le patatine fritte [patatine fri-te]
batedor(a) de carteira il borsaiolo [borsa-iolo], la borsaiola
bater (à porta) bussare [bus-sare] (golpear) colpire [kolpire]
bateria la batteria [ba-teri-a]
batom il rossetto
baunilha la vaniglia [vanilha]
um sorvete de baunilha un gelato alla vaniglia [djelato]
bêbado ubriaco [ubri-ako]
dirigir bêbado la guida in stato di ebbrezza [guida – e-bretza]
beber bere [bere]

diálogo

posso lhe oferecer algo para beber? posso offrirti qualcosa da bere? [kualkoza da bere]
o que gostaria de beber? cosa vuoi bere? [koza vuoi]
não, obrigado, eu não bebo no, grazie, non bevo alcolici [bevo alkolitchi]
apenas um pouco d'água posso avere solo un po' d'acqua? [avere – dakua]
um copo de vinho tinto un bicchiere di vino rosso [bi-k-iere]

bebida (alcoólica) la bevanda alcolica
(não-alcoólica) la bibita analcolica
bebida gelada una bevanda fredda
bed and breakfast camera con prima colazione **[prima kolatzione]**
bege beige
beijar baciare **[batchare]**
beijo il bacio **[batcho]**
beira-mar: à beira-mar sul mare **[sul]**
beliche la cuccetta **[kuche-ta]**
belo (aparência, vista etc.) bello
bem bene

diálogo

como vai? come sta? **[kome]**
bem, obrigado bene, grazie **[bene gratzie]**
está bem assim? va bene?
está bem, obrigado va bene, grazie
você fala inglês muito bem parla inglese molto bene **[ingle-ze]**

não me sinto bem non mi sento bene **[bene]**
ela não está bem non sta bene

bem-feito (consertado etc.) bene **[bene]**
bem-passado (bife, carne) ben cotto
bem-vindo: bem-vindo a... benvenuto a... **[benvenuto]**
berço il lettino
berinjela la melanzana **[melantzana]**
biblioteca la biblioteca **[bibli-oteka]**
bicicleta la bicicletta **[bitchikle-ta]**, la bici **[bitchi]**
bicicleta motorizada il motorino
bife la bistecca
bifurcação (estrada) la biforcazione **[biforkatz -ione]**
bigode i baffi
bilhete (ingresso) il biglietto **[bilhet-to]**
bilhete aberto il biglietto aperto **[bilhet-to aperto]**
bilhete de ida il biglietto di sola andata **[bilhe-to – per]**
bilhete de ida e volta il biglietto di andata e ritorno **[bilhe-to]**

diálogo

um bilhete de ida e volta para Roma un biglietto di andata e ritorno per Roma **[per]**
quando volta? il ritorno per quando? **[kuando]**
hoje/na próxima terça oggi/martedì prossimo **[odji]**
são 15 euros quindici euro **[kuin-ditchi e-uro]**

bilheteria la biglietteria [bilhe-teri-a],
biquíni il bikini
biscoito il biscotto
biscoito cracker il cracker [kraker]
blusa la camicetta [kamitchet-ta]
blush (cosmético) il fard
boa (comida) buona [buona]
boa-noite (na chegada) buonasera [buonasera], (na partida) buonanotte [buonano-te]
boate il night
bobagem: que bobagem! sciocchezze! [cho-ketze]
bobo sciocco [cho-ko]
boca la bocca
bochecha la guancia [guantcha]
bola la palla
(pequena) la pallina
bola de futebol il pallone [pa-lone]
bola de tênis la palla da tennis
bolha la vescica [veshika]
bolo la torta
bolsa la borsa
(bolsa de mulher) la borsetta
bolso la tasca
bom (adj.) buono [buono]
(tempo) bello
bom-dia buongiorno [buondjorno]
bonde il tram
bondinho (teleférico) la funivia [funivi-a]
boné il berretto [ber-re-to]
boneca la bambola
bonito bello
(gracioso) grazioso [gratz-iozo]
borracha (material e para apagar) la gomma
bosque il bosco
bota (calçado) lo stivale [stivale]
botas de esqui gli scarponi da sci
botão il bottone [bo-tone]
bote de borracha (escaler) il gommone [gomone]
botijão de gás la bombola del gas
braço il braccio [bratcho]
branco bianco [b-ianko]
Brasil il Brasile [brazile]
brasileiro(a) brasiliano(a)
breve (curto) breve [breve]
briga la lite [lite]
brigada de incêndio i vigili del fuoco [vidjili del fuoko]
brilhante (idéia, pessoa, luz) brillante [bri-lante]
brincadeira lo scherzo [skertzo]
(piada) la barzelletta [bartze-let-ta]
brincos gli orecchini [orek-kini]
brinquedo il giocattolo [djoka-tolo]
brisa la brezza [bretza]
britânico britannico
broche la spilla
bronquite la bronchite [bronkite]
bronzeado (subst.) l'abbronzatura **f** [a-brontzatura]
bronzeamento l'abbronzatura **f** [a-brontzatura]

bronzear-se abbronzarsi [a-brontzarsi]
bronzeado abbronzato [a-brontzato]
buraco il buco [buko]
burro l'asino m
buscar (pegar) (andare a) prendere [prendere]
vou buscá-lo vado a prenderlo [prenderlo]
você passa e me pega mais tarde? passi/passa a prendermi più tardi? [prendermi p-iú]
vim buscar... sono venuto a prendere...
bússola la bussola [bus-sola]
busto il busto [busto]
buzina il clacson

C

cabeça la testa
dor de cabeça il mal di testa
cabeça: de cabeça para baixo sottosopra
cabeleireiro(a) il parrucchiere [par-ruk-iere], la parrucchiera
corte de cabelos il taglio di capelli [tal-io]
cabelos i capelli
barbeiro il barbiere [barb-iere]
cabeleireiro(a) il parrucchiere [par-ruk-iere], la parrucchiera
corte de cabelos il taglio di capelli [tal-io]
escova de cabelos la spazzola per capelli [spatzola per]
gel para cabelos il gel per capelli [djel per]
grampo de cabelos i fermacapelli
secador de cabelos il fon
spray de cabelos la lacca per capelli
cabide la gruccia [grutcha]
cabina (de navio) la cabina
cabina telefônica la cabina telefonica
cabo (de panela) il manico (elétrico) il filo
cabo para ligar duas baterias il cavo per collegare due batterie [per ko-legare du-e ba-teri-e]
cabra la capra
queijo de cabra il caprino
caça (carne de) la selvaggina [selvadjina]
cacau il cacao [kaka-o]
cachimbo la pipa
limpador de cachimbo gli scovolini
cachorro (cão) il cane [kane]
cada ogni [onhi], ciascuno [tchaskuno]
cada dia ogni giorno
cada um ognuno [onhuno]
cadarço (cordão de sapato) i lacci
cadeado il lucchetto [lu-ket-to], l'armadietto m [luketo/armad-ie-to]
cadeira la sedia [sed-ia]

cadeira de rodas la sedia a rotelle [sed-ia a rote-le]
cadeira reclinável il lettino
cadeirão (bebê) il seggiolone [sedjolone]
caderno de anotações il notes
café il caffè [ka-fé]
 café ao ar livre il caffè all'aperto [ka-fé al-laperto]
 café gelado il caffè freddo [ka-fé]
 dois cafés, por favor due caffè, per favore
café-da-manhã la (prima) colazione [kolatz-ione]
café descafeinado il caffè decaffeinato [ka-fé deka-fi-einato]
café solúvel il caffè solubile [ka-fé solubile]
cair cadere [kadere]
 ela caiu è caduta [é kaduta]
cais il molo, la banchina
 no cais sulla banchina [su-la bankina]
caixa (de papelão) la scatola (de madeira) la cassetta (o profissional) il cassiere [il/la kas-siere/a], la cassiera (registradora) la cassa
caixa de câmbio la scatola del cambio [kamb-io]
caixa de cartas la buca delle lettere [buka de-le le-tere]
caixa eletrônico il bancomat®
calça comprida i pantaloni
calçada il marciapiede [marchap-iede]
 na calçada sul marciapiede
 calçada à beira-mar il lungomare [lungomare]
calcanhar il tallone [ta-lone]
calção de banho il costume da bagno [kostume da banho]
calcinha le mutande [mutande]
caldeira lo scaldabagno [skaldabanho]
cale-se! stai zitto! [stai dzi-to]
calor il caldo
 estou com calor ho caldo [o]
 estou com muito calor sento molto caldo
 faz calor, hoje fa caldo oggi [odji]
cama il letto
 camas separadas i letti gemelli [djemel-li]
 vou para a cama vado a letto
cama de casal il letto a due piazze [du-e p-iatze]
cama de solteiro il letto a una piazza [p-iatza]
câmara de ar (pneu) la camera d'aria
camarão graúdo i gamberetti [gambere-ti]
camareira la cameriera [kamer-iera]
câmbio (dinheiro) il cambio [kamb-io]
câmera de vídeo la videocamera
câmera fotográfica la macchina fotografica [ma-kina]
caminhão il camion [kam-ion]

caminhar: é uma caminhada longa? ci si mette molto a piedi? [tchí si me-te – p-iede]
é uma caminhada curta è a due passi da qui [é a du-e – kuí]
caminho il sentiero [sent-iero]
camisa la camicia [kamitcha]
camiseta la canottiera [kano-tiera], la maglietta [malhe-ta]
camisola la camicia da notte [kamitcha da no-te]
campainha (porta) il campanello
campo il campo, la campagna [kampanha]
campo de golfe il campo di golf
camundongo il ratto
camurça la pelle scamosciata [pe-le skamo-chata]
Canadá il Canada
canadense canadese [kanadeze]
sou canadense sono canadese
canal il canale [kanale]
canção la canzone [kantzone]
cancelar annullare [a-nul-lare]
caneca il bicchierone [bik-ierone]
caneta la penna
canhoto mancino [mantchino]
canivete il temperino [temperino]
cano il tubo [tubo]
canoa la canoa [kano-a]
canoagem la canoa
cansado(a) stanco/stanca
estou cansado(a) sono stanco/stanca
cantar cantare [kantare]
canto (ângulo): **no canto** all'angolo
cantor(a) il/la cantante [kantante]
cantor(a) pop il/la cantante pop [kantante]
capa de chuva l'impermeabile **m** [imperme-abile]
capacete (de moto) il casco
capela la cappella
capô (de carro) il cofano
caranguejo il granchio [grank-io]
carburador il carburatore [karburatore]
cardigã il cardigan
careca (calvo) calvo
caribenho(a) delle Indie occidentali [de-le indi-e otchidentale]
Carnaval il carnevale [karnevale]
carne la carne [karne]
(de boi) il manzo [mandzo]
carne moída la carne macinata [karne matchinata]
caro (valor) caro
carona: poderia me dar uma carona? mi puoi/può dare un passaggio? [mi puoi/puó dare un pas-sadjo]

Ca

gostaria de uma carona? vuoi/vuole un passaggio? [vuoi/vuole]
pedir carona fare l'autostop [fare lautostop]
carpete la moquette [mokete]
carrinho il carrello
(de bebê) il passeggino [pas-sedjino]
(de bagagem) il carrello
carro la macchina [ma-kina], l'auto(mobile) f [automobile]
de carro in macchina
levo você de carro para casa ti/la accompagno a casa in macchina [a-kompanho]
o carro não dá partida la macchina non parte [ma-kina]
viemos de carro siamo venuti in macchina [s-iamo venuti in ma-kina]
carta la lettera [le-tera]
tem cartas para mim? ci sono lettere per me? [tchi son o le-tere per me]
caixa de cartas la buca delle lettere [buka de-le]
carta de vinhos la lista dei vini [dei]
cartão (aniversário etc.) il biglietto [bilhet-to]
meu cartão de visita il mio biglietto da visita [vizita]
cartão de crédito la carta di credito [kredito]
aceita cartões de crédito? prendete carte di credito? [prendete karte]

diálogo

posso pagar com cartão de crédito? posso pagare con una carta di credito? [pagare]
com que cartão vai pagar? con quale carta vuole pagare? [kuale – vuole]
Visa
sim, senhor sì, signore [sinhore]
qual é o número? qual è il numero? [kual é il numero]
e a data de validade? e la data di scadenza? [e – skadentza]

cartão de débito la carta di addebito
cartão de embarque la carta d'imbarco [imbarko]
cartão de eurocheque la carta eurocheque
cartão de telefone la scheda telefonica [skeda], la carta telefonica
cartão do banco la carta assegni
cartão-postal la cartolina
cartaz il manifesto
carteira (de dinheiro) il portamonete [portamonete]
carteira de habilitação la patente [patente]
casa la casa [kaza]
em casa (lar) a casa
na casa dele a casa sua

na sua casa a casa tua/sua [tu-a/su-a]
(país) in patria
vamos para casa amanhã torniamo in patria domani [torn-iamo]
casa de câmbio l'agenzia di cambio **f** [lajentzi-a di kamb-io]
casaco (sobretudo) il cappotto
casado: sou casado(a) sono sposato/sposata
você é casado(a)? è sposato/sposata? [é]
casal la coppia [kop-ia]
casamento il matrimonio
cassete (fita) la cassetta
gravador de fita il registratore a cassette [redjistratore a kas-se-te]
castanho (adj.) castano
cabelos castanhos i capelli castani
olhos castanhos gli occhi castani [o-ki]
castelo il castello
catapora (varicela) la varicella [vari-tche-la]
catedral la cattedrale [ka-tedrale], il duomo [duomo]
católico cattolico
cavalgada l'equitazione **f** [ekuitatz-ione]
cavalo il cavallo
caverna la grotta
cavilha (de barraca) il picchetto [pik-ke-to]
caxumba gli orecchioni [orek-ioni]
CE la CE [chi é]
cebola le cipolle [tchipo-le]
cedo presto
de manhã cedo di mattina presto
cego cieco [tchi-eko]
ceia la cena [tchena]
celular (o telefone) il telefonino [telefonino]
cemitério il cimitero [tchimitero]
cenoura la carota
centígrado* centigrado [tchentigrado]
centímetro* il centimetro [tchentimetro]
central centrale [tchentrale]
centro (da cidade) il centro (della città) [tchentro de-la tchitá]
como chegamos ao centro? come si arriva in centro? [kome]
centro de informação turística l'ufficio informazioni **m** [u-fitcho informatz-ione]
cerâmica la ceramica [tcheramika]
cerca (subst.) lo steccato
cereais i cereali [tchere-ali]
cereja la ciliegia [tchil-iedja]
certamente certamente [tchertamente]
certamente não certamente no
certeza sicuro [sikooro]
tem certeza? sei/è sicuro/sicura? [sei/é]
certificado de seguro (carro) la carta verde

certo (correto) giusto [djusto]
(concordo!) d'accordo!
(está bem!) certo! [tcherto]
você está certo avevi/aveva ragione [avevi/aveva radjone]
está certo è giusto [é], è proprio giusto [é – djusto]
esta é a rua certa para...? è la strada giusta per...? [é – per]
cerveja la birra [bir-ra]
duas cervejas, por favor due birre, per favore [du-e bir-re]
cesto (de papéis etc.) il cestino [chestino]
(em compra) il cestello [tchestel-lo]
céu il cielo [tchelo]
chá il tè [té], la tisana [tizana]
chá para um/dois, por favor un/due tè, per favore
saquinho de chá le bustine di tè [bustine di té]
chá com limão un tè al limone [té alimone]
chaleira il bollitore [bo-litore]
chamada a cobrar la telefonata a carico del destinatario
chamar (verbo) chiamare [k-iamare]
(ao telefone) telefonare [telefonare]
como se chama? come si chiama? [kome si k-iama]
chama-se... si chiama...
por favor, chame um médico chiamate un medico, per favore [k-iamate un mediko]
por favor, me chame amanhã às 7h30 domani mattina, mi svegli alle sette e mezza, per favore [mi zvelhi a-le]
poderia chamar o senhor...? può far chiamare il signor...? [puó – k-iamare]
chão (piso) il pavimento
no chão sul pavimento [sul]
chapeleira il guardaroba [guardaroba]
chapéu il cappello
chapéu de sol il parasole [parasole]
charuto il sigaro
chateado: estou chateado mi sto annoiando [a-noi-ando]
chato (maçante) noioso [noi-ozo]
chave la chiave [k-iave]
a chave do quarto 201, por favor (la chiave del) duecentuno, per favore
chave de boca la chiave inglese [k-iave ingleze]
chave de fenda il cacciavite [katchavite]
chave inglesa la chiave inglese [k-iave ingleze]
chaveiro il portachiavi [portak-iavi]
check-in il check-in
fazer check-in (aeroporto) fare il check-in [fare]
onde devemos fazer check-in? dove dobbiamo fare il check-in? [dove dob-iamo]
chegada l'arrivo **m** [ar-rivo]

chegar arrivare [ar-rivare]
acabamos de chegar siamo appena arrivati [s-iamo a-pena]
acabei de chegar sono appena arrivato [a-pena]
chegamos hoje siamo arrivati oggi [s-iamo]
como se chega a...? come si arriva a...? [kome]
meu fax já chegou? è arrivato il mio fax?
quando nós chegamos? quando arriviamo? [kuando ar-riv-iamo]
cheio pieno [pieno]
está cheio(a) de... è pieno/piena di... [é]
estou cheio(a) sono pieno/piena
cheque l'assegno **m** [as-senho]
aceita cheques? accettate assegni? [atche-tate as-senhi]
talão de cheques il libretto degli assegni [delhi as-senhi]
cheque de viagem il traveller's cheque
chinês cinese [tchineze]
chique chic [chik]
chocante scandaloso
chocolate il cioccolato [tcho-kolato]
chocolate com leite il cioccolato al latte [al la-te]
chocolate derretido il cioccolato fondente [fondente]
chocolate quente una cioccolata calda
chope la birra alla spina [bir-ra]
choque lo shock, la scossa
chorar piangere [p-iandjere]
chupeta il succhiotto [suk-io-to]
chuva la pioggia [p-iodja]
na chuva sotto la pioggia
chove piove [p-iove]
capa de chuva l'impermeabile **m** [imperme-abile]
chuveiro (ducha) la doccia [docha]
com chuveiro con doccia
ciclismo il ciclismo [tchiklismo]
ciclista il ciclista [tchiklista]
cidade la città [tchitá]
centro da cidade il centro della città [tchentro de-la tchitá]
na cidade in città
um pouco fora da cidade appena fuori città [a-pena fuori]
Cidade do Vaticano la Città del Vaticano [tchittá del vatikano]
cidade velha la città vecchia [tchi-ta vek-ia]
na cidade velha nella città vecchia
cidra il sidro
cigarro la sigaretta
cima su [su]
lá em cima lassù [las-su]
cinema il cinema [tchinema]
cinto (vestuário) la cintura [tchintura]

cinto de segurança la cintura di sicurezza [tchintura di sikuretza]
cintura la vita
cinza (cor) grigio [grigio]
cinzeiro il portacenere [portatchenere]
círculo il cerchio [tcherk-io]
ciumento geloso [djelozo]
claro chiaro [k-iaro]
verde-claro verde chiaro [k-iaro]
classe econômica la classe turistica [klas-se]
clima il clima, il tempo
clínica la clinica
cobertor la coperta [koperta]
cobrar far pagare [pagare]
Coca-Cola® la Coca-Cola
coçar: isso coça mi prude [prude]
código (de telefone, de área) il prefisso [prefis-so]
qual é o código de Florença? qual è il prefisso di Firenze? [kuale]
código de discagem il prefisso telefonico [prefis-so]
código postal il codice postale [koditche postale]
coelho il coniglio [conilho]
cogumelos i funghi [fungi]
coisa la cosa [koza]
minhas coisas le mie cose [le mi-e koze]
cola la colla
colante (roupa) il collant [ko-lan]
colapso: ele teve um colapso ha avuto un collasso [a avuto]
colar la collana
colarinho (vestuário) il colletto
colchão il materasso
colete il gilet [djile]
colete salva-vidas il giubbotto di salvataggio [dju-bo-to di salva-tadjo]
colher il cucchiaio [kuk-ia-io]
colher de chá il cucchiaino da tè [ku-ki-a-ino da té]
colina la collina
colírio il collirio [kol-lir-io]
colisão l'incidente **m** [lintchidente]
tive uma colisão ho avuto un incidente [o avuto]
com con
comandar (guiar) guidare [guidare]
combinação (lingerie) la sottoveste [so-to-veste]
começar cominciare [komintchare]
quando começa? quando comincia? [kuando komintcha]
começo: no começo all'inizio [al-initz-io]
comer mangiare [mandjare]
já comemos, obrigado abbiamo già mangiato, grazie [ab-iamo dja mandjato]
vamos comer alguma coisa andiamo a mangiare qualcosa [and-iamo a mandjare kualkoza]
comida (alimento) il cibo [tchibo]

comida congelada i cibi surgelati [tchibi surdjelati]
comida de bebê gli alimenti per bambini
comissário(a) de bordo (avião) lo steward
como come [kome]
como é? com'è? [kome]
como este come questo [kome kuesto]
grande como (così) grande come [kozi grande kome]
poderia me indicar como chegar a...? mi può indicare come si arriva a...? [mi puó indikare kome]

diálogo

como se faz para ir a...?
come si fa per andare a...?
[kome – per andare]
vá direto até o semáforo
vada dritto fino al semaforo
vire à esquerda giri a sinistra [djiri]
pegue a primeira à direita
prenda la prima a destra
veja onde

como? (sem entender) prego? [prego]
compact disc il compact disc
companheiro(a) (namorado/a etc.) il/la partner
compartimento (trem) lo scompartimento
compartimento para não-fumantes la carrozza per non fumatori [kar-rotza per non fumatori]
completamente completamente [kompleta-mente]
completar (pôr combustível) fare il pieno [fare il pieno]
complete, por favor il pieno, per favore
comprar comprare [kompra-re]
onde posso comprar...? dove vendono...?
compras: fazer compras vado a far compere [kompere]
compreender capire [kapire]
compreendo capisco
comprido (longo) lungo [lungo]
computador il computer
comum (usual) ordinario
o de sempre (bebida etc.) il solito
concerto il concerto [kontcherto]
concha do mar la conchiglia [konkilha]
concordar: eu concordo sono d'accordo
condicionador (cabelos) il balsamo
conduzir (levar) condurre [kondur-re]
conexão la coincidenza
confeitaria la pasticceria [pastitcheri-a]
conferência la conferenza [konferentza]

confirmar dare conferma [dare konferma]
confortável (cômodo) comodo
confusão confusione [konfuz-ione]
desculpe-me, houve um pouco de confusão mi dispiace, è successa un po' di confusione [mi disp-iatche é sutches-sa – konfuz-ione]
congelado ghiacciato [g-uiatchato]
comida congelada i cibi surgelati [tchibi surdjelati]
conhecer (alguém,lugar) conoscere [kono-chere]
prazer em conhecê-la piacere di conoscerla [pi-atchere di konocher-la]
consciente cosciente [kochente]
consertar riparare [riparare]
pode consertar isto? può ripararlo? [puó]
poderia consertar isto para mim? me lo può riparare? [me – puó]
consulado il consolato
conta (para pagar) il conto
a conta, por favor il conto, per favore
conta bancária il conto in banca
contaminado (infectado) infetto
contar: você me conta? mi faccia sapere [mi fatcha sapere]
eu lhe conto ti/le farò sapere [le]
contatar mettersi in contatto con
contente contento
contra contro
convencer: não estou convencido disso non ne sono convinto [ne]
conveniente comodo
convidar invitare [invitare]
convite l'invito **m**
copo il bicchiere [bik-iere]
(copo de vinho) il bicchiere da vino
um copo de vinho un bicchiere di vino
cor il colore [kolore]
tem este de outras cores? ce l'ha in altri colori? [tché la]
coração il cuore [kuore]
corda la corda
cordeiro l'agnello **m** [anhe-lo]
cor-de-rosa rosa
cordial (simpático) cordiale [kord-iale]
coroa (de dente) la capsula [kapsula]
corpo il corpo
corredor il corridoio [kor-rido-io]
correia do ventilador (carro) la cinghia della ventola [tchinguia]
correio la posta
pôr no correio impostare [impostare]
correio central l'ufficio postale centrale **m** [u-fitcho postale tchentrale]

caixa de correio la buca delle lettere [buka de-le le-tere]
código postal il codice postale [koditche postale]
corrente la corrente [korrente]
correnteza de ar: tem correnteza c'è corrente [tché korrente]
correr correre [kor-rere]
correspondência la posta
tem correspondência para mim? c'è posta per me? [tché – me]
correspondente il/la corrispondente [kor-rispondente]
correto (certo) esatto
corrida la corsa
cortar tagliare [talhare]
eu me cortei mi sono tagliato [talhato]
pode cortar um pouco aqui? (no cabeleireiro) può tagliare un po' qui? [puó talhare un pó kuí]
corte il taglio [talho]
cortinas le tende [tende]
cosméticos i cosmetici [kosmetitchi]
costa (litoral) la costa
costas (do corpo) la schiena [sk-iena]
(parte posterior) la parte posteriore [parte poster-iore]
costela la costola
costume il costume [kostume]
costurar cucire [cutchire]
cotidiano (adj.) quotidiano [kuotid-iano]
cotovelo il gomito
couro il cuoio [kuo-io], la pelle [pe-le]
couve-flor il cavolfiore [kavolf-iore]
coxa la coscia [cosha]
cozinha la cucina [kutchina]
cozinhar cucinare [kutchinare]
não está cozido non è abbastanza cotto [é a-bastantza]
creche l'asilo nido m
creme de barbear la schiuma da barba [sk-iuma]
creme para depois do sol la crema doposole [doposole]
creme (cor) crema
(em leite, bolo) la panna
creme de barbear la crema [krema]
crespo (cabelo) riccio [ritchi]
criança il bambino, la bambina
porção para crianças la porzione per bambini [portz-ione]
cruzamento l'incrocio m [inkrotcho]
cruzeiro la crociera [krotchera]
cuecas le mutande [mutande]
cuidado! attenzione! [a-tentz-ione], fa'/faccia attenzione! [fatcha a-tentz-ione]
cuidadoso attento
cuidar (tomar conta) badare a [badare]
culpa colpa
não é culpa minha non è colpa mia

sinto muito, foi culpa minha mi dispiace, è stata colpa mia **[mi disp-iatche é – mia]**
cunhada la cognata **[konhata]**
cunhado il cognato **[konhato]**
cura la cura **[kura]**
curativo adesivo il cerotto **[tcherot-to]**
curso de língua un corso di lingua
curto (dia) corto
curva la curva **[kurva]**
(em estrada) la svolta
custar costare **[kostare]**
quanto custa? quanto costa? **[kuanto]**

D

damasco l'albicocca **[lalbikok-ka]**
dança il ballo
dança folclórica le danze folk **[dantze]**
dançar ballare **[ba-lare]**
gostaria de dançar? balla?
danificado danneggiato **[da-nedjato]**
danificar danneggiare **[da-nedjare]**
Sinto muito, danifiquei isto mi dispiace, l'ho danneggiato **[mi disp-iatche lo]**
dar dare **[dare]**
dei a ele l'ho dato a lui **[lo – lu-i]**
pode dar isto a...? puoi/può dare questo a...? **[puoi/ puó– kuesto]**
pode me dar um pouco de troco? mi può dare degli spiccioli? **[mi puó – delhi]**

diálogo

quanto quer por isto? quanto vuole per questo? **[kuanto vuole per kuesto]**
20 euros venti euro **[venti e-uro]**
eu lhe dou 18 euros gliene do diciotto **[lhi-ene – dicho-to]**

de* di **[di]**, da
de nada di niente, prego **[prego]**
de novo di nuovo **[di nuovo]**
de quem é isto? di chi è questo/questa? **[di ki é kuesto]**

diálogo

de onde você é? di dov'è? **[dove]**
sou de Slough sono di Slough

quando chega o próximo trem de Roma? quando arriva il prossimo treno da Roma? **[kuando]**
de segunda a sexta dal lunedì al venerdì
a partir da próxima quinta-feira da giovedì prossimo

decadente scadente [skadente]
decidir decidere [detchidere]
ainda não decidimos non abbiamo ancora deciso [ab-iamo – detchizo]
decisão la decisione [detchiz-ione]
dedo il dito
dedo do pé il dito del piede [p-iede]
defeito il difetto
defeituoso difettoso [dife-tozo]
deficiente físico invalido
há um acesso para deficientes físicos? c'è un accesso per gli invalidi? [tché un atches-so per]
degrau: nos degraus sui gradini
deitar-se stendersi [stendersi]
deixar (largar) lasciare [lachare]
deixei meu casaco no bar ho lasciato il cappotto al bar [o]
posso deixar isto aqui? posso lasciarlo qui? [lacharlo kui]
dele(a), deles(as)* il loro, la loro, i loro, le loro
delegacia de polícia il commissariato
deliberadamente volutamente [volutamente]
delicatessen (loja) la gastronomia
delicioso delizioso [delitz-iozo]
delineador l'eye-liner **m**
demais troppo
quente demais troppo caldo
demora (atraso) il ritardo
dentadura la dentiera [dent-iera]
dente il dente [dente]
dor de dente il mal di denti
escova de dentes lo spazzolino da denti [spatzolino]
pasta de dentes il dentifricio [dentifritcho]
dentista il dentista **m/f**
dentro dentro
vamos sentar dentro sediamoci dentro [sed-iamotchi]
departamento il reparto
depender: depende dipende [dipende]
depende de... dipende da...
depois (após) dopo
depois de você dopo di lei [lei]
depois do almoço dopo pranzo
logo depois do escritório de informações appena dopo l'ufficio informazioni [a-pena]
(mais tarde) poi, più tardi [poi]
quarta-feira bem mais tarde entro mercoledì al più tardi [p-iú]
depósito (de garrafas) la cauzione [kautz-ione]
(para reserva) la caparra
(como parte de pagamento) l'acconto **m**

depressa (adv.) presto
o mais depressa possível al più presto possibile [piú – pos-sibile]
deque (navio) il ponte (di coperta) [ponte di koperta]
derrubar (objeto) far cadere [kadere]
desaparecer scomparire [skomparire]
desapareceu è sparito [é]
desapontado deluso [deluzo]
desapontador deludente [deludente]
desastre il disastro
descansar riposare
eu preciso descansar ho bisogno di riposarmi [o bizonho]
descarga (banheiro) lo scarico
descer (de escada etc.) scendere [shendere]
onde devo descer? dove devo scendere? [dove devo]
(de ônibus etc.) far scendere [shendere]
você me deixa descer em...? può farmi scendere a...? [puó]
descida de esqui la discesa libera [dicheza libera]
descobrir scoprire [skoprire]
descolorante (toalete) la varechina [varekina]
descontar (dinheiro) riscuotere [riskuotere]
desconto lo sconto
tem algum desconto? c'è uno sconto? [tché]
descrição la descrizione [deskritz-ione]
desculpa la scusa [skuza]
desculpe-me scusa/mi scusi [skuza/mi skuzi]
desculpas le scuse [skuze]
(pedir desculpa) chiedo scusa [k-iedo skuza]
desde: desde ontem da ieri [ieri]
desde que cheguei da quando sono arrivato/ arrivata [kuando]
desempregado disoccupato [dezo-kupato]
desenho il disegno [disenho]
desfazer as malas disfare le valigie [disfare le validje]
desinfetante il disinfettante [disinfe-tante]
desligado (farol) spento
desligar (motor, TV, luz) spegnere [spenhere]
poderia desligar o aquecimento? può spegnere il riscaldamento? [puó spenhere]
deslocar spostare [spostare]
poderia deslocar um pouco mais para lá? si può spostare un po' più in là? [si puó – piú]
desmaiar svenire [svenire]
ela desmaiou è svenuta [é svenuta]
desodorante il deodorante [de-odorante]
despertador la sveglia [zvelha]
destino (viagem) la destinazione [destinatz-ione]

desvio la deviazione [dev-iatz-ione]
detergente em pó il detersivo (in polvere) [detersivo in polvere]
(para roupas) il detersivo per bucato [detersivo per]
detergente líquido (louça) il detersivo liquido per i piatti [likuido per i p-ia-ti]
detestar detestare [detestare]
Deus Dio [di-o]
devagar: mais devagar! (ao dirigir) rallenta!
dever* dovere [dovere]
deveria ter-me dito avresti dovuto dirmelo [dovuto dirmelo]
ele devia chegar ontem doveva arrivare ieri [doveva ar-rivare]
eu devo devo [devo]
não devo beber álcool non devo bere alcool [bere]
o que eu deveria fazer? cosa dovrei fare? [koza dovrei fare]
quando o trem deveria chegar? a che ora dovrebbe arrivare il treno? [a ke ora dovre-be]
quanto lhe devo? quanto le devo? [kuanto le devo]
devolver restituire [restetuire]
dezembro dicembre [ditchembre]
dia il giorno [djorno]
em dois dias tra due giorni
o dia anterior il giorno prima
o dia seguinte il giorno dopo
o dia todo? tutto il giorno?
que dia é hoje? che giorno è oggi? [ke djorno é odji]
todo dia ogni giorno [onhi]
diabético(a) il diabetico [di-abetiko], la diabetica
alimentos para diabéticos gli alimenti per diabetici [di-abetitchi]
diamante il diamante [di-amante]
diapositivo la diapositiva
diariamente ogni giorno [onhi djorno]
diário (anotações pessoais) il diario [di-ar-io]
diarréia la diarrea [diarre-a]
dicionário il dizionario [ditz-ionario]
diesel il gasolio [gaz-ol-io]
dieta la dieta [d-ieta]
estou de dieta sono a dieta
tenho de seguir uma dieta especial devo seguire una dieta speciale [devo seguire – spetchale]
diferença la differenza [di-ferentza]
qual é a diferença? qual è la differenza? [kualé]
diferente diverso [diverso]
este é diferente questo è diverso [kuesto é]
difícil difficile [di-fichile]
dificilmente a mala pena
dificuldade la difficoltà
estou com dificuldade para... ho difficoltà con... [ó]
Dinamarca la Danimarca

dinamarquês danese [daneze]
dinheiro i soldi
fiquei sem dinheiro sono rimasto senza soldi [sentza]
posso reaver meu dinheiro? posso riavere i miei soldi? [riavere i miei soldi]
dinheiro vivo il contante [kontante]
direção (sentido) la direzione [diretz-ione]
em que direção fica? in quale direzione è? [kuale – é]
é nesta direção? è in questa direzione? [é in kuesta]
(volante) lo sterzo [stertzo],
direita destra
à direita a destra
vire à direita giri a destra [djiri]
com volante à direita la guida a destra [guida]
direto diretto [dire-to]
tem um trem direto? c'è un treno diretto? [tché]
diretor il direttore [dire-tore]
posso falar com o diretor? posso parlare con il direttore? [parlare]
diretora la direttrice [dire-tritche]
dirigir guidare [guidare]
sabe dirigir? sa guidare?
discar (o número) comporre il numero (di...) [kompor-re il numero di]
disco (música) il disco
discoteca la discoteca
disjuntor principal l'interruttore generale **m** [inter-ru-tore djenerale]
disquete (de computador) il dischetto [diske-to]
distância la distanza [distantza]
a distância in lontananza [lontanantza]
distribuidora de gasolina il distributore di benzina [distributore di bendzina]
diversos diversi [diversi]
divertido divertente [divertente]
foi divertido è stato divertente
divertir-se divertirsi
dividir (quarto, mesa etc.) dividere [dividere]
divorciado divorziato [divortz-iato]
dizer dire [dire]
como se diz... em italiano? come si dice... in italiano? [kome si ditche... in ital-iano]
ele/ela disse... ha detto... [a]
eu disse... ho detto... [ó]
o que ele/ela disse? cos'ha detto? [koz a]
poderia dizer a ele...? potresti/potrebbe dirgli...? [potre-be dirlhi]
do que* di [di]
menor do que più piccolo di [p-iú]
dobro il doppio [dop-io]
doce (sabor e sobremesa) il dolce [doltche]
documento il documento [dokumento]

doença la malattia [mala-ti-a]
doente malato
doer fare male [fare male]
dói aqui mi fa male qui [mi fa male kuí]
isso dói mi fa male [male]
minhas costas doem mi fa male la schiena
doloroso doloroso
domingo la domenica [domenika]
dor il dolore [dolore]
dor de cabeça il mal di testa
forte dor de cabeça un brutto mal di testa [brut-to]
dor de dente il mal di denti
dor de estômago il mal di stomaco
dor de garganta il mal di gola
dor nas costas il mal di schiena [sk-iena]
dormir dormire [dormire]
ela dorme dorme [dorme]
você dormiu bem? hai/ha dormito bene? [ai/a – bene]
drogas (narcóticos) la droga
duas vezes due volte [du-e volte]
duplo (dobro) doppio [dop-io]
durante durante [durante]
duro duro [duro]
(difícil) difficile [di-fichile]
duty-free (as mercadorias) merci esenti da dazio [mertchi ezenti da datz-io]
loja de duty-free il duty free
dúzia la dozzina [dodzina]
meia dúzia mezza dozzina [medza]

E

e e [e]
é* è [é]
é ele è lui [lui]
echarpe la sciarpa [charpa]
edifício l'edificio **m** [edifitchio]
Edimburgo Edimburgo
edredom il piumone [p-iú-mone]
educado educato [edukato]
efervescente frizzante [fritzante]
ei! ehi! [e-i]
Eire la Repubblica d'Irlanda [repu-blika dirlanda]
eixo l'asse **m** [las-se]
ela* lei [lei]
a ela/lhe a lei [lei], le [le]
com ela con lei, con sé [sé]
é a toalha dela è il suo asciugamano [é il su-o]
é ela è lei
ela está aqui? è qui? [é kuí]
para ela per lei
elástico l'elastico **m**
ele* lui [lui]
a ele/lhe a lui [lui], gli [lhi]
com ele con lui, con sé [sé]
é ele è lui [é]
ele está? è qui? [é kuí]
para ele per lui [per]
eles(as)* loro
com eles con loro
dei isso a eles l'ho dato a loro [lo]
para eles per loro

eletricidade l'elettricità **f** [ele-tritchitá]
eletricista l'elettricista **m** [ele-tritchista]
elétrico elettrico
eletrodomésticos gli elettrodomestici [ele-trodomestitchi]
elevador l'ascensore **m** [achensore]
elevador de esqui la seggiovia [sedjovi-a]
em, no(a) in,a
em Florença a Firenze
em inglês in inglese [in]
em italiano in italiano
em maio a maggio
na estação alla stazione
na televisão alla televisione
no avião sull'aereo
no hotel in albergo
em algum lugar da qualche parte [parte]
em cima in cima [tchima]
em vez invece [inveche]
e-mail la mail
embaixada l'ambasciata **f** [lambachata]
embaixo sotto, giù [djú]
abaixe-o ali lo/la metta giù lì
aqui embaixo quaggiù [kuadju]
é lá embaixo, à direita è giù di lì sulla destra
embalagem longa-vida il tetrapack®, la scatola di cartone
embora (apesar) anche se [se]
embreagem la frizione [fritz-ione]
embrulhar: poderia embrulhá-lo? può incartarlo? [puó]
emergência l'emergenza **f** [emerdjentza]
é uma emergência! è un'emergenza! [é]
saída de emergência l'uscita di sicurezza **f** [uchita di sikuretza]
emocionante emozionante [emotz-ionante]
empadão il pasticcio [pasticho]
emperrado bloccato
a chave está emperrada la chiave si è bloccata [k-iave si é]
empoeirado polveroso
emprego (uso) l'impiego **m** [imp-iego]
empresa la ditta
emprestar prestare [prestare]
você pode me emprestar seu(sua)... ? può prestarmi il suo/la sua...? [puó – su-o/su-a]
empurrar spingere [spindjere]
encanador l'idraulico **m** [idrauliko]
encher riempire [r-iempire]
encontrar incontrare [inkontrare]
encontrar-se incontrarsi
onde nos encontramos? dove ci incontriamo? [dove tchí]
encontro appuntamento [a-puntamento]

vamos marcar um encontro para a próxima segunda-feira possiamo fissare un appuntamento per lunedì prossimo? [pos-iamo fis-sare un]
local de encontro il luogo d'incontro [luogo]
endereço l'indirizzo m [indiritzo]
qual é seu endereço? qual è il suo indirizzo? [kuale é il su-o]
enevoado nuvoloso [nuvolozo]
está enevoado c'è nebbia [tché]
enfaixamento (machucado) la fasciatura [facha-tura]
enfermaria (de hospital) la corsia [korsi-a]
enfermeiro(a) l'infermiere m [inferm-iere]/ l'infermiera f
engano lo sbaglio [zbalho]
desculpe-me, eu me enganei chiedo scusa, mi sono sbagliato/sbagliata [k-iedo skuza mi – sbalhato]
engarrafamento l'ingorgo m
engraçado buffo [bu-fo]
enjoar: estou enjoado ho mal di mare [o – mare]
eu enjôo soffro di mal di mare
enorme enorme [enorme]
enquanto mentre [mentre]
enquanto estou aqui mentre sono qui [mentre – kui]
ensinar insegnare [insenhare]
pode me ensinar? mi puoi/può insegnare? [mi puoi/puó insenhare]
ensolarado assolato
então (naquele momento) allora
entender capire [kapire]
eu entendo capisco
eu não entendo non capisco
você entende? capisci/capisce? [kapichi/kapiche]
entrada (comida) l'antipasto m
entrada (local) l'entrata f
entrar entrare [entrare]
entre (preposição) tra, fra
entrega la consegna [konsenha]
entregar consegnare [konsenhare]
entroncamento il bivio [biv-io]
envelope la busta [busta]
envelope aéreo la busta per posta aerea [busta per]
enxaqueca l'emicrania f [emikran-ia]
epiléptico epilettico
equipamento l'attrezzatura f [a-tretzatura]
equívoco l'equivoco m [ekui-voko]
era... era... [era]
errado(a) sbagliato/a [zbalhata]
é a chave errada è la chiave sbagliata [é la k-iave zbalhata]
este é o trem errado questo è il treno sbagliato [kuesto]
queira desculpar, liguei errado mi scusi, ho sbagliato numero [mi skuzi o – numero]
queira desculpar, errei de quarto mi scusi, ho sbagliato camera

há algo errado com... c'è qualcosa che non va nel/nello/nella... [tché kualkoza ke]
o que está errado? cosa c'è che non va? [koza tché ke]
erro l'errore **m** [er-rore]
acho que há um engano credo ci sia un errore [kredo tchí si-a un er-rore]
tem um erro na conta c'è un errore nel conto [tché un er-rore]
erupção cutânea l'eruzione cutanea **f** [erutz-ione kutane-a]
ervas le erbe [erbe]
ervilhas i piselli
escada le scale [skale]
escapamento (tubo) il tubo di scappamento [tubo]
escocês scozzese [skotzeze]
sou escocês sono scozzese
Escócia la Scozia [skotz-ia]
escola la scuola [skuola]
escolher scegliere [chelhere]
esconder nascondere [naskondere]
escorregadio scivoloso [chivolozo]
escova (cabelo) la spazzola [spatzola]
(de limpeza) la scopa
escova de cabelos la spazzola per capelli [spatzola per]
escova de dentes lo spazzolino da denti [spatzolino]
escovinha de unhas lo spazzolino per le unghie [spatzolino per le ung-uie]
escrever scrivere [skrivere]
como se escreve? come si scrive? [kome si skrive]
poderia escrever para mim? può scrivermelo? [puó skrivermelo]
veja **alfabeto**
escrito com... scritto da...
escritório l'ufficio **m** [u-fitcho]
esquina: na esquina nell'angolo
escuro (adj.: cor) scuro [skuro]
(cabelo) bruno [bruno]
está escurecendo si sta facendo buio [fatchendo bu-io]
escutar ascoltare [askoltare]
esferográfica la biro
Eslovênia la Slovenia [slo-ven-ia]
esmalte de unha lo smalto per le unghie [per le ung-uie]
esparadrapo i cerotti [tchero-ti]
especialmente specialmente [spetchalmente]
espelho lo specchio [spek-io]
espelho retrovisor lo specchietto retrovisore [spek-ie-to retrovizore]
esperança la speranza [sperantza]
esperar (aguardar) aspettare [aspe-tare]
espere por mim aspettami/mi aspetti
não espere por mim non aspettarmi/mi aspetti
poderia me esperar aqui? mi può aspettare qui? [kuí]

ES

posso esperar até que minha mulher/minha companheira chegue aqui? posso aspettare fino a quando arriva mia moglie/la mia partner? [kuando]
(ter esperança): **assim espero** spero di sì [spero]
espero que não spero di no
se tudo der certo se tutto va bene [se tu-to va bene]
espesso(a) spesso
espirro lo sternuto [sternuto]
esponja (de limpeza) la pezza di spugna [petza di spunha]
esporte lo sport
esposa la moglie [molhe]
espreguiçadeira la sedia a sdraio [sed-ia a sdra-io]
esquecer dimenticare [dimentikare]
eu esqueci ho dimenticato
esquerda la sinistra [sinistra]
à esquerda a sinistra
vire à esquerda giri a sinistra [djiri]
esqui lo sci [chi]
bastão de esqui la racchetta da sci [ra-ke-ta da chi]
botas de esqui gli scarponi da sci
calça de esqui i calzoni da sci [kaltzoni da chi]
descida de esqui il campo da sci
instrutor de esqui il maestro di sci [maestro di chi]/la maestra di sci
passe de esqui lo ski-pass
pista de esqui la pista da sci [chi]
teleférico de esqui lo ski-lift
um par de esquis un paio di sci [pa-io di]
esqui aquático lo sci acquatico [chí akua-tiko]
esquiar sciare [chi-are]
vamos esquiar andiamo a sciare [and-iamo a chi-are]
esquisito strano
um cara esquisito il tipo strano
essencial essenziale [es-sentz-iale]
é essencial que... è essenziale che... [é – ke]
estação la stazione [statz-ione]
estação de trem la stazione ferroviaria [statz-ione fer-rov-iar-ia]
estacionamento il parcheggio [parkedjo]
estacionar parcheggiare [parkedjare]
posso estacionar aqui? posso parcheggiare qui? [kui]
estado (no país) lo stato
Estados Unidos gli Stati Uniti [lhi stati uniti]
estátua la statua [statu-a]
este(a), estes(as), isto questo/questa [kuesto]
esta é minha mulher questa è mia moglie [molhe]
esta mulher questa donna

estas mulheres queste donne [kueste]
este (aqui) questo/questa (qui) [kui]
este homem quest'uomo
este homens questi uomini [kuesti]
isto é...? (questo/questa) è...?
queria estes(as)? vorrei questi/queste [vor-rei]

diálogo

é este aqui è questo qui [é kuesto kui]
este? questo?
não, aquele no, quello [kue-lo]
aqui? qui?
sim si

esteira de praia la stuoia [stuo-ia]
estepe (pneu) la gomma di scorta
estilhaço la scheggia [skedja]
estômago lo stomaco
estourar: um cano estourado una tubatura scoppiata [tubatura skop-iata]
estrada principal la strada maestra [maestra]
estrada secundária la stradina [stradina]
estrangeiro(a) lo straniero [stran-iero]/la straniera
estranho (esquisito) strano
estreito (local) stretto
estrela la stella
estudante (homem/mulher) lo studente/la studentessa [studente/studentes-sa]
estúpido stupido [stupido], ottuso, [o-tuzo]
estupro lo stupro [stupro]
etiqueta l'etichetta **f** [etike-ta]
eu io [i-o]
eu mesmo faço isso lo farò da me [me]
euro l'euro **m** [eu-ro]
eurocheque l'eurocheque **m** [le-urochek]
Europa l'Europa **f** [e-uropa]
europeu europeo [e-urope-o]
exame l'esame **m** [lezame]
exatamente esattamente [eza-tamente]
exato(a) accurato [a-kurato]
exausto esausto [ezausto], distrutto [distru-to]
excelente eccellente [etchelente], fantastico
excesso de bagagem il bagaglio in eccesso [bagalho in etches-so]
exceto eccetto [etche-to]
excursão il giro [djiro]
exemplo l'esempio **m** [lezemp-io]
por exemplo per esempio [per]
existir: existe...? c'è...? [tché]
existem...? ci sono...? [tchi]

experimentar provare
posso experimentá-lo(la)? posso provarlo/provarla?
explicar spiegare [sp-iegare]
pode me explicar isso? me lo puoi/può spiegare? [me lo puoi/puó]
exposição (mostra) la mostra
expresso (correio, trem) l'espresso **m**
extensão (de telefone) la prolunga
exterior all'estero [a-lestero]
extintor de incêndio l'estintore **m** [lestin-tore]
extraordinário straordinario [stra-ordinar-io], stupefacente [stupe-fatchente]
extremamente estremamente [estrema-mente]

F

fábrica la fabbrica
faca il coltello
fácil facile [fatchile]
faculdade l'istituto superiore **m** [listituto super-iore]
Fahrenheit Fahrenheit
faixa de pedestres la zona pedonale [dzona]
falar parlare [parlare]
você fala inglês? parla inglese? [ingleze]
eu não falo... non parlo...

diálogo

posso falar com Roberto? posso parlare con Roberto? [parlare]
quem fala? chi parla? [ki]
é Patrícia sono Patricia
sinto muito, ele não está, quer deixar um recado? mi dispiace, non c'è; vuole lasciare un messaggio? [mi disp-iatche, non tché; vuole lashare un mes-sadjo]
não, obrigada, volto a ligar mais tarde no, grazie, richiamo più tardi [rik-iamo p-iú]
por favor, diga a ele que eu liguei gli dica che ho chiamato, per favore [lhi – ke okiamato]

falhar: o motor está sempre falhando il motore si spegne in continuazione [motore si spenhe in kontinu-atz-ione]
falso il falso
falta de luz l'interruzione della corrente **f** [inter-rutz-ione de-la kor-rente]
faltar mancare [mancare]
falta uma mala manca una valigia
família la famiglia [familha]
famoso famoso
fantástico fantastico
farinha la farina

farmácia la farmacia [farmatchi-a]
faróis (carro) i fari
fator de proteção il fattore di protezione [fa-tore di protetz-ione]
favas le fave [fave]
fax il fax
(verbo) mandare un fax a [mandare]
(documento) mandare per fax
fazenda la fattoria [fa-tori-a]
fazer fare [fare]
como se faz isso? come si fa? [kome]
fazer as malas fare le valigie [fare le validje]
isso é feito/a de quê? di che cosa è fatto/fatta? [ke koza]
o que faremos? che facciamo? [ke fatchamo]
você fará isso para mim? lo farà per me? [per me]
você pode fazer isso para mim? lo può fare lei per me? [puó fare lei per me]

diálogo

como vai? piacere [p-iatchere]
prazer em conhecê-lo molto lieto [l-ieto]
o que você faz? che lavoro fa? [ke]
sou professor, e você? sono insegnante, e lei? [insenhante, e lei]
sou estudante sono studente [studente]
o que vai fazer esta noite? che cosa fa questa sera? [ke koza fa kuesta sera]
vamos sair para beber alguma coisa; quer vir conosco? andiamo a bere qualcosa: vuole venire con noi? [and-iamo a bere kualkoza: vuole venire kon noi]

febre la febbre [fe-bre]
febre do feno la febbre da fieno [fe-bre da f-ieno]
febril febbricitante [fe-britchitante]
fechado chiuso [k-iuzo]
(tempo) uggioso [udjoso]
fechadura la serratura [ser-ratura]
fechar chiudere [k-iudere]

diálogo

a que horas vocês fecham? a che ora chiudete? [ke – k-iudete]
fechamos às 20 horas chiudiamo alle otto [k-iud-iamo]
vocês fecham para almoço? chiudete per pranzo?
sim, entre 13h e 15h30 sì, dall'una alle tre e mezza

fedor puzza [putza]
feijões i fagioli [fadjoli]

feio brutto **[brutto]**
feira (comercial) la fiera **[f-iera]**
feliz felice **[feliche]**
felizmente fortunatamente **[fortunata-mente]**
feriado la festa nazionale **[natzionale]**
férias la vacanza **[vakantza]**
em férias in vacanza
férias de inverno le vacanze invernali **[va-kantze invernali]**
ferido ferito **[ferito]**
ela foi ferida è rimasta ferita **[é]**
ferro (de passar) il ferro da stiro **[fer-ro]**
pode passar isso a ferro para mim? me li può stirare? **[me li puó stirare]**
ferrovia la ferrovia **[ferrovi-a]**
ferryboat il traghetto **[trague-to]**, la nave traghetto **[nave]**
ferver bollire **[bol-lire]** (cozinhar em água) far bollire
festa la festa
festival (música, artes) il festival
fevereiro febbraio **[fe-bra-io]**
ficha (telefone, jogo etc.) il gettone **[dje-tone]**
fígado il fegato **[fegato]**
figos i fichi **[fiki]**
fila la fila, (no trânsito) la coda
filha la figlia **[filha]**
filho il figlio **[filho]**
filme (cinema) il film **[film]** (para câmera) la pellicola

diálogo

tem este tipo de filme? avete questo tipo di pellicola? **[avete kuesto]**
sim; de quantas poses? sì, da quante pose? **[kuante poze]**
36 trentasei
revelação de filme lo sviluppo della pelliscola **[zvilu-po]**

filme colorido la pellicola a colori
filme plástico la pellicola trasparente **[trasparente]**
fim la fine **[fine]**
fim de semana il fine settimana **[fine]**
no fim de semana durante il fine settimana
fino sottile **[so-tile]**
fio (eletricidade) il filo (elettrico) (de fusível) il filo fusibile **[filo]**
fio dental il filo interdentale **[interdentale]**
fita adesiva il nastro adesivo **[adezivo]**, lo scotch
fita cassete la cassetta
gravador de fita il registratore **[redjistratore]**
fita métrica il metro a nastro
fixar fissare **[fis-sare]**
flanela (de limpeza) la pezza di spugna **[petza di spunha]**
flash (de câmera) il flash

flocos de milho i fiocchi di granturco **[f-io-ki di granturko]**
flor il fiore **[f-iore]**
Florença Firenze **[firentze]**
florentino (adj.) fiorentino
floresta la foresta
florista il fioraio **[f-iora-io]**
fluente: ele fala italiano fluentemente parla l'italiano correntemente **[ital-iano kor-rentemente]**
fogão la cucina **[kuchina]**
fogo fuoco **[fuoko]**
fogo! al fuoco!
podemos acender o fogo aqui? si possono accendere fuochi qui? **[atchendere fuoki kuí]**
você tem fogo? (para cigarro) puoi/può farmi accendere? **[puoi/puó farmi atchendere]**
folha la foglia **[folha]**
folheto l'opuscolo **m** **[opuskolo]**
fome fame **[fame]**
estou com fome ho fame **[o fame]**
estou morto de fome sto morendo di fame **[fame]**
você está com fome? ha fame? **[a]**
fone de ouvido la cuffia **[kuf-ia]**
fonte la fontana
fora fuori **[fuori]**
3km fora da cidade tre chilometri fuori città **[kilometri fuori tchi-tá]**
do lado de fora fuori di **[fuori di]**
ele está fora è fuori **[é fuori]**
fora daqui! vattene! **[va-tene]**
fora de moda fuori moda **[fuori]**
podemos nos sentar do lado de fora? possiamo sedere fuori? **[pos-iamo sedere]**
formal (roupa) da cerimonia **[tcherimon-ia]**
formatura (estudos) la laurea **[laure-a]**
formulário il modulo **[modulo]**
forno il forno
forte forte **[forte]**
fósforos i fiammiferi **[f-ia-miferi]**
fotografia la fotografia **[fotografi-a]**
com licença, poderia tirar uma foto de nós? scusi, può farci una fotografia? **[skuzi, puó fartchi]**
foyer (teatro) il foyer
fraco (pessoa, bebida) debole **[debole]**
me sinto fraco mi sento venir meno **[meno]**
fralda il pannolino
fraldas descartáveis i pannolini
framboesa il lampone **[lampone]**
França la Francia **[frantcha]**
francês francese **[frantcheze]**
frango il pollo
fratura la frattura **[fra-tura]**
freezer il freezer **[fritzer]**
freio il freno **[freno]**

freio de mão il freno a mano [freno]
frente il davanti
 na frente davanti
 na frente do hotel davanti all'albergo
 na frente do meu hotel di fronte al mio albergo
 o bar em frente il bar di fronte [fronte]
freqüente spesso
 pouco freqüente non spesso
 qual a freqüência dos ônibus? ogni quanto passano gli autobus? [onhi kuanto]
fresco fresco
frigideira la padella
frigobar il frigobar
frio (adj.) freddo
 estou com frio ho freddo [o]
fritar friggere [fridjere]
frito fritto
fronha la federa [federa]
fronteira il confine [konfine]
fruta la frutta [fru-ta]
 suco de fruta il succo di frutta [su-ko di fru-ta]
fruteiro il fruttivendolo [fru-tivendolo]
frutos-do-mar i frutti di mare [fru-ti di]
fumaça il fumo [fumo]
fumar: você se importa se eu fumar? le/ti dispiace se fumo? [le/ti dispiatche se]
 eu não fumo non fumo
 você fuma? fuma/fumi?
funcionar: não funciona non funziona [funtz-iona]
fundo fondo
 no fundo do... (mar etc.) in fondo a...
 (profundo) profondo
funeral il funerale [funerale]
furioso furioso [furi-ozo]
furo la foratura [foratura]
fusível il fusibile [fuzibile]
futebol il calcio [kaltcho]
futuro il futuro [futuro]
 no futuro in futuro
fuzil il fucile [futchile]

G

gaivota il gabbiano [gab-iano]
galão* il gallone [ga-lone]
galeria (teatro) la galleria
galeria de arte la galleria d'arte [gal-leri-a]
 galeria de arte moderna la galleria d'arte moderna [galeria darte]
galês gallese [ga-leze]
 sou galês sono gallese
ganancioso goloso
gancho (esqui) l'attacco **m**
ganso l'oca **f**
garagem l'autorimessa **f** [autorimes-sa]
garantia la garanzia [garantzi-a]
 tem garantia? è garantito? [é]
garçom il cameriere [kamer-iere]
 garçom! cameriere!
garçonete/camareira la cameriera [kamer-iera]
 garçonete! cameriera!

garfo la forchetta [forke-ta]
garganta la gola
pastilhas para a garganta le pastiglie per la gola [pastilhe per]
garrafa la bottiglia [bo-tilha], la caraffa
uma garrafa de vinho tinto da casa una bottiglia di (vino) rosso della casa
uma garrafa de vinho branco da casa, por favor una caraffa di (vino) bianco della casa, per favore [kaza]
garrafa térmica il thermos [termos]
gás il gas
gás liquefeito il gas liquido [likuido]
gasolina la benzina [bendzina]
gasolina sem chumbo la benzina senza piombo [bendzina senza p-iombo]
gastar spendere [spendere]
gato il gatto
gaveta il cassetto
gay il gay
bar gay il bar gay
geada il gelo [djelo]
gel de banho il gel per la doccia [per]
gel para cabelos il gel per capelli [djel per]
geladeira il frigo
geléia la marmellata
geléia de laranja la marmellata d'arance [darantche]
gelo il ghiaccio [g-uiatcho]
com gelo con ghiaccio [g-uatcho]
sem gelo, obrigado niente ghiaccio, grazie [n-iente]
general generale [djenerale]
gengiva la gengiva [djen-djiva]
Gênova Genova [djenova]
genro il genero [djenero]
gente la gente [djente]
muita gente troppa gente [tro-pa]
gentil (generous) gentile [djentile]
é muito gentil de sua parte è molto gentile da parte tua/sua [é – parte tua/sua]
gesso il gesso [djes-so]
gim il gin
um gim-tônica, por favor un gin tonic, per favore
ginásio (esporte) la palestra
gola (vestuário) il colletto
golfe il golf
campo de golfe il campo di golf
goma de mascar il chewing gum
gôndola la gondola
gondoleiro il gondoliere [gondol-iere]
gordo grasso
gordura il grasso
gorjeta (para garçom etc.) la mancia [mantcha]
gostar (agradar) piacere [p-iatchere]
eu gosto mi piace [mi pi-atche]

gosto de passear mi piace fare passeggiate
gosto de você mi piaci [pi-atchi]
não gosto disso non mi piace
você gosta de...? ti/le piace...? [ti/le]
você gostaria de dar uma caminhada? ti/le va di fare una passeggiata?

diálogo

gostou do filme? ti/le è piaciuto il film? [lei é p-iatchuto]
gostei muito; e você? mi è piaciuto molto; e a te/lei? [e a te/lei]

(querer) volere [volere]
gostaríamos de um pouco de... vorremmo un po' di... [vor-rem-mo]
gostaria de uma cerveja vorrei una birra [vor-rei]
gostaria de nadar vorrei andare a fare una nuotata [andare]
gostaria de um pouco mais de água, por favor vorrei ancora acqua, per favore [vor-rei]
gosto (sabor) il gusto [gusto]
gota goccia [gotcha]
só uma gota, por favor (de bebida) solo una goccia [gotcha]
governo il governo [governo]
Grã-Bretanha la Gran Bretagna [bretanha]
gracioso (bonito) grazioso [gratz-iozo]
gradualmente gradualmente [gradu-almente]
grama (planta) l'erba **f** [erba]
(peso) il grammo
gramado il prato all'inglese [ingleze]
gramática la grammatica
grampo de cabelos i fermacapelli
grande grande [grande]
muito grande troppo grande
não é bastante grande non è abbastanza grande [é a-bastantza]
um grande sucesso un gran successo [sutches-so]
grapefruit il pompelmo
suco de grapefruit il succo di pompelmo [su-ko]
grátis: é grátis? è gratis?
grato grato
gratuito gratuito [gratu-ito]
gravador de fita il registratore [redjistratore]
gravata la cravatta
grave (acidente) brutto [bru-to]
grávida incinta [intchinta]
graxa de sapato il lucido per le scarpe [lutchido per le skarpe]
Grécia la Grecia [gretcha]
grego greco
grelha la griglia [grilha]
grelhado alla griglia
gripe l'influenza **f**

gritar gridare **[gridare]**
grosseiro sgarbato **[sgarbato]**
grupo il gruppo **[gru-po]**
gruta la grotta
guarda-chuva l'ombrello **m**
guardanapo il tovagliolo **[tovalholo]**
guardanapos descartáveis i pannolini (usa e getta)
guarda-sol l'ombrellone **m** **[ombre-lone]**
guarda-volumes il deposito bagagli **[bagalhi]**
guardar (ficar com) tenere **[tenere]**
guarde o troco tenga il resto
por favor, fique com ele puoi/può tenerlo **[puoi/puó]**
posso ficar com ele? posso tenerlo? **[ten-erlo]**
guia (livro, pessoa) la guida
guia de turismo la guida turistica **[guida]**
guitarra la chitarra **[kitar-ra]**

H

hambúrguer l'hamburger **m** **[lamburguer]**
helicóptero l'elicottero **m** **[eliko-tero]**
hepatite l'epatite **f** **[epatite]**
hidratante l'idratante **m** **[i-dratante]**
hidrofólio l'aliscafo **m**
hidrográfica (caneta) il pennarello
hipermercado l'ipermercato **m**
hobby l'hobby **m**
hoje oggi **[odji]**
hoje à noite (antes das 22h) stasera (depois das 22h) stanotte **[stano-te]**
homem l'uomo **m** **[uomo]**
homens gli uomini **[uo-mini]**
honesto onesto
hóquei l'hockey **m**
hora l'ora **f**
às 7 horas alle sette ore **[a-le]**
que horas são? che ore sono? **[ke ore]**
hora marcada l'appuntamento **m** **[a-puntamento]**

diálogo

bom dia, posso ajudá-lo(la)? buongiorno, mi dica
eu gostaria de marcar uma hora vorrei fissare un appuntamento **[vor-rei fis-sare]**
em que horário? per che ora? **[per ké]**
às 15 horas alle tre
sinto muito, mas não é possível; pode ser às 16? mi dispiace, non è possibile: va bene alle quattro? **[mi disp-iatche, non é pos-sibile: va bene]**
sim, está bem sì, va bene
qual o seu nome, por favor? il suo nome, per favore? **[su-o nome]**

horário l'orario **m**
horário de funcionamento l'orario di apertura **m** [orar-io di apertura]
horário de pico l'ora di punta **f**
horrível orribile [or-ribile]
(gosto, comida) disgustoso [disgustozo]
hospedagem l'alloggio **m** [a-lodjo]
hospedar alloggiare [al-lodjare], ospitare
onde você está hospedado(a)? dove'è alloggiato/alloggiata? [dove ai al-lodjato]
estou hospedado no... sono (alloggiato/alloggiata) a...
pode nos dar hospedagem por uma noite? ci può ospitare per una notte? [tchi puó ospitare per]
hóspede l'ospite **m/f** [ospite]
hospital l'ospedale **m** [ospedale]
hospitalidade l'ospitalità **f**
obrigado pela hospitalidade grazie dell'ospitalità
hotel l'albergo **m** [albairgo]
hovercraft l'hovercraft **m**
humor l'umorismo **m** [umorizmo]

I

iate lo yacht
idade l'età **f** [leta]
idéia l'idea **f** [ide-a]
mudei de idéia ho cambiato idea [o kamb-iato ide-a]
idiota l'idiota **m/f** [id-iota]
ignição l'accensione **m** [atchens-ione]
igreja la chiesa [k-ieza]
ilha l'isola **f** [izola]
imediatamente immediatamente [i-med-iatamente]
imitação (de couro etc.) l'imitazione **f** [imitatz-ione]
impermeável impermeabile [imperme-abile]
importante importante [importante]
é muito importante è molto importante [é]
importar (ter importância): **não importa** non importa
não tem importância non ha importanza [non a importantza]

diálogo

você se importa se eu abrir a janela? le dispiace se apro la finestra? [le dispi-atche se]
não, pode abrir no, faccia pure [fatcha pure]

importunar importunare [importunare]
este homem está me importunando quest'uomo mi sta importunando [kuestuomo mi sta importunando]

impossível impossibile [impos-sibile]
impressos le stampe [stampe]
imundície la porcheria [porkeri-a]
imundo lurido [lurido]
incêndio incendio [intchendio]
inchaço il gonfiore [gonf-iore]
inchado gonfio [gonf-io]
incluído compreso
as refeições estão incluídas? sono compresi i pasti? [komprezi]
isto está incluído? questo è compreso? [kuesto é]
incluir comprendere [komprendere]
incomodar disturbare [disturbare]
desculpe por incomodá-lo mi scusi il disturbo [skuzi il disturbo]
incomum insolito
inconsciente privo di sensi
inconveniente scomodo
incrível incredibile [inkredibile]
indiano indiano [ind-iano]
indigestão l'indigestione **f** [indidjest-ione]
indisposição de estômago il disturbo di stomaco
infarto l'infarto **m**
infecção l'infezione **f** [infetz-ione]
infeccioso (contagioso) contagioso [kontadjozo]
inflamação l'infiammazione **f** [inf-ia-matz-ione]
informação l'informazione **f** [informatz-ione]
tem alguma informação sobre...? ha informazioni su...?
informal informale [informale]
Inglaterra l'Inghilterra **f** [inguilter-ra]
inglês inglese [ingleze]
sou inglês sono inglese
você fala inglês? parla inglese?
íngreme (subida) ripido
ingresso veja **bilhete**
início l'inizio **m** [initz-io]
no início all'inizio [initz-io]
injeção l'iniezione **f** [in-ietz-ione]
inocente innocente [i-notchente]
inseto l'insetto **m**
tem algo para picada de inseto? ha qualcosa per le punture d'insetto? [a kualkoza per le pun-ture]
insistir insistere [insistere]
eu insisto insisto
insolação il colpo di sole
insônia l'insonnia **f**
instante: faço num instante faccio in un attimo [fatcho]
insulina l'insulina **f** [insulina]
inteligente intelligente [inte-lidjente]
interessante interessante [interes-sante]
é muito interessante è molto interessante [é]

interessar interessare
estou interessado em... mi interesso di... [mi interes-so]
não me interesso por... non m'interesso di...
internacional internazionale [internatz-ionale]
internet internet [internet]
interpretar interpretare [interpretare]
intérprete l'interprete **m/f** [interprete]
interruptor l'interruttore **m** [inter-ru-tore]
interurbano l'interurbana **f** [in-terurbana]
intervalo (teatro) l'intervallo **m** [interva-lo]
intoxicação alimentar l'intossicazione alimentare **f** [intos-sikatz-ione ali-mentare]
inundação l'inondazione **f** [linondatz-ione]
inútil: é inútil è inutile [é inutile]
inverno l'inverno **m** [inverno]
no inverno d'inverno
iogurte lo yogurt [iogurt]
ir andare [andare]
aonde ele foi? dov'è andato? [dove]
aonde vocês vão? dove stai andando? [dove stai]
ela foi (sair) se n'è andata [se ne]
fui lá na semana passada ci sono andato la settimana scorsa [tchi]
gostaríamos de ir ao Foro Romano vorremmo andare al Foro Romano [vor-re-mo]
para onde vai este ônibus? dove va questo autobus? [dove va kuesto]
vamos! andiamo! [and-iamo]
ir embora andare via [andare]
vá embora! vattene! [va-tene]
irado arrabbiato [ar-rab-iato]
Irlanda l'Irlanda **f** [irlanda]
Irlanda do Norte l'Irlanda del Nord **f** [irlanda]
irlandês irlandese [irlandeze]
sou irlandês sono irlandese
irmã la sorella
irmão il fratello
isolado isolato
isqueiro (de cigarro) l'accendino **m** [latchendino]
isso esso
Itália l'Italia **f** [ital-ia]
italiano (adj.) italiano [ital-iano]
(idioma, homem) l'italiano **m**
(mulher) l'italiana **f**
os italianos gli Italiani

J

já già [dja]
janeiro gennaio [dje-na-io]
janela la finestra
lugar ao lado da janela (no avião) il posto vicino al finestrino [vitchino]
perto da janela vicino alla finestra [vitchino]

jantar (verbo) cenare [thenare]
(subst.) la cena [tchena]
jardim il giardino [djardino]
jarra la brocca
uma jarra d'água una brocca d'acqua [dakua]
jazz il jazz [djazz]
jeans i jeans
joalheria la gioielleria [djoi-el-leri-a]
joelho il ginocchio [djinok-io]
jogar giocare [djokare]
(atirar) gettare [djet-tare]
(jogar fora) buttare via [bu-tare]
jogging il jogging
fazer jogging andare a fare jogging [andare a fare]
jogo (cartas etc.) il gioco [djo-ko]
(partida) la partita
jóias i gioielli [joi-e-li]
jornal il giornale [jornale]
jornaleiro il giornalaio [djornala-io]
jovem giovane [djovane]
judeu ebreo [ebre-o]
julho luglio [lulho]
jumper (roupa) il maglione [malhone]
junho giugno [djunho]
juntos insieme [ins-ieme]
estamos juntos (em loja etc.) siamo insieme [s-iamo]
podemos pagar juntos? possiamo pagare insieme? [pos-iamo pagare]
justo (adj.) giusto [djusto]

K

ketchup il ketchup
kit de primeiros socorros la cassetta del pronto soccorso

L

lá là
lá adiante laggiù laggiù [ladju]
lá em cima lassù [las-su]
lá em cima al piano superiore [super-iore]
lã la lana
lábios le labbra
lado il lato
ao lado de... accanto a... [a-kanto]
ladrão il ladro
lager (tipo de cerveja) la birra chiara [birra k-iara]
lago il lago
lagosta l'aragosta f
lama (barro) il fango
lâmina de barbear le lamette [lame-te]
lâmpada la lampada, la lampadina
preciso de uma lâmpada nova ho bisogno di una lampadina nuova [o bizonho di]
lancha il motoscafo
lanche spuntino [spun-tino]
gostaria de fazer um lanchinho vorrei fare uno spuntino [vor-rei fare uno spun-tino]

lanterna la torcia elettrica [tortcha]
lápis la matita
lápis de sobrancelha la matita per le sopracciglia [per le sopra-tchilha]
laranja (fruta) l'arancia **f** [arantcha]
(cor) arancione [arantchone]
largo largo
lata il barattolo, la lattina
abridor de lata l'apriscatole **m** [apri-skatole]
lata de cerveja una lattina di birra
lata de gasolina la latta di benzina [bendzina]
lata de lixo la pattumiera [pa-tum-iera]
lavabo il gabinetto
lavagem a seco il lavasecco
lavagem de roupas il bucato
lavanderia (lugar) la lavanderia
lavanderia automática la lavanderia automatica [lavanderi-a auto-matika]
lavar lavare [lavare]
pode lavar estes? può lavare questi/queste? [puó – kuesti/kueste]
lava-rápido l'autolavaggio **m** [lautolavadjo]
lavatório (pia) il lavabo
laxativo il lassativo
lei la legge [ledje]
leite il latte [la-te]
leito (de trem) la cuccetta [kuche-ta]
lembrar: eu não lembro non ricordo
eu lembro mi ricordo
você lembra? ti ricordi/si ricorda?
lencinho il fazzoletto [fatzolet-to]
lenço (para a cabeça) il foulard [fular]
lenço de papel i fazzolettini di carta [fatzole-tini]
lençol il lenzuolo [lentz-uolo]
lentamente lentamente
fale mais lentamente parla/parli più lentamente! [piú lentamente]
muito lentamente molto lentamente
poderia falar mais lentamente? puoi/può dirlo più lentamente? [puói/puó dirlo p-iú]
lentes lenti
lentes de contato le lenti a contatto
lentes gelatinosas le lenti morbide [morbide]
lentes rígidas le lenti rigide [ridjide]
lentes semi-rígidas le lenti semirigide [semiridjide]
lento lento
leque il ventaglio [ventalho]
ler leggere [ledjere]
lésbica la lesbica
leste l'est **m**
no leste ad est
levantar (de manhã) alzarsi [altzarsi]

levar (daqui para ali) portare [portare]
aonde isso leva? dove porta questo? [dove – kuesto]
pode me levar para o aeroporto? può portarmi all'aeroporto?
leve leggero [ledjero]
libra (peso) la libbra
libra esterlina la sterlina [sterlina]
lição la lezione [letz-ione]
licença (permissão) il permesso [permes-so]
com licença con permesso [permes-so]
licor il liquore [lekuore]
ligar (pôr em funcionamento) accendere
poderia ligar o aquecimento? può accendere il riscaldamento? [atchendere]
ligar de novo (um telefonema) richiamare
ligarei de novo mais tarde richiamerò più tardi [rik-iamero p-iú]
limão il limone [limone]
limite de velocidade il limite di velocità [limi-te di]
limpadores de pára-brisa i tergicristalli [terdjikrista-li]
limpar pulire
pode limpar isto para mim? me li/le può pulire? [me li/le puó pulire]
limpo pulito [pulito]
língua la lingua [lingua]
linha la linea [lin-e-a]
pode me dar uma linha, por favor? mi dà la linea, per favore?
liso (sem desenho) in tinta unita [unita]
lista telefônica l'elenco telefonico **m**
litoral (costa) la costa
no litoral sulla costa [sul-la]
litro il litro
um litro de vinho branco un litro di vino bianco
livraria la libreria [libreri-a]
livre libero [libero]
livro il libro
livro de frases il frasario [frazar-io]
lixeira la pattumiera [pa-tum-iera]
lixo i rifiuti [rif-iuti]
lobby (de hotel) l'atrio **m**
local locale [lokale]
pode recomendar um vinho/um restaurante do local? mi può consigliare un vino/un ristorante del posto? [mi puó konsilhare]
loção la lozione [lotz-ione]
loção de limpeza la lozione detergente [lotz-ione deterdjente]
loção pós-barba il dopobarba
loção solar la lozione solare [lotz-ione solare]
logo presto
loiro biondo [b-iondo]
loja il negozio [negotz-io]

loja de alimentos il negozio di generi alimentari [negotz-io di djeneri]
loja de artesanato il negozio di artigianato [ne-gotz-io di artidjianato]
loja de câmeras il negozio del fotografo [negotz-io del]
loja de departamentos il grande magazzino [grande magadzino]
loja de ferragens il negozio di ferramenta [negotz-io di fer-ramenta]
loja de presentes il negozio di articoli da regalo [negotz-io]
loja de produtos naturais il negozio di cibi naturali [negotz-io di tchibi]
Lombardia la Lombardia
Londres Londra
longe (distante) lontano

diálogo

> **é longe daqui?** è lontano da qui? [é – kui]
> **não, não muito longe** no, non è molto lontano
> **quão longe?** quant'è lontano? [kuante]
> **cerca de 20km** circa venti chilometri [tchirka]

longo (comprido) lungo [lungo]
lotado (apinhado) affollato
louça il vasellame [vaze-lame]
louco pazzo [patzo]
lua la luna [luna]
lua-de-mel la luna di miele [luna di]
lugar il posto
este lugar está ocupado? è occupato questo posto? [é o-kupato kuesto]
luvas i guanti [guanti]
luxo il lusso [lus-so]
luxuoso lussuoso [lus-su-ozo]
luz la luce [lutche]
luz do sol la luce del sole [lutche del sole]
luzes laterais le luci di posizione [lutchi di pozitz-ione]

M

maçã la mela [mela]
macaco (de carro) il cric
maçaneta la maniglia [manilha]
machucado (ferida) il livido
machucar far male [male]
realmente machuca mi fa proprio male
macio morbido
maço: um maço de cigarros un pacchetto di sigarette [pa-ke-to di sigare-te]
madeira il legno [lenho]
maduro maturo [maturo]
mãe la madre [madre]
magnífico! magnifico!
magricela mingherlino [minguerlino]
magro magro
maio maggio [madjo]

maiô (traje de banho) il costume da bagno [kostume da banho]
maionese la maionese [ma-ioneze]
maior maggiore [madjore]
a maior parte do tempo la maggior parte del tempo [madjor parte]
a maior parte dos turistas la maggior parte dei turisti [dei]
mais più [p-iú]
mais caro/interessante più caro/interessante [p-iú]
mais de 50 più di cinquanta
mais que isso di più
mais tarde più tardi [p-iú]
muito mais molto di più
volto mais tarde torno più tardi

diálogo

quer um pouco mais? ne vuole ancora? [ne vuole]
não, para mim basta, obrigado no, basta per me, grazie [per me]
e você? e lei? [e lei]
não quero mais nada, obrigado non ne voglio più, grazie [ne volho p-iú]
podemos ter um a mais? possiamo averne uno/una in più? [poss-iamo averne – p-iú]
paga-se a mais por isto? si paga in più per questo? [per kuesto]

mais ou menos così così
mal male [male]
mala la valigia [validja]
maldição! accidenti! [atchidenti]
maleta la cartella, la valigia
malha la maglia [malha]
malpassada (carne) al sangue [sangue]
mamadeira il biberon
mamãe la mamma
mandar mandare [mandare]
quero mandar isto para a Inglaterra voglio mandare questo in Inghilterra [volho – kuesto in inguilter-ra]
manga (de roupa) la manica
manhã la mattina
de manhã di mattina
esta manhã questa mattina [kuesta]
mansão la villa
manteiga il burro [bur-ro]
manual (carro com câmbio manual) la macchina con il cambio manuale [ma-kina kon il kamb-io manu-ale]
mão la mano
mapa (geográfico) la cartina
mapa da cidade la piantina della città [p-iantina de-la tchi-tá]
mapa dos transportes públicos la piantina dei trasporti pubblici [pub-blitchi]
mapa rodoviário la cartina stradale
maquiagem il trucco [tru-ko]
máquina la macchina [ma-kina]

máquina de lavar roupas la lavatrice [lavatritche]
máquina de vendas il distributore automatico [distributore automatiko]
mar il mare [mare]
à beira-mar sul mare [sul]
mar Tirreno il mar Tirreno [tir-reno]
maravilhoso meraviglioso [meravilhozo], fantastico
marca (nome comercial) la marca
marcha (carro) la marcia [marcha]
marcha a ré la retromarcia [retromarcha]
março marzo [martzo]
maré la marea [mare-a]
margarina la margarina [margarina]
margem (beira) la riva
marido il marito [marito]
mariscos i frutti di mare [fru-ti di mare]
marrom marrone [mar-rone]
martelo il martello
mas ma
matar uccidere [utchidere]
mau (ruim) cattivo [ka-tivo], (tempo) brutto [bru-to]
maxila la mascella [masche-la]
mecânico il meccanico [me-kaniko]
média (medíocre) mediocre [med-iokre]
(comum) ordinario [ordinar-io]
na média in media [med-ia]
medicamento (remédio) la medicina [meditchina]
médico il medico [mediko]
por favor, chame um médico può chiamare un medico, per favore? [puó kiamare]
precisamos de um médico abbiamo bisogno di un medico [ab-iamo bizonho di]

diálogo

onde dói? dove le fa male? [dove le fa male]
bem aqui proprio qui [kuí]
assim dói mais? così le fa male di più? [le – male di p-iú]
sim sì
leve isto a uma farmácia porti questo in farmacia [kuesto in farmatchi-a]

médio (adj.) medio [med-io]
tamanho médio di taglia media [talha med-ia]
Mediterrâneo il Mediterraneo [mediter-rane-o]
meia-noite mezzanotte [medzano-te]
à meia-noite a mezzanotte
meia (curta) il calzino [kaltzino] (meias femininas) le calze [kaltze]
meia-calça il collant [ko-lan]
meio(a) (metade) mezzo
meia garrafa mezza bottiglia [bo-tilha]
meia hora mezz'ora [medzora]
meia pensão la mezza pensione [medza pens-ione]

meio mezzo litro **[medzo]**
meio bilhete mezzo biglietto **[medzo bilhe-to]**
no meio nel mezzo **[medzo]**
meio-dia mezzogiorno **[med-zodjorno]**
ao meio-dia a mezzogiorno
mel il miele **[m-iele]**
melão il melone **[melone]**
melhor meglio **[melho]**
você está se sentindo melhor? ti senti/si sente meglio? **[si sente]**
(o melhor) il migliore **[milhore]**
melhorar migliorare **[milhorare]**
quero melhorar o meu italiano voglio migliorare il mio italiano **[volho – il mi-o]**
mencionar nominare **[nominare]**
menino(a) il bambino, la bambina, il ragazzo, la ragazza **[ragatzo/a]**
menos meno **[meno]**
menos que meno di
mensagem il messaggio **[mes-sadjo]**
há mensagens para mim? ci sono messaggi per me? **[tchí – per me]**
mensagem de texto il messaggino **[mes-sadjino]**
menstruação le mestruazioni **[mestru-atz-ioni]**
mentir mentire **[mentire]**
menu il menù **[menu]**
posso ver o menu, por favor? mi dà il menù, per favore? veja **Menu**
menu de preço fixo il menù fisso **[menu]**
mercado il mercato **[merkato]**
mercearia il negozio di alimentari **[negotz-io]**
merda! merda! **[merda]**
mergulho sem equipamento l'immersione senza attrezzature **f** **[i-mers-ione sentza a-tret-zature]**
mês il mese **[meze]**
mesa il tavolo
uma mesa para dois un tavolo per due **[per]**
mesmo: o mesmo lo stesso
o mesmo, de novo, por favor un altro/un'altra, per favore
o mesmo para mim per me è lo stesso **[per me é]**
metade la metà
metade daquilo una metà di quello **[kuel-lo]**
metade do preço metà prezzo **[pretzo]**
metal il metallo
metro il metro
metrô la metropolitana
meu, minha, meus, minhas il mio, la mia, i miei **[mi-ei]**, le mie **[le mi-e]**
é meu(minha) è mio/mia **[é]**
mexilhões le cozze **[kotze]**
microondas (forno) il forno a microonde **[mikro-onde]**
Milão Milano **[milano]**
milha il miglio **[milho]**
milímetro il millimetro
milkshake il frappé **[frapé]**

mim*: é para mim è per me [é per me]
mande-o para mim mandalo/lo mandi a me
minúsculo piccolo
minuto il minuto [minuto]
moça la ragazza [ragatza]
mochila lo zaino [dza-ino]
moda: da moda di moda
na moda alla moda
moderno moderno [moderno]
moeda la moneta [moneta]
mola la molla
molho la salsa, il sugo [sugo]
molho de salada il condimento per l'insalata [per]
montanha la montagna [montanha]
na montanha in montagna
montanhismo l'alpinismo **m**
monumento il monumento [monu-mento]
morango la fragola
morar abitare

diálogo

> **onde você mora?** dove abita? [dove]
> **moro em Paris** abito a Parigi

mordida (cachorro) il morso
morrer morire [morire]
morte la morte [morte]
morto morto
mosca la mosca
mosquito la zanzara [dzandzara]
mostarda la senape [senape]
mosteiro il monastero [monastero]
mostrar: poderia me mostrar? mi può far vedere? [mi puó far vedere]
motocicleta la motocicletta [moto-tchiklet-ta], la moto(cicletta)
motoneta lo scooter
motor il motore [motore]
motor de arranque lo starter
motor-home la roulotte [rulot]
motorista (de carro) l'autista **m/f** [autista]
(de ônibus) il/la conducente [kondutchente]
móveis i mobili
mover (mexer) muovere [muovere]
movimentado (restaurant etc) animato
muçulmano musulmano
mudar: ele se mudou para outro quarto si è trasferito in un'altra stanza [si é trasferito]
para onde se mudou? dove è stato trasferito? [dove é]
muitíssimo moltissimo
muito(a), muitos(as) molto(a), molti(e) [molto/a, molti/e]
ainda há muito tempo c'è ancora molto tempo [tché]
eu gosto muito mi piace molto [mi pi-atche]
eu não quero muito non voglio molto [volho]

...fica muito longe? ...è molto lontano/lontana? **[é]**
muita gente molta gente **[djente]**
muita bebida molte bevande
muito maior molto più grande **[p-iú]**
muito mais quente molto più caldo **[p-iú]**
muito molho molta salsa
muito parmesão molto parmigiano
muitos rapazes molti ragazzi
não muitos(as) non molti/molte

muletas le stampelle **[stampe-le]**
mulher la donna
(esposa) la moglie **[molhe]**
multa la multa
multidão la folla
mundo il mondo
muro il muro **[muro]**
museu il museo **[muze-o]**
música la musica **[muzika]**
música folclórica la musica folk **[muzika]**
música pop la musica pop **[muzika]**
músico(a) il/la musicista **[muzitchista]**

N

nacional nazionale **[natz-ionale]**
nacionalidade la nazionalità **[natz-ionalita]**
nada niente **[n-iente]**
para mim nada, obrigado per me niente, grazie **[per me]**
nada mais nient'altro
nadar nuotare **[nuotare]**
vamos nadar andiamo a fare una nuotata **[and-iamo]**
vou dar uma nadada vado a fare una nuotata **[fare una nuotata]**
namorada la ragazza
namorado il ragazzo
não no, non
claro que não no di certo **[di tcherto]**
não aquele – este non quello – questo **[kue-lo – kuesto]**
não faça isso! non farlo!
não, não estou com fome no, non ho fame **[o fame]**
não tenho troco non ho spiccioli **[o spitch-oli]**
não tem mais... non c'è più... **[tché p-iú]**
oh, não! (contrariado) oh no!
não-alcoólico analcolico
não há de quê (para agradecer) prego **[prego]**, non c'è di che **[tché di ke]**
Nápoles Napoli
napolitano napoletano
nariz il naso
nascer nascere **[nachere]**
nasci em 1960 sono nato/nata nel millenovecentosessanta
nasci em Manchester sono nato/nata a Manchester

Natal il Natale **[natale]**
feliz Natal! buon Natale! **[buon]**
natural naturale **[naturale]**
naturalmente naturalmente **[naturalmente]**
náusea la nausea **[nauze-a]**
navio la nave **[nave]**
de navio con la nave
neblina la nebbia, la nebbiolina **[neb-iolina]**
necessário necessario **[netches-sar-io]**
negativo (filme) la negativa (expressão) **negativo!** assolutamente no!
negócio l'affare **m** **[a-fare]**
negócio fechado affare fatto
nem... nem... né... né... **[né]**
nem eu nemmeno io **[nem-meno i-o]**
nenhum nessuno **[nes-suno]**
nenhum dos dois nessuno dei due **[nessuno dei due]**
neozelandês: sou neozelandês sono neozelandese **[ne-odzelandeze]**
neta la nipote **[nipote]**
neto il nipote **[nipote]**
neve la neve **[neve]**
está nevando nevica **[nevika]**
ninguém nessuno **[nes-suno]**
não ficou ninguém non ce n'è più nessuno/nessuna **[tché ne p-iú nes-suno]**
não há ninguém ali non c'è nessuno **[tché]**
no(a) nel, nella
fica no centro è in centro **[tchentro]**
no meu carro con la mia macchina
noite la notte **[no-te]**, la sera **[sera]**
à noite di notte, di sera
esta noite questa sera **[kuesta]**

diálogo

tem um quarto de solteiro por uma noite? avete una stanza singola per una notte? **[avete una stantza]**
sim, senhora sì, signora
quanto custa o pernoite? quanto si paga per notte? **[per]**
são 75 euros por uma noite settantacinque euro per notte **[se-tantatchinkue e-uro]**
obrigada, vou ficar grazie, la prendo **[gratzi-e]**

noite de Natal la vigilia di Natale **[vidjilha]**
noite passada la notte scorsa
noiva la fidanzata
noivo il fidanzato **[fidantzato]**
nome il nome **[nome]**
meu nome é John mi chiamo John **[k-iamo]**
qual é o seu nome? come si chiama? **[kome si k-iama]**

qual é o nome desta rua? come si chiama questa strada? [kuesta]
nome de batismo il nome di battesimo [nome di ba-tezimo]
nora la nuora [nuora]
normal normale [normale]
norte il nord
no norte al nord
ao norte de Roma a nord di Roma
Noruega la Norvegia [norvedja]
nós noi [noi], ci [tchi]
conosco con noi
para nós per noi [per]
nosso(a), nossos(as) il nostro, la nostra, i nostri, le nostre
nota (cédula) la banconota
notável notevole [note-vole]
notícias le notizie [notitzi-e]
Nova Zelândia la Nuova Zelanda [nuova dzelanda]
novembro novembre [novembre]
novo nuovo [nuovo]
nozes le noci [notchi]
número il numero [numero]
eu tinha o número errado ho sbagliato numero [o zbalhato]
qual o número do seu telefone? qual è il suo numero di telefono? [kual é il su-o]
número de licença (carro) il numero di immatricolazione [numero di imatrikolatz-ione]
nunca mai [mai]

diálogo

nunca esteve em Pádua? è mai stato a Padova? [é]
sim, estive lá faz dois anos sì, ci sono stato due anni fa [tchi]

você nunca fo i a Roma? è mai stato a Roma? [é]
não, nunca; nunca estive lá no, mai; non ci sono mai stato [tchi]

nuvem la nuvola [nuvola]

O

o, a il, lo, la [il]; i, gli, le [lhí, le]
o livro il libro [libro]
objetiva (câmera) l'obiettivo **m** [ob-ie-tivo]
obrigado(a) grazie [gratzi-e]
muito obrigado(a) grazie mille [mi-le]
obrigado(a) pela carona grazie del passaggio
não, obrigado(a) no grazie

diálogo

obrigado grazie [gratzi-e]
de nada prego [prego]

obstruído(a) (rua, cano) bloccato
(pia) intasato [intazato]

obturação l'otturazione **f** [o-turatz-ione]
obturador (câmera) l'otturatore **m** [o-turatore]
óculos gli occhiali [ok-iali]
óculos de esqui (goggles) gli occhiali da sci [ok-iali da chi]
óculos de natação gli occhiali da nuoto [nuoto]
óculos de sol gli occhiali da sole [ok-iali da sole]
ocupado (toalete, telefone) occupato [o-kupato]
este lugar está ocupado? è occupato questo posto? [é o-kupato kuesto]
oeste l'ovest **m**
a oeste ad ovest
ofensivo offensivo
oficina (carros) l'autofficina **f** [auto-fichina]
oi! ciao! [tchau], salve! [salve]
OK d'accordo
olá (de dia) buongiorno [buondjorno]
(no fim da tarde, à noite) buonasera [buonasera]
óleo l'olio **m** [olio]
óleo de bronzear l'olio solare **m** [olio solare]
olhada (espiada) occhiata [ok-iata]
pode dar uma olhada nas minhas coisas? può dare un'occhiata alla mia roba? [puó dare un ok-iata ala mi-a]
só estou dando uma olhada, obrigada sto solo dando un'occhiata, grazie [ok-iata]
olhar guardare [guardare]
olho l'occhio **m** [ok-io]
pode ficar de olho na minha mala, por favor? mi tiene d'occhio la valigia, per favore? [mi t-iene]
ombro la spalla
omelete la frittata
onda l'onda **f**
onde? dove? [dove]
não sei onde é [dové]

diálogo

onde fica a catedral?
dov'è il duomo? [dové]
é para lá è laggiù [é ladju]
pode me mostrar onde fica no mapa? puoi/può farmi vedere dov'è sulla cartina? [puoi/puó – vedere dove]
é bem aqui è proprio qui [kui]
veja **como**

ônibus (urbano) l'autobus **m** [autobus], la corriera [kor-riera]
de quanto em quanto tempo o ônibus passa? ogni quanto tempo passa l'autobus? [onhi kuanto – lautobus]
ônibus de longa distância il pullman
passeio de ônibus la gita in pullman [djita]
ontem ieri [ieri]
ontem de manhã ieri mattina
ópera l'opera **f** [opera]

operação (cirurgia) l'operazione **f** **[operatz-ione]**
operador turístico l'operatore turistico **m** **[operatore turistiko]**
oposto: direção oposta la direzione opposta **[diretz-ione]**
óptico l'ottico **m**
orelha/ouvido l'orecchio **m** **[orek-io]**
estou com dor de ouvido ho mal d'orecchi **[o mal dore-ki]**
organizar: poderia organizar para nós? può organizzarlo per noi? **[puó organidzarlo per noi]**
orquestra l'orchestra **f**
osso l'osso **m**
ótimo! ottimo!
ou o
ou... ou... o... o...
ou um(a) ou outro(a) o l'uno/l'una o l'altro/l'altra
ouriço-do-mar il riccio di mare **[ritcho di mare]**
ouro l'oro **m**
outono l'autunno **m** **[lautu-no]**
no outono in autunno
outro(a), outros(as) altro/a, altra/e
de outro modo altrimenti
do outro lado da rua dall'altra parte della strada **[parte]**
em outro lugar da qualche altra parte **[kualke – parte]**
espero os outros aspetto gli altri **[aspe-to lhi]**
no outro dia l'altro giorno
o outro, a outra l'altro, l'altra
outra coisa qualcos'altro **[kualkoz]**
podemos ficar com outro quarto? potremmo avere un'altra stanza? **[avere]**
você tem outros? ne avete degli altri? **[ne avete delhi]**

diálogo

deseja outra coisa? altro?
não, mais nada, obrigado nient'altro, grazie **[n-ientaltro]**

outubro ottobre **[o-tobre]**
ouvir sentire **[sentire]**

diálogo

está me ouvindo? mi sente? **[sente]**
não ouço você, poderia repetir? non la sento, può ripetere? **[puó ripetere]**

ovo l'uovo **m** **[uovo]**
ovo cozido l'uovo sodo **m** **[uovo]**
ovo duro l'uovo sodo **m** **[luovo]**
ovo frito l'uovo al tegamino **m** **[uovo]**
ovo poché l'uovo in camicia **m** **[luovo in kamitcha]**
ovo quente l'uovo alla coque **[uovo a-la kok]**
ovos mexidos le uova strapazzate **[uova strapatzate]**

P

pacote il pacco
um pacote de... un pacco di...
pacote de férias la vacanza organizzata [vakantza organidzata]
padaria la panetteria [pane-teri-a], il panificio [panifitcho]
padrão (tema) il motivo
Pádua Padova [padova]
pagar pagare [pagare]
a conta, por favor? il conto, per favore
já está pago è già pagato [é dja]
pagar à parte pagare a parte [parte]

diálogo

quem paga? chi paga? [ki]
eu pago pago io [i-o]
não, você pagou na outra vez, eu pago no, tu hai pagato l'altra volta, pago io [a-i]

página la pagina [padjina]
pai il padre [padre]
País de Gales il Galles [ga-les]
pais i genitori [djenitori]
país il paese [pa-eze]
paisagem il paesaggio [pa-e-zadjo]
Países Baixos i Paesi Bassi [pa-ezi]
palácio il palazzo [palatzo]
palavra la parola
palavrão la parolaccia [parolatcha]
paletó la giacca [djak-ka]
pálido pallido
pane (carro) il guasto [guasto]
panela la pentola
panelas le pentole [pentole]
pano de prato lo strofinaccio [strofinatcho]
pão il pane [pane]
pão grande e redondo la pagnotta [panho-ta]
pão branco il pane bianco [b-ianko]
pão integral il pane integrale [integrale]
pão preto il pane nero [nero]
pãozinho il panino
papa il Papa
papai il papà
papel la carta
um pedaço de papel un pezzo di carta [petzo]
papel-alumínio la carta stagnola [stanhola]
papel de carta la carta da lettere [le-tere]
papel de embrulho la carta da pacchi [pa-ki]
papel higiênico la carta igienica [idjenika]
paquistanês pachistano [pakistano]
par (casal) la coppia [kop-ia]
(dois itens) paio
um par de... un paio di... [pa-io di]

para per **[per]**, da
(em direção a) verso **[verso]**

diálogo

para quem é o sorvete? per chi è il gelato? **[per ki é]**
é para mim è per me **[me]**
e esta? e questa? **[e kuesta]**
esta é para ela quella è per lei **[kue-la – lei]**

onde se pega o ônibus para San Pietro? dove si prende l'autobus per San Pietro? **[dove si prende lau-tobus per]**
o ônibus para San Pietro sai da Stazione Termini l'autobus per San Pietro parte dalla Stazione Termini **[parte – statz-ione]**

parabéns! congratulazioni! **[kongratulatz-ioni]**
pára-brisa il parabrezza **[parabretza]**
pára-choque il paraurti **[para-urti]**
parada la sosta
parafuso la vite **[vite]**
parar fermare **[fermare]**
fique parado(a)! sta' fermo/ferma! **[fermo]**
por favor, pare aqui (para taxista etc.) fermi qui, per favore **[fermi kuí]**
você pára perto de...? ferma vicino a...? **[vitchino]**
parente il/la parente **[parente]**
parque il parco
parque de diversões il luna park **[luna]**
parte la parte **[parte]**
particular (privado) privato
partida (de jogo etc.) la partita
(de um avião) la partenza **[partentza]**
partida de futebol la partita di calcio
partir partire **[partire]**
eu parto amanhã parto domani
ele partiu ontem è partito ieri **[é – ieri]**
partimos amanhã partiamo domani **[part-iamo]**
quando parte o ônibus para Veneza? a che ora parte l'autobus per Venezia **[ke – parte lautobus per]**
Páscoa la Pasqua **[paskua]**
passado: no passado in passato
passageiro(a) il passeggero **[pas-sedjero]**, la passeggera
passagem de pedestres il passaggio pedonale **[pas-sadjo-pedonale]**
passaporte il passaporto
passar passare **[passare]**
passarei por aí amanhã passerò domani
pássaro l'uccello **m** **[uche-lo]**
passe para teleférico (esqui) lo skipass

passe de um dia/uma semana para teleférico uno skipass giornaliero/ settimanale
passeio (excursão) la gita [djita]
gostaria de dar um passeio até... vorrei fare una gita a... [vor-rei fare]
passeio de um dia la gita (di un giorno) [djita di un djorno]
passeio turístico giro turistico [djiro]
passo (nas montanhas) il passo
pasta (carteira) il portafoglio [porta-folho]
pasta de dentes il dentifricio [dentifritcho]
pastilhas para a garganta le pastiglie per la gola [pastilhe per]
patins de gelo i pattini da ghiaccio
pato l'anatra **f**
pé* il piede [p-iede]
a pé a piedi
vou a pé vado a piedi
peça il pezzo [petzo]
(de teatro) la commedia [kom-med-ia]
(sobressalente) il pezzo di ricambio [petzo di rikamb-io]
pedaço il pezzo [petzo]
um pedaço de... un pezzo di...
um pedaço grande un grosso pezzo [petzo]
pedestre pedonale [pedonale]
pedir (solicitar) chiedere [k-iedere]
não pedi isto non ho chiesto questo [non o k-iesto kuesto]
poderia lhe pedir que...? può chiedergli di...? [puó k-iederlhi di]
(no restaurante): **podemos pedir agora?** possiamo ordinare ora? [pos-iamo ordinare]
eu já pedi, obrigado ho già ordinato, grazie [ó djá]
eu não pedi isto non ho ordinato questo [kuesto]
(pedir emprestado) prendere a prestito [prendere]
posso pegar emprestado...? posso prendere a prestito...?
pedra la pietra [p-ietra]
pegar prendere [prendere]
onde pegamos o ônibus para...? dove prendiamo l'autobus per...? [dove prend-iamo]
posso pegar isto? (folheto etc.) posso prenderlo/prenderla?
você vem me pegar? vieni/ viene a prendermi lì? [vieni/ viene a prendermi]
peito il petto
peixaria la pescheria [peskeri-a]
peixe il pesce [peche]
pele la pelle [pe-le]
pena: é uma pena è un peccato [é]
que pena! che peccato! [ke]
penicilina la penicillina [penitchi-lina]
pensão la pensione [pens-ione]
pensão completa la pensione completa [pens-ione kompleta]

pensar pensare [pensare]
penso que sim penso di sì
vou pensar nisso ci penserò [tchí pensero]
pensionista (homem/mulher) il pensionato [pens-ionato], la pensionata
pente il pettine [pe-tine]
pepino il cetriolo [tchetri-olo]
pequeno piccolo
pêra la pera [pera]
perambular: gosto de perambular por aí mi piace andarmene in giro [mi pi-atche andarmene in djiro]
perder perdere [perdere]
eu me perdi, quero ir para... mi sono perso/persa, voglio andare a... [perso – volho andare]
perdi a bolsa ho perso la borsa [o]
perdi o ônibus ho perso l'autobus [o perso]
perdido smarrito
perfeito perfetto [perfet-to]
perfume il profumo [profumo]
pergunta la domanda
periferia la periferia
perigoso pericoloso [perikolozo]
período (de tempo) il periodo [peri-odo]
perito esperto [esperto]
permanente (cabelos) la permanente [permanente]
permissão (licença) il permesso [permes-so]
permitir permettere [permetere]
isso é permitido? è permesso? [é permes-so]
perna la gamba
pernoite (em viagem) di notte [di no-te]
perto (próximo) vicino a [vitchino]
é perto do centro da cidade? è vicino al centro della città? [é]
onde fica o... mais perto? dov'è il... più vicino? [dove il ... piú]
você passa perto do Coliseu? passa vicino al Colosseo?
perturbar disturbare [distubare]
pés-de-pato le pinne [pi-ne]
pesado pesante [pezante]
pescoço il collo
peso il peso [pezo]
pêssego la pesca
pessoa la persona [persona]
as outras pessoas no hotel le altre persone all'albergo [le altre persone]
pia l'acquaio **m** [akua-io]
piano il pianoforte
picada (de inseto) la puntura d'insetto [pun-tura]
picado: eu fui picado sono stato punto [punto]
picante (apimentado) piccante
picolé il ghiacciolo [g-uiatcholo]
pijama il pigiama [pijama]

pílula la pillola
eu tomo pílulas prendo la pillola
pimenta il pepe [pepe]
pimentão il peperone [peperone]
pinça le pinzette [pintze-te]
pincel il pennello
pintura il dipinto
pior peggio [pedjo]
é pior è peggio [é pedjo]
o pior il peggio [pedjo]
piquenique il picnic
pires il piattino [p-ia-tino]
pirulito il lecca-lecca
piscina la piscina [pichina]
piscina coberta la piscina coperta [pi-china koperta]
piscina infantil la piscina per bambini [pichina per]
piso (chão) il pavimento
pista (rodovia) la corsia
pista de esqui la pista da sci [chi]
pista para iniciantes (esqui) la pista per principianti [per printchip-ianti]
pizza la pizza
pizza para viagem una pizza da portare via [portare vi-a]
placa (de carro) la targa
(de rua etc.) il segnale [senhale]
(rodoviária) il segnale stradale [senhale]
planta la pianta [pianta]
plástico la plastica
plataforma (trem) il marciapiede [marchapiede]
qual é a plataforma do trem para Milão, por favor? su quale binario parte il treno per Milano, per favore? [su kuale benar-io parte il treno per]
platinado (de carro) le puntine [puntine]
playground il parco giochi [djoki]
pneu (de carro, bicicleta) la gomma,
lo pneumatico [p-ne-umatiko]
estou com um pneu vazio ho una gomma a terra [o – terra]
pobre povero [povero]
poder* (verbo) potere [potere]
eu não pude... non ho potuto... [o potuto]
não posso... non posso...
pode dar isto a...? può dare questo/questa a...? [puó dare kuesto]
poderia pegar outra garrafa? potrei avere un'altra bottiglia? [potrei avere]
posso entrar? posso entrare? [entrare]
posso me sentar aqui? posso sedere qui? [sedere kuí]
posso pegar...? posso avere...? [avere]
posso vê-lo(la)? posso vederlo/vederla? [vederlo/vederla]
você pode...? puoi/può...? [puói/puó]
você poderia...? potresti/potrebbe...? [potre-be]
poeira la polvere [polvere]
polegada* il pollice [po-litche]

polegar il pollice [po-litche]
polícia la polizia [politzi-a]
chame a polícia! chiamate la polizia! [k-iamate]
polícia militar i carabinieri [karabin-ieri]
policial (homem/mulher) il poliziotto [politz-io-to]
la donna poliziotto
(para chamá-lo) agente [adjente]
poluído inquinato [inkuinato]
pomada l'unguento **m** [unguento]
pônei il pony
ponte il ponte [ponte]
ponto il punto [il punto]
ao ponto (cozimento) non troppo cotto
ponto de ônibus la fermata dell'autobus [fermata]
ponto de táxi il posteggio dei taxi [postedjo dei]
população la popolazione [popolatz-ione]
por per [per]
é por aqui da questa parte [kuesta parte]
é por ali da quella parte [kue-la]
passa por...? (trem, ônibus) passa per...? [per]
por causa de... a causa di... [kauza]
por fim alla fine [fine]
por noite a notte [no-te]
quanto (custa) por dia? quanto (costa) al giorno? [kuanto]
pôr mettere [me-tere]
onde posso pôr...? dove posso mettere...? [dove]
por cento per cento [per tchento]
por favor per favore [per favore]
sim, por favor sì, grazie [si gratzi-e]
por favor, poderia...? potrebbe per favore...? [potre-be]
por favor, não... per favore non...
porca (de parafuso) il dado
porcelana la porcellana [portche-lana]
porco (carne) il maiale [ma-iale]
pôr-do-sol il tramonto
porque perché [perke]
por quê? perché? [perké]
porta (da casa) la porta
(de trem, carro) lo sportello
porta-bebê il porte-enfant [port-enfant]
porta-malas il bagagliaio [bagalha-io], il portapacchi [portapa-ki]
portão il cancello [kanche-lo]
(de aeroporto) l'uscita **f** [uchita]
porteiro (de hotel) il portiere [port-iere], il portinaio [portina-io]
porteiro da noite il portiere di notte [port-iere di]
porto il porto
possível possibile [pos-sibile]
é possível...? è possibile...? [é]

o mais rápido possível al più presto possibile [p-iú]
posta-restante il fermo posta [fermo]
posto de gasolina la stazione di servizio [statz-ione di servitz-io]
pouco poco
só um pouco, obrigado solo un po', grazie
um pouco un po'
um pouco caro un po' caro
um pouco de leite un po' di latte
um pouquinho mais ancora un po'
praça la piazza [p-iatza]
praia la spiaggia [spi-adja]
prancha de windsurfe la tavola a vela
prata l'argento **m** [ardjento]
prateleira lo scaffale [ska-fale]
praticar esercitare [esertchitare]
quero praticar meu italiano voglio esercitarmi a parlare italiano [volho esertchitarmi a parlare]
prato (de refeição) la portata (utensílio) il piatto [p-iat-to]
prato principal la portata principale
pratos i piatti
prazer il piacere
prazer em conhecê-la piacere di conoscerla [p-iatchere di konocherla]
precisar avere bisogno
eu preciso... ho bisogno di... [o bizonho di]
preço il prezzo [pretzo]
preço do ingresso il prezzo d'ingresso [pretzo dingres-so]
preço da passagem il prezzo del biglietto [pretzo del bilhe-to]
preços exorbitantes i prezzi esorbitanti [pretzi]
qual o preço do pernoite? quant'è a notte? [kuante]
prédio de apartamentos il caseggiato [casedjato]
preencher riempire
devo preencher isto? devo riempire questo? [devo – kuesto]
prefeitura il municipio [munitchip-io]
preferencial (para dirigir) la precedenza [pretchedentza]
preferido preferito [preferito]
preferir preferire [preferire]
eu prefiro... preferisco... [preferisko]
eu preferiria... preferirei... [preferire]
prego il chiodo [k-iodo]
preguiçoso pigro
prendedor de roupa la molletta da bucato
preocupado preoccupato
estou preocupado(a) sono preoccupato/preoccupata [pre-o-kupato]
presente il regalo
loja de presentes il negozio di articoli da regalo [negotz-io]
preservativo il preservativo [prezervativo]

presidente (homem/mulher) il/la presidente [prezidente]
pressa fretta
estou com pressa ho fretta [o]
não há pressa non c'è fretta [non tché]
depressa! sbrigati! [zbrigati]
pressão alta la pressione alta [press-ione]
presunto il prosciutto [prochu-to]
preto nero [nero]
primavera la primavera [prima-vera]
primeira classe in prima classe [klasse]
primeiro nome il nome di battesimo [nome di ba-tezimo]
primeiro primo [primo]
eu era o primeiro c'ero prima io [tchero – i-o]
a primeira vez la prima volta
primeira à esquerda la prima a sinistra
primeiro-ministro il primo ministro
primeiro nome il nome di battesimo [nome di ba-tezimo]
primeiros socorros il pronto soccorso
primo(a) il cugino [kudjino], la cugina
principal principale [printchipale]
principalmente per lo più [per lo p-iú]
principiante il/la principiante [printchip-iante]
prisão la prigione [pridjone]
prisão de ventre la stitichezza [stitiketza]
privado (particular) privato
problema il problema [problema]
sem problema! nessun problema
desculpe pelo problema scusi il disturbo [skuzi il disturbo]
procurar cercare [tcherkare]
estou procurando... sto cercando... [tcherkando]
professor l'insegnante **m/f** [insenhante]
profundo profondo
programa il programma
prometer: eu prometo prometto
pronto pronto
está pronto(a)? sei/è pronto/pronta? [sei/é]
ainda não estou pronto(a) non sono ancora pronto/pronta

diálogo

quando ficará pronto? quando sarà pronto? [kuando]
deve ficar pronto em dois dias dovrebbe essere pronto tra un paio di giorni [dovre-be es-sere – pa-io di djorni]

pronto-socorro il pronto soccorso
pronunciar: como se pronuncia isto? come si pronuncia? [kome si pronuntcha]
proprietário(a) il proprietario [propri-etar-io], la proprietaria
próprio proprio
protestante protestante [protestante]
protetor labial la pomata per le labbra [per le]
protetor solar (creme) la crema a protezione totale [krema a protetz-ione totale]
provador il camerino di prova
provar provare [provare]
posso provar? posso provare?
(comida) **posso provar?** posso assaggiarlo/assaggiarla? [as-sadjarlo]
provavelmente probabilmente [probabilmente]
próximo prossimo
a próxima virada/rua à esquerda la prossima svolta/strada a sinistra
na próxima parada alla prossima fermata
próxima semana la settimana prossima
pular (saltar) saltare [saltare]
pulga la pulce [pulche]
pulmões i polmoni
pulôver il pullover
pulseira il braccialetto [brachale-to]
(de relógio) il cinturino (dell'orologio) [tchinturino del orolodjo]
pulso il polso
puro: um uísque puro un whisky liscio [licho]
púrpura (roxo) viola [v-iola]
puxa! accidenti! [atchidenti]
puxar tirare [tirare]

Q

quadra de tênis il campo da tennis
quadril il fianco [f-ianko]
quadro il quadro [kuadro]
qual quale [kuale]
qual ônibus? quale autobus? [kuale autobus]

diálogo

qual? quale? [kuale]
aquele(a) quello/quella [kue-lo/kue-la]
este (a)? questo/questa? [kuesto]
não, aquele(a) lá no, quello/quella

qualidade la qualità [kualita]
quando quando [kuando]

diálogo

pode me dizer quando chegarmos lá? mi può dire quando siamo arrivati? [puó dire kuando s-iamo]

quando é o próximo ônibus para...? quando parte il prossimo autobus per...? [kuando parte]
quando sai o trem/ ferryboat? a che ora parte il treno/il traghetto? [ke – parte]
quando voltarmos quando torniamo

quantia la quantità
(dinheiro) la somma
quanto quanto [kuanto]
quantos? quanti? [kuanti]
de quanto em quanto tempo passa o ônibus para Perugia? ogni quanto passa l'autobus per Perugia? [onhi kuanto – per]

diálogo

quanto falta até San Giminiano? quanto manca a San Gimignano? [kuanto]
cerca de 5km circa cinque chilometri [tchirka – kilometri]
quanto custa? quanto costa? [kuanto]

quarentena la quarantena [kuarantena]
quarta-feira il mercoledì [merkoledi]
quarto (4ª parte) il quarto [kuarto]
quarto la camera, la camera da letto, la stanza [stantza]
no meu quarto nella mia stanza [mi-a]
quarto com duas camas la camera a due letti [du-e]
quarto de casal la camera doppia [dop-ia]
quarto de hotel la camera d'albergo
quarto de solteiro la camera singola
quase quasi [kuazi]
quase nunca quasi mai [kuazi mai]
(mais ou menos) **quase 20** circa venti [tchirka]
são quase 5 horas sono le cinque circa
que che... [ke]
espero que... spero che... [spero ke]
o que há? che c'è? [ke tché]
que vista! che vista! [ke]
que ônibus é? che autobus è? [ke – é]
que: o quê? cosa?
o que é isso? cos'è? [koze]
quebrado rotto [ro-to]
quebrar (carro) rimanere in panne [rimanere in pan-ne]
estou quebrado sono rimasto in panne

quebrar rompere [rompere]
quebrei o(a)... ho rotto il/la... [o ro-to]
acho que quebrei o pulso credo di essermi rotto il polso [kredo di es-sermi]
queijo il formaggio [formadjo]
queijo de cabra il caprino
queimado (de sol) scottato
queimadura la bruciatura [brutchatura]
(de sol) la scottatura [sko-tatura]
queimar bruciare [brutchare]
queimado: isto está queimado questo è bruciato [kuesto é brutchato]
queixo il mento
quem chi [ki]
quem? – eles chi? – loro [ki]
quem é? – o homem que... chi è? [é] – l'uomo che... [luomo ke]
quente caldo
(apimentado) piccante [pi-kante]
querer volere [volere]
ele quer... vuole... [vuole]
não quero non voglio
não quero mais, obrigado non ne voglio, grazie [ne volho]
não quero nenhum(a)... non voglio nessun/nessuno/nessuna... [nes-sun]
o que você quer? cosa vuole?
quer algo para beber? vuoi/vuole qualcosa da bere? [vuoi/vuole kualkoza da bere]
quero ir para casa voglio andare a casa [andare]
quero um(a)... voglio un/uno/una... [volho]
quero um como este(esta) ne voglio uno/una come questo/questa [ne volho – kome kuesto/kuesta]
quilo* il chilo [kilo]
quilometragem ilimitada il chilometraggio illimitato [kilometradjo]
quilômetro* il chilometro [kilometro]
quantos quilômetros até...? a quanti chilometri da qui è...? [kuanti – kuí é]
quinta-feira il giovedì [djovedi]
quintal il cortile [kortile]
quinzena quindici giorni [kwindichi djorni]
quiosque il chiosco [ki-osko]
quitinete il cucinino [kutchinino]

R

radiador il radiatore [rad-iatore]
rádio (o aparelho) la radio
na rádio (emissora) alla radio
raio (de roda) il raggio [radjo]
fulmine [fulmine]
raios X i raggi X [radji iks]
ramal (telefone) l'interno **m** [interno]
ramal 221, por favor interno duecentoventuno, per favore

rapidamente velocemente [velotchemente]
quer beber algo rapidamente? ti/le va di bere qualcosa rapidamente? [le – bere kualkoza rapidamente]
rápido veloce [velotche]
qual é o modo mais rápido de chegar lá? qual è il modo più rapido per arrivarci? [kual é il modo p-iú rapido per arrivartchi]
raquete la racchetta [ra-ke-ta]
raquete de tênis la racchetta da tennis [ra-ket-ta]
raso (água) poco profondo
rato il topo
razoável (preço etc.) moderato
real reale [re-ale]
realmente veramente [veramente]
sinto muito, realmente sono veramente spiacente [spi-atchente]
é realmente magnífico è proprio magnifico
realmente/verdade? davvero? [dav-vero]
recado: gostaria de deixar um recado para... vorrei lasciare un messaggio per... [vor-rei lachare]
receita (médica) la ricetta [ritche-ta]
recentemente recentemente [retchentemente]
recepção (de hotel) la reception (de hóspedes) il ricevimento [ritchevimento]
na recepção alla reception
recepcionista il/la receptionist, la hostess
recheio (de bolo etc.) il ripieno [rip-ieno]
recibo la ricevuta [ritchevuta]
recife la scogliera [skolhera]
reclamação il reclamo [reklamo]
quero fazer uma reclamação voglio fare un reclamo [volho fare]
reclamar lamentarsi
recomendar consigliare [konsilhare]
poderia me recomendar...? mi potrebbe consigliare...? [mi potre-be konsilhare]
reconhecer riconoscere [rikonochere]
rede (esporte) la rete [rete]
reembolso il rimborso
pode me reembolsar? mi può rimborsare? [puó rimborsare]
refeição il pasto

diálogo

gostou da refeição? le è piaciuto? [le é p-iatchuto]
estava ótima, obrigado era ottimo, grazie [era]

refeição embalada il pranzo al sacco [prantzo]
refrigerante la bibita (analcolica)
região la regione [redjone]

registrada: por correspondência registrada (per) raccomandata
rei il re [re]
religião la religione [reliidjone]
relógio l'orologio m [lorolodjo]
remédio (medicamento) la medicina [meditchina]
removedor de maquiagem dos olhos lo struccante per gli occhi [stru-kante per lhi o-ki]
remover (deslocar) spostare [spostare]
poderia remover seu carro? potrebbe spostare la macchina? [potre-be spostare]
repelente de insetos l'insettifugo m [inse-tifugo]
repetir ripetere [ripetere]
poderia repetir? può ripetere? [puó]
repolho il cavolo
reserva la prenotazione [prenotatz-ione]
eu gostaria de fazer uma reserva vorrei prenotare [vor-rei prenotare]

diálogo

eu fiz uma reserva ho prenotato [o]
sim, senhor, em nome de quem? sì, a che nome? [ke nome]

reservar prenotare [prenotare]

diálogo

eu gostaria de reservar uma mesa para esta noite vorrei prenotare un tavolo per stasera [vor-rei – per stasera]
sim, senhora, para quantas pessoas? sì, signora, per quante persone? [sinhora, per kuante persone]
para duas per due
para que horas? per che ora? [per ke]
para as 20 horas per le otto [le]
e qual o seu nome, por favor? il suo nome, per favore? [su-o nome]
veja alfabeto para soletrar

resfriado raffreddore [ra-fre-dore]
estou resfriado ho il raffreddore
respirar respirare [respirare]
ressaca (de bebida) i postumi della sbornia [sborn-ia]
estou de ressaca soffro per i postumi di una sbornia
restaurante il ristorante [ristorante]
resto (restante): o resto do grupo il resto del gruppo
retirada de bagagem il ritiro bagagli
retrato il ritratto
reunião la riunione [r-iun-ione]

réveillon la notte di Capodanno, la notte di San Silvestro [no-te di]
revelação de filme lo sviluppo della pelliscola [zvilu-po]
revelar (fotos) sviluppare [zvilu-pare]

diálogo

poderia revelar estes filmes? può sviluppare queste pellicole? [puó – kueste pe-likole]
sim, claro sì, certo [tcherto]
quando ficarão prontos? quando sono pronte? [kuando – pronte]
amanhã à tarde domani pomeriggio [pomeridjo]
quanto custa o serviço 24 horas? quanto costa lo sviluppo in giornata? [kuanto – djornata]

revista la rivista
revoltante disgustoso [dizgustozo]
riacho il ruscello [ruche-lo]
rico ricco [ri-ko]
ridículo ridicolo
rimel (máscara de olhos) il mascara
rinque de patinação la pista di pattinaggio (sul ghiaccio) [pa-tinadjo sul guiatcho]
rins (no corpo) i reni [reni]
(alimento) il rognone [ronhone]
rio il fiume [f-iume]
rir ridere [ridere]
rocha (pedra) la roccia [rocha]
rock (música) il rock
roda la ruota [ruota]
rodovia l'autostrada **f** [autostrada]
rodoviária la stazione dei pullman [statz-ione dei]
rodoviário(a) stradale [stradale]
indicação rodoviária il cartello stradale [stradale]
rolha il tappo
Roma Roma
romance (literatura) il romanzo [romantzo]
romano romano
os romanos i Romani
rosé (vinho) il rosé
rosquinha il krapfen
rosto la faccia [fatcha]
rotatória (trânsito) la rotatoria
roubar rubare [rubare]
minha bolsa foi roubada mi hanno rubato la borsa [mi a-no rubato]
fui roubado(a) sono stato derubato/derubata! [derubato]
roubo il furto [furto]
isto é um roubo è un furto [é un furto]
roupa de ginástica la tuta da ginnastica [tuta da djinastika]
roupa de malha la maglieria [malh-eri-a]
roupa para lavar il bucato
roupão la vestaglia [vestalha]
roupas gli abiti

roupas femininas l'abbigliamento da donna **m** [a-bilhamento]
roupas masculinas l'abbigliamento da uomo **m** [a-bilhamento da uomo]
rua la strada
está é a rua para...? è questa la strada per...? [é kuesta – per]
na rua sulla strada [su-la]
rua abaixo in fondo alla strada
rua principal la strada principale [printchipale]
rubéola la rosolia
ruínas le rovine [rovine]
rum il rum [rum]
rum e Coca-Cola® la Coca-Cola® col rum

S

sábado il sabato
Sábado de Aleluia Venerdì Santo [venerdi santo]
saber (algo) sapere [sapere]
eu não sabia non lo sapevo disso [sapevo]
eu não sei non lo so
você sabe onde posso encontrar...? sai/sa dove posso trovare...? [sa-i/sa dove pos-so trovare]
sabonete/sabão il sapone [sapone]
sabor il sapore [sapore]
saca-rolhas il cavatappi
sacerdote il sacerdote [satcherdote]
saco de dormir il sacco a pelo [pelo]
saco de lixo i sacchetti per la pattumiera [sa-ket-ti per la pa-tum-iera]
saco de plástico il sacchetto di plastica [sa-ke-to]
sacola il sacchetto [sa-ke-to]
saguão (hotel) il salone [salone]
saia (roupa) la gonna
saída l'uscita **f** [uchita]
onde fica a saída mais próxima? dov'è l'uscita più vicina? [dove – p-iú vitchina]
saída de emergência l'uscita di sicurezza [ushita di sikuretza]
sair uscire [uchire]
(do carro etc.) scendere [chendere]
quer sair hoje à noite? vuoi/vuole uscire stasera? [vuoi/vuole]
sal il sale [sale]
sala de jantar la sala da pranzo [prantzo]
sala de embarque (aeroporto) la sala d'attesa (delle partenze) [a-teza de-le partentze]
salada l'insalata **f**
salmão il salmone [sal-mone]
salsicha la salsiccia [salsitcha]
salto (calçado) il tacco
poderia trocar os saltos destes sapatos? può rifare i tacchi a queste scarpe? [puó rifare i ta-ki a kueste skarpe]

salva-vidas (bóia) il salvagente [salvadjente]
(homem/mulher) il bagnino [banhino], la bagnina
sandálias i sandali
sanduíche il panino imbottito
sangue il sangue [sangue]
sangramento do nariz il sangue dal naso [sangue]
sapateiro il calzolaio [kalzola-io], riparazione scarpe [riparatz-ione]
sapato la scarpa
um par de sapatos un paio di scarpe [pa-io di skarpe]
saquinho de chá le bustine di tè [bustine di té]
sarampo il morbillo [morbi-lo]
Sardenha la Sardegna [sar-denha]
sardinhas le sardine [sardine]
saudável sano
saúde salute [salute]
(brinde) alla salute! [salute]
sauna la sauna [sauna]
se se [se]
secador de cabelos il fon
gostaria de cortar e secar (cabelos) vorrei taglio e piega con il fon [vor-rei talho e p-iega]
secadora de roupas la centrifuga [tchentrifuga]
seco (adj.) asciutto [ashu-to]
(vinho) secco
seda la seta [seta]
sede: estou com sede ho sete [ó sete]
seguir seguire [seguire]
siga-me mi segua [mi se-gua]
segunda classe (viagem) in seconda classe [klasse]
segunda mão di seconda mano
segunda-feira lunedì [lunedí]
segundo (adj.) secondo
(tempo) il secondo
só um segundo! un attimo!
segundo andar il secondo piano
segurar tenere [tenere]
seguro (adj.) sicuro [sikuro]
(subst.) l'assicurazione **f** [as-sikuratz-ione]
seguro contra terceiros l'R. C.A. [ler-re tchia a]
seio il seno [seno], il petto
sela (de cavalo, bicicleta) la sella
self-service il self-service
selo il francobollo

diálogo

um selo para a Inglaterra, por favor un francobollo per l'Inghilterra, per favore [per]
para o quê? per che cosa? [ke koza]
para este cartão-postal per questa cartolina [kuesta]

sem senza [sentza]
sem dúvida (concordo) senz'altro [sentzaltro], certamente [tchertamente]

sem dúvida que não assolutamente no [as-solutamente]
sem perigo non pericoloso [perikolozo]
semáforo il semaforo
semana la settimana
de hoje a uma semana oggi a otto [odji]
semana passada la settimana scorsa
uma semana, a partir de amanhã domani a otto
sempre sempre [sempre]
senhor(a)* (formal) lei [lei]
senhora la signora [sinhora]
senhorita (la) signorina [sinhorina]
sensual arrapato
sentar sedere [sedere]
posso me sentar aqui? posso sedere qui? [sedere kuí]
sente-se sedersi [sedersi]
sentir sentire [sentire]
como se sente? come si sente? [kome si sente]
não me sinto bem non mi sento bene [bene]
sinto calor sento caldo
sinto-me melhor mi sento meglio [melho]
separadamente (viajar) separatamente separatamente]
separado(a) separato/a
sou separado(a) sono separato/separata
ser* essere [essere]
eu sou io sono [sono]
tu és/você é tu sei [sei]
ele/ela é lui/lei è [è]
nós somos noi siamo [siamo]
vós sois/vocês são voi siete [siete]
eles/elas são loro sono
ele/ela era... era... [era]
nós éramos eravamo
não sou daqui non sono di qui [kuí]
sério serio [ser-io]
serviço de guincho (carro) il servizio riparazioni [servitz-io riparatz-ioni]
serviço de quarto il servizio in camera [servitz-io in]
servir: não me serve (roupa etc.) non mi sta bene [bene]
serve em você ti sta bene
seta la freccia [fretcha]
setembro settembre [se-tembre]
setentrional settentrionale [se-tentr-ionale]
seu/sua (informal) (il) tuo [tu-o], (la) tua
seus/suas (informal) (i) tuoi [tuoi], le tue [tue]
do senhor, da senhora* (formal) (il) suo [suo], (la) sua
dos senhores, das senhoras (formal) (i) suoi [suoi], (le) sue [sue]
sexo il sesso
(relação sexual) il rapporto sessuale [ses-suale]
sexta-feira venerdì [venerdi]
sexta-feira passada venerdì scorso
sexy sexy

shopping centre il centro commerciale [tchentro kom-mertchale]
shorts (roupa) i calzoncini [kaltzontchini]
show lo spettacolo
Sicília la Sicilia [sitchil-ia]
significar significare [sinhifikare]
o que você quer dizer? che cosa intendi/intende? [ke koza intendi/intende]

diálogo

> o que significa esta palavra? cosa significa questa parola? [koza sinhifika kuesta]
> significa... significa...

silêncio il silenzio [silentz-io]
sim sì
similar simile [simile]
simpático (pessoa) simpatico
simples semplice [semplitche]
sinal: ele não deu sinal non ha segnalato [a senhalato]
sino (igreja) la campana
snorkel il respiratore [respiratore]
só (somente) solo
são só 6 horas sono solo le sei
só para mim solo per me [per me]
só um solo uno
sob sotto
sobre* su [su]
um filme sobre a Itália un film sull'Italia
sobremesa il dessert [des-ser]
sobrenome il cognome [konhome]
sobrenome de solteira il cognome da nubile [konhome da nubile]
sobretudo (roupa) il soprabito
sobrinha la nipote [nipote]
sobrinho il nipote [nepote]
sóbrio sobrio
socorro! aiuto!
soda il seltz
soda limonada la gassosa [gas-soza]
sofá il divano
sogro il suocero [suotchero]
sogros i suoceri [suotcheri]
sol il sole [sole]
ao sol al sole
faz sol c'è il sole [tché il sole]
tomar sol prendere il sole [prendere il sole]
sola la suola [suola]
poderia pôr solas novas nestes sapatos? può risuolare queste scarpe? [puó risuolare kueste skarpe]
solteiro: sou solteiro(a) sono celibe/nubile [tcheli-be/nubile]
solução de limpeza (lentes de contato) la soluzione per la pulizia delle lenti a contatto [solutz-ione per la pulitzi-a]

solução para lentes de contato la soluzione conservante e disinfettante per le lenti a contatto [solutz-ione konservante e disinfe-tante per le]
sombra: à sombra all'ombra
sombra para os olhos l'ombretto **m**
sonho il sogno [sonho]
sonífero il sonnifero [son-nifero]
sono: estou com sono ho sonno [o]
sopa la minestra, la zuppa [dzu-pa]
sopé: no sopé do... (monte etc.) ai piedi di... [a-i p-iedi]
sorrir sorridere [sor-ridere]
sorte la fortuna [fortuna]
boa sorte! buona fortuna! [buona]
sorvete il gelato [djelato]
sorvete de casquinha il cono gelato
sossegado (lugar, hotel) tranquillo [trankui-lo]
sou*: eu sou sono
sozinho da solo
estou sozinho(a) sono da solo/sola
você está sozinho(a)? è da solo/sola? [é]
spray de cabelos la lacca per capelli
sr. (il) signor [sinhor]
sra. (la) signora [sinhora]
srta. (la) signorina [sinhorina]
suave (sabor) leggero [ledjero]
subir (a escada, no trem etc.) salire [salire]
subitamente/de repente improvvisamente [improv-vizamente]
substancioso sostanzioso [sostantz-iozo]
suco il succo [su-ko]
suco de abacaxi il succo d'ananas [su-ko]
suco de fruta il succo di frutta [su-ko di fru-ta]
suco de laranja il succo d'arancia [su-ko darancha]
(espremido na hora) la spremuta d'arancia [spremuta]
(efervescente) l'aranciata **f** [arantchata]
suco de tomate il succo di pomodoro [su-ko]
sudeste il sud-est [sudest]
sudoeste il sud-ovest [sudovest]
Suécia la Svezia [zvetzi-a]
sueco(a) svedese [zvedeze]
suéter il maglione [malhone]
suficiente (adv.) abbastanza [a-bastantza]
não há o suficiente... non c'è abbastanza... [non tché]
Suíça la Svizzera [svitzera]
suíço svizzero [zvitzero]
sujeira lo sporco
sujo sporco
sul il sud [sud]
no sul al sud
sul-africano (adj) sudafricano [sudafri-kano]

eu sou sul-africano(a) sono sudafricano/sudafricana
supermercado il supermercato [super-merkato]
suplemento (taxa extra) il supplemento [su-plemento]
surdo sordo
surpreendente sorprendente [sorprendente]
(muito bom) eccezionale [etchetz-ionale]
sutiã il reggiseno [redjiseno]
suvenir il souvenir

T

talco il talco
talheres le posate [pozate]
talvez forse [forse]
talvez eu (não) vá può darsi che io (non) ci vada [puó – ke i-o non tchí]
talvez eu deva ficar mais um dia forse dovrò fermarmi ancora un giorno [forse]
talvez não forse no
tamanho (de roupa) la taglia [talha]
tâmaras i datteri [da-teri]
também anche [anke]
este(a) também anche questo/questa [anke kuesto]
eu também anch'io [anki-o]
tampa il coperchio [koperk-io], il tappo
tampões (absorvente) i tamponi
tanque (carro) il serbatoio [serbato-io]
tão: é tão caro è così caro [é]
é tão bom è proprio buono [buono]
não tão rápido più piano [p-iú]
tapete il tappeto [ta-peto]
tarde (adv.) tardi
está ficando tarde si sta facendo tardi [fatchendo]
(período do dia) il pomeriggio [pomeridjo]
à tarde nel pomeriggio
hoje à tarde questo pomeriggio
taxa de câmbio il tasso di cambio [kamb-io]
taxa de serviço (restaurante) il servizio [servitz-io]
táxi il taxi
onde posso pegar um táxi? dove posso prendere un taxi? [dove – prendere]
ponto de táxi il posteggio dei taxi [postedjo dei]
pode me chamar um táxi? mi può chiamare un taxi? [puó k-iamare]

diálogo

para o aeroporto/para o Hotel Centrale, por favor all'aeroporto/all'albergo Centrale, per favore
quanto vai custar? quanto verrà a costare? [kuanto – kostare]
30 euros trenta euro [e-uro]
está bem aqui, obrigado va bene qui, grazie [bene kuí]

taxista il tassista
tchau ciao [tchau]
teatro il teatro [te-atro]
tecido (pano) la stoffa
teleférico la funivia [funivi-a]
telefonar telefonare [telefonare]
eu telefono para você ti/le telefono [le telefono]
retornar a ligação ritelefonare [ritelefonare]
telefone il telefono [telefono]
número de telefone il numero di telefono [numero di telefono]
telefone público il telefono pubblico
telefonista il/la centralinista [tchentralinista]
televisão la televisione [televiz-ione]
telhado il tetto
temperatura la temperatura [temperatura]
tempero (de salada) il condimento
tempestade la tempesta
templo il tempio
tempo il tempo
quanto tempo leva? quanto tempo ci vuole?
muito tempo tanto tempo
mais um/dois dias ancora un giorno/due giorni

diálogo

qual é a previsão do tempo? come sono le previsioni del tempo? [kome – le previz-ioni]
vai fazer tempo bom farà bel tempo
vai chover pioverà [p-ioverá]
vai melhorar mais tarde si rasserenerà più tardi [piú]

temporal il temporale [temporal-e]
tenda (barraca) la tenda
tênis (calçado) le scarpe da ginnastica [skarpe da djinastika]
(jogo) il tennis
tênis de mesa il ping-pong
ter* avere [avere]
o senhor tem...? avete...? [avete]
tenho de ir agora devo andarmene adesso [devo andarmene]
tenho de...? devo...?
você tem...? hai...? [a-i/a]
terça-feira il martedì [martedi]
terminal (trem) il capolinea [kapoline-a]
terminal de ônibus la stazione degli autobus [statz-ione delhi autobus]
terminar (acabar) finire [finire]
ainda não terminei non ho ancora finito [o]
quando termina? quando finisce? [kuando finiche]

termômetro il termometro **[**termometro**]**
terno il completo **[**kompleto**]**
terra la terra **[**ter-ra**]**
na terra per terra **[**per**]**
térreo il primo piano, il piano terra **[**ter-ra**]**
terrível terribile **[**ter-ribile**]**
tesoura un paio di forbici **[**pa-io di forbitchi**]**
testa la fronte **[**fronte**]**
testemunha il/la testimone **[**testimone**]**
você seria minha testemunha? può farmi da testimone? **[**puó**]**
teto il soffitto
teto solar (carro) il tetto apribile **[**apri-bile**]**
tia la zia **[**dzi-a**]**
tigela (prato) la scodella
time la squadra **[**skuadra**]**
tímido timido
tinta la vernice **[**vernitche**]**
tio lo zio **[**dzi-o**]**
típico tipico
tipo il tipo
um tipo diferente de... un tipo diverso di... **[**diverso**]**

diálogo

de que tipo você quer? che tipo vuole? **[**ke – vuole**]**
quero deste/daquele tipo questo/quel tipo **[**kuesto/kuel**]**

toalete la toilette **[**tualet**]** (feminino) la toilette (delle donne) **[**tualet delle do-ne**]** (masculino) la toilette (degli uomini) **[**tualet delhi uo-mini**]**
onde fica o toalete? dov'è la toilette? **[**dové**]**
tenho de ir ao toalete devo andare alla toilette **[**devo andare**]**
toalha l'asciugamano **m** **[**achugamano**]**
toalha de banho l'asciugamano da bagno **m** **[**achugamano**]**
toalha de mesa la tovaglia **[**tovalha**]**
tocar (instrumento) suonare **[**suonare**]**
todo(a), todos(as) tutto/a, tutti/e
ao todo in tutto **[**in tut-to**]**
a semana toda tutta la settimana **[**tut-ta**]**
em todo lugar dappertutto **[**da-pertu-to**]**
todas as garotas tutte le ragazze **[**tut-te le**]**
todos os rapazes tutti i ragazzi **[**tut-ti i**]**
toicinho la pancetta **[**pantche-ta**]**
tomada (elétrica) la spina, la presa di corrente **[**preza**]**
tomar: o que vai tomar? cosa prendi/prende? **[**koza prendi/prende**]**
tomate il pomodoro

tônico (cosmético) il tonico
tonto: estou tonto mi gira la testa [mi djira]
topless in topless
torcedor(a) il tifoso, la tifosa
torcer: torci meu tornozelo mi sono slogato la caviglia [mi sono zlogato la kavilha]
torneira il rubinetto [rubine-to]
tornozelo la caviglia [cavilha]
torrada (pão) il pane tostato [pane]
torre la torre [tor-re]
torta (doce) la torta
Toscana la Toscana [toskana]
tosse la tosse [tos-se]
total il totale [totale]
trabalho il lavoro
eu trabalho no(a)... lavoro a/in...
tradicional tradizionale [traditz-iona-le]
tradução la traduzione [tradutz-ione]
tradutor (pessoa) il traduttore [tradut-tore], la traduttrice [tradu-tritche]
traduzir tradurre [tradur-re]
poderia traduzir isto? puoi/può tradurlo? [puoi/puó]
trailer (para acampar) il rimorchio [rimork-io], la roulotte [rulote]
trajeto il tragitto [traji-to]
qual é o melhor trajeto? qual è il tragitto migliore? [kuale – milhore]
trampolim il trampolino
trancar (fechar à chave) chiudere a chiave [k-iudere a k-iave]
está trancado è chiuso a chiave [é k-iuzo]
eu me tranquei por fora mi sono chiuso/chiusa fuori [k-iuzo]
trancar por dentro chiudere dentro
trancar por fora chiudere fuori [fuori]
tranqüilo tranquillo [trankuilo]
trânsito il traffico
trapo (pano de limpeza) lo straccio [stratcho]
traseiro (pessoa) il sedere [sedere]
traumatismo la commozione cerebrale [ko-motz-ione tchere-brale]
travessa (bandeja) il vassoio [vas-so-io]
(transversal) **uma travessa da rua Europa** è una traversa di corso Europa [é – traversa]
travesseiro il cuscino [kuchino]
travessia (do mar) la traversata [traver-sata]
trazer portare [portare]
trem il treno [treno]
de trem in treno

diálogo

> **este trem vai para...?** questo treno va a...? [kuesto]
> **sim** sì
> **não, deve ir para aquela plataforma** no, deve andare a quel binario [deve andare a kuel binar-io]

trimestre (de universidade, escola) il trimestre [trimestre]
triste triste [triste]
trocar (dinheiro, roupa, trem) cambiare [kamb-iare]
pode me trocar (uma nota de) 50 euros? mi può cambiare cinquanta euro? [mi puó – tchinkuanta eu-ro]
posso trocar isto por...? posso cambiarlo con...? [kamb-iarlo]

diálogo

> **teremos de trocar de trem?** dobbiamo cambiare? [dob-iamo]
> **sim, troquem em Roma** sì, cambiate a Roma [kamb-iate]
> **não, é direto** no, è diretto [é]

trocar-se (roupa) cambiarsi [kamb-iarsi]
troco (dinheiro trocado) gli spiccioli [spitcholi]
não tenho troco non ho spiccioli [o]
tudo tutto [tut-to]
isso é tudo, obrigado(a) è tutto, grazie [é – gratzi-e]
tudo bem? tutto bene? [tu-to bene]
tudo bem! (concordo) va bene! /d'accordo! [bene]
Turim Torino [torino]
túnel il tunnel [tunel]
turista il/la turista [turista]
TV la TV [ti vú]

U

UE l'UE **f** [u e]
uísque il whisky, lo scotch
úlcera l'ulcera **f** [ulchera]
último ultimo [ultimo]
a que hora parte o último trem para Trieste? a che ora parte l'ultimo treno per Trieste? [ke – parte]
último antar l'ultimo piano [ultimo]
ultrapassar (carro) sorpassare [sorpas-sare]
um, uma* uno [uno], una [una]
um ou outro l'uno o l'altro
uma vez una volta
úmido (adj) umido [umido], bagnato [banhato]
unha l'unghia **f** [ung-uia]
unidade l'unità **f** [unitá]
universidade l'università **f** [universitá]

urbano urbano [urbano]
transportes urbanos trasporti urbani
urgente urgente [urdjente]
usar usare [uzare]
posso usar...? posso usare...?
usado usato [uzato]
utensílios de cozinha gli utensili da cucina [kuchina]
útil utile [utile], disponibile [disponibile]
uva l'uva **f** [uva]

V

vaca la mucca [mu-ka]
vacinação il vaccino [vatchino], la vaccinazione [vatchinadzione]
vaga: vocês têm vaga? (hotel) avete camere libere? [avete kamere libere]
vagão (trem) la carrozza [ka-rotza]
vagão-leito il vagone letto [vagone]
vagão-restaurante il vagone ristorante [vagone ristorante]
vagens i fagiolini [fadjolini]
vale (geolog.) la valle [va-le]
valer a pena: vale a pena visitá-lo(la)? vale la pena di visitarlo/visitarla? [vale la pena]
validade (de um visto) validità
válido (bilhete etc.) valido
por quanto tempo é válido? per quanto tempo è valido? [per kuanto – é]
valioso di valore [valore]
valor il valore [valore]
posso deixar aqui meus objetos de valor? posso lasciare qui i miei oggetti di valore? [lachare kuí i mi-ei odje-ti di]
valor nominal valore nominale
van il furgone [furgone]
vaporeto (em Veneza) il vaporetto
varal (de roupa) la corda del bucato
varanda veranda
vaso il vaso [vazo], il vasetto
vassoura la scopa
vazamento la perdita [perdita]
vazar perdere [perdere]
o telhado está vazando gocciola acqua dal tetto [gochola akua]
vazio vuoto [vuoto]
vegetariano(a) il vegetariano [vedjetar-iano], la vegetariana
veículo veicolo [veicolo]
vela (de barco) la vela [vela] (de carro, para iluminação) la candela [kandela]
velejar la vela [vela]
velhice vecchiaia [vekiaia]
velho vecchio [vek-io]
velocidade la velocità [velotchita]

velocímetro il tachimetro [takimetro]
vencer vincere [vintchere]
vencedor vincitore **m** [vintchitore] vincitrice **f** [vintchitritche]
vencido vinto [vinto]
vendas le vendite [vendite]
vendedor venditore **m** [venditore] venditrice **f** [venditritche]
vender vendere [vendere]
vender abaixo do preço de custo vendere sotto costo
vender a prestação vendere a rate
vender barato vendere a buon mercato
vender por atacado vendere all'ingrosso
você vende...? avete...? [avete]
vende-se vendesi [vendesi]
veneno veleno [veleno]
venenoso velenoso [velenozo]
Veneza Venezia [venetz-ia]
venezianas (de janela) gli avvolgibili [a-voldjibile]
veneziano (adj.) veneziano [venetz-iano]
ventar: está ventando c'è vento [tché]
ventilador il ventilatore [ventilato-re]
ventilar ventilare [ventilare]
vento il vento
ver vedere [vedere]
eu o vi de manhã l'ho visto stamattina [lo]
não tenho nada a ver com ele non ho niente a che vedere con lui
não vejo a hora non vedo l'ora [vedo]
posso ver? posso vedere?
veja só! (surpresa) guarda, guarda! [guarda]
ver para crer vedere per credere
você viu...? hai/ha visto... [a-i/a]
verão l'estate **f** [estate]
no verão d'estate
verdade vero [vero]
isso não é verdade non è vero [é]
verde verde [verde]
verduras la verdura [verdura]
verificar controllare [kontrolare]
poderia verificar..., por favor? può controllare..., per favore? [puó]
vermelho rosso
vermelho-vivo rosso acceso [atchezo]
vespa la vespa
vestido il vestito
vestir: vestir-se vestirsi
vez volta [volta]
desta vez questa volta [kuesta]
em vez invece [inveche]
dê-me aquele, em vez deste mi dia quello, invece [kuel-lo]
em vez de... invece di...

próxima vez la prossima volta
quatro vezes quattro volte [kua-tro volte]
última vez l'ultima volta [lultima]
via la via [vi-a]
via aérea via aerea
viagem il viaggio [viadjo]
boa viagem! buon viaggio! [buon]
viajante viaggiatore m [viadjatore] viaggiatrice f [viadjatritche]
viajar viaggiare [viadjare]
estamos viajando pela região stiamo visitando la regione [stiamo – redjone]
vida la vita

diálogo

o que você acha? cosa pensi? [kosa pensi]
nunca fiz isso na minha vida non l'o mai fatto in vita [fato]

vídeo (filme) la videocassetta
videocassete il videoregistratore [vide-o-redjistratore]
vidro (material) il vetro
viela la stradina
vila (casa de campo) la villa
vila de pescadores il villaggio di pescatori [vi-ladjo]
vilarejo il paese [pa-eze]
vinagre l'aceto m [atcheto]
vinha la vigna [vinha]
vinho il vino
um pouco mais de vinho, por favor? ancora vino, per favore
vinho branco il vino bianco
vinho da casa il vino della casa
vinho de mesa il vino da tavola
vinho tinto il vino rosso
violão la chitarra [kitar-ra]
vir venire [venire]
virar girare [djirare]
onde devo virar? dove devo girare? [dove devo djirare]
vire à esquerda/direita giri a sinistra/destra [djiri]
vírgula: dois vírgula cinco due virgola cinque
visita guiada la visita guidata [vizita guidata]
há alguma visita guiada a...? ci sono visite guidate di...? [tchi – vizite guidate]
visitar visitare [vizitare]
eu gostaria de visitar... mi piacerebbe visitare... [mi pi-atchere-be]
vista la vista
visto il visto
visto de entrada/de saída visto d'entrata/d'uscita
vital: é vital que... è di vitale importanza che... [é di vitale importantza ke]

Vi

vitela il vitello
vitrine la vetrina
na vitrine in vetrina
viver vivere [vivere]
nós vivemos juntos conviviamo [konviv-iamo]
vizinho (ao lado) vicino [vitchino]
(ao lado de) vicino a [vitchino]
voar volare [volare]
você (informal) tu (plural) voi [voi]
isto é para você/o senhor questo/questa è per te/lei [kuesto – é per te/lei]
com você/o senhor con te/lei
vodca la vodka
volante (direção) lo sterzo [stertzo]
volta: vou dar uma volta vado a fare una passeggiata [fare una pas-sedjata]
voltagem il voltaggio [voltadjo]
voltar tornare [tornare], ritornare [ritornare]
voltarei amanhã tornerò domani [tornero]
vomitar vomitare [vomitare]
eu vou vomitar sto per vomitare [per vomitare]
vontade voglia [volha]
tenho vontade de passear ho voglia di fare una passeggiata [o volha di fare una pas-sedjata]
vôo il volo [vôlo]
número do vôo il numero del volo [numero]
vôo de conexão la coincidenza [ko-intchi-dentza]
vôo de reserva/stand-by il volo stand-by
vôo doméstico il volo nazionale [natz-ionale]
vôo regular il volo di linea [line-a]
vosso(a) (formal) (il) vostro, (la) vostra
vossos(as) (formal) (i) vostri, (le) vostre [vostre]
votos (cumprimento)**: melhores votos** tanti auguri [auguri]
voz la voce [votche]
vulcão il vulcano

W

walkman® il walkman®
windsurfe il windsurf

X

xadrez gli scacchi [ska-ki]
xale lo scialle [chale]
xampu lo shampoo
lavar e secar (os cabelos) shampoo e messa in piega [e – p-iega]
xarope para tosse lo sciroppo per la tosse [chiro-po per]
xícara la tazza [tatza]
uma xícara de..., por favor una tazza di..., per favore

Z

zero lo zero [tzero]
zíper la cerniera lampo [tchern-iera]
poderia trocar o zíper? potrebbe cambiare la cerniera lampo? [potre-be kamb-iare]
zona (área) la zona
zôo lo zoo [dzo-o]

Italiano

→

Português

Coloquialismos

Pode ser que você escute estas palavras. Não se sinta tentado a usar as expressões mais fortes, a não ser que saiba muito bem com quem está falando.

accidenti! [atch-chi-**den**ti] droga!
bestiale! [best-**ia**le] ótimo!
cazzate fpl [kat**za**te] besteira
cazzo m [**ka**tzo] caralho
culo [**ku**lo] bunda
che culo! [ke **ku**lo] rabudo!
che fica! [ke **fi**ka] que mulher! (depreciativo)
coglione! [kolh**o**ne] saco!
fatti i cazzi tuoi! [**fat**-ti i **ka**tzi tuoi] vai se danar!
fico! [**fi**ko] fantástico!
figlio di puttana! [filho di put-**ta**na] filho da puta!
finocchio m [fin**o**k-kio] homossexual (depreciativo)
ganzo! [**ga**ntzo] bilhante!
incasinato [inkazin**a**to] grosso
incazzarsi [inkat**za**rsi] engrossar
merda! [**me**rda] merda!
micidiale [michid-**ia**le] é de matar!
minchia! [**mi**nk-ia] foda-se!
non me ne fotte niente [me ne **fo**t-te n-**ie**nte] não dou a mínima
pezzo di stronzo! [**pe**tzo di str**o**ntzo] seu cagão! seu medroso!
pirla! [**pi**rla] ignorante!
porca puttana! [**po**rka put-**ta**na] foda-se!
porca troia! [**po**rka tr**o**i-a] foda-se!
puttana! [put-**ta**na] puta!
rincoglionito [rinkolhon**i**to] fodido
stronzate fpl [strontz**a**te] asneira
stronzo m [str**o**ntzo] cagão; medroso
testa di cazzo m [**ka**tzo] mau-caráter
troia! [tr**o**i-a] puta!
va' a farti fottere! [farti fot-tere] vai se foder!
va' a quel paese! [kuel pa-**e**ze] que se foda!
vaffanculo! [vafan**ku**l-lo] foda-se!

A

a* em; a; para; por
a persona por pessoa
abbaglianti farol alto
abbassare [ab-bas-**sa**re] abaixar, descer
abbastanza [ab-bas**tan**tza] bastante, suficiente
abbiamo* temos
abbigliamento da bambino **m** [ab-bilha**men**to] roupas infantis/para crianças
abbigliamento da donna roupas femininas
abbigliamento da uomo roupas masculinas
abbigliamento per signora roupas para senhoras
abbonamento m [ab-bona**men**to] bilhete para a temporada
abbonamento mensile [men**si**le] bilhete mensal
abbronzante m [ab-bront**zan**te] bronzeador
abbronzarsi [ab-bront**zar**si] bronzear-se
abbronzato [ab-bront**za**to] bronzeado
abbronzatura f [ab-brontza**tu**ra] bronzeamento
abile [**a**bile] habilidoso
abitante m/f [abi**tan**te] habitante
abitare [abi**ta**re] morar
abiti mpl [**a**biti] roupas
abito m [**a**bito] roupa; terno
abitudine f [abi**tu**dine] hábito, costume
a.C. (avanti Cristo) a.C.
accanto ao lado
acceleratore m [atchelera**to**re] acelerador
accendere [at**chen**dere] ligar, acender
mi fa accendere? pode me acender/me dar fogo
accendere ligar os faróis
accendino m [atchen**di**no] isqueiro
accensione m [atchens-**io**ne] ignição
accento m [at**chen**to] acento
accessori moda mpl acessórios da moda
accesso riservato ai viaggiatori muniti di biglietto acesso restrito aos passageiros de posse dos bilhetes
accettare [atchet-**ta**re] aceitar
accettazione f [atchet-tatz**io**ne] check-in
acciaio m [at**cha**-io] aço
accidenti! [atchi**den**ti] droga!
accomodati acomode-se; sente-se
accomodi: si accomodi [ak-**ko**modi] acomode-se; sente-se
accompagnare [ak-kompa**nha**re] acompanhar
accompagnatore m [ak-kompa-nha**to**re], **accompagnatrice f** [ak-kompanha**tri**tche] acompanhante

acconciatore m cabeleireiro
accordo m acordo
d'accordo tudo bem, OK
essere d'accordo (con) [es-sere] estar de acordo (com)
accreditare [ak-kreditare] acreditar
acetone m [atchetone] acetona
A.C.I. (Automobile Club d'Italia) m [atchi-i] Automóvel Clube da Itália
acqua f [akua] água
acqua di Colonia [di kolon-ia] água de colônia
acquaio m [akua-io] pia
acqua potabile [potabile] água potável
addormentarsi adormecer
addormentato [ad-dormentato] adormecido
adesso agora
adolescente m/f [adolechente] adoolescente
adulto m adulto
aereo m [a-ere-o] avião; aéreo (adj.)
andare in aereo voar
aerobica f [a-erobika] aeróbica
aeromobile m [a-eromobile] aeroplano
aeroplano m [a-eroplano] aeroplano
aeroporto m [a-eroporto] aeroporto
aerostazione f [a-erostatzione] terminal aéreo
affamato com fome
affari mpl negócios
affermare [af-fermare] afirmar
afferrare [af-fer-rare] agarrar
affettare [af-fet-tare] fatiar
affittare [af-fit-tare] alugar
affittasi aluga-se
affitto m aluguel
dare in affitto alugar, cobrar aluguel
prendere in affitto alugar, pagar aluguel
affollato lotado
affondare [af-fondare] afundar
affrancare [af-frankare] selar, franquear
affrancatura f postagem
affrancatura per l'estero postagem para o exterior
affrettarsi apressar
agenda f [adjenda] agenda
agenzia f [adjentzi-a] agência
agenzia di viaggi(o) [di vi-adji-o] agência de viagens
agenzia immobiliare [im-mobiliare] agência imobiliária
agenzia turistica agência de viagens
aggiungere [adjundjere] somar
aggiustare [adjustare] corrigir
aggressivo agressivo
agitare prima dell'uso agite antes de usar
agitato [adjitato] agitado
agli* [alhi] nos; aos; com
ago m [ago] agulha
agosto m agosto
agricoltore m [agrikoltore] fazendeiro, agricultor
ai* [a-i] aos; para os; com
ai binari para as plataformas

ai treni para os trens
aiutare [a-iutare] ajudar
aiuto m [a-iuto] ajuda
al* ao; para o
ala f ala
alba f alvorada, o amanhecer
albergo m hotel
albergo a 5/4/3/2 stelle hotel 5/4/3/2-estrelas
albergo di categoria lusso [kategori-a] hotel de luxo
albero m [albero] árvore
albero a gomiti m eixo de manivela
alghe marine fpl [algue marine] algas marinhas
alimentari mpl mantimentos
alla* na; para a; com
allacciare le cinture colocar o cinto de segurança
allarme m [al-larme] alarme
allattare [al-lat-tare] amamentar
alle* [al-le] nas; para as; com
allegria f [al-legri-a] alegria
allegro alegre
allenarsi treinar
allievo m, allieva f [al-l-ievo] aluno(a)
allo* ao; para o
alloggiare [al-lodjare] hospedar
alloggio m [al-lodjo] hospedagem
allora então
e allora? e agora?
allungare [al-lungare] alongar, esticar
almeno [al-meno] ao menos
Alpi fpl [alpi] Alpes
al... piano no/para... andar
alpinismo m [alpinizmo] alpinismo, montanhismo
alpinista m/f alpinista, montanhista
al portatore ao portador
alt pare
alternatore m [al-ternatore] alternador
altitudine f [altitudine] altitude
alto alto
altopiano m planalto
altra, altri, altre [altre] outra, outros, outras
altrimenti [altrimenti] de outra maneira
altro outro
un altro um outro
alunno m, alunna f aluno(a)
alzare [altzare] levantar
alzarsi [altzarsi] levantar-se, ficar em pé
amare [amare] amar
amaro amargo
ambasciata f [ambachata] embaixada
ambiente m [amb-iente] ambiente
ambulanza f [ambulantza] ambulância
ambulatorio m [ambulator-io] ambulatório
americano m, americana f americano(a)
amico m, amica f amigo(a)
ammalato doente
ammettere [am-met-tere] admitir

ammobiliato [am-mobil-iato] mobiliado
ammortizzatore m [am-mortidzatore] amortecedor
amore m [amore] amor
fare l'amore [fare] fazer amor
ampere: da 15 ampere [ampere] de 15 ampères
anabbaglianti mpl farol alto
analgesico m [analdjeziko] analgésico
A.N.A.S. f (Azienda Nazionale Autonoma delle Strade) Agência Nacional de Manutenção de Estradas
anche [anke] também; até
anche a te/lei [a te/lei] o mesmo para você/o senhor
ancora f [ankora] âncora
ancora [ankora] ainda
ancora più... [p-iú] ainda mais...
ancora un/uno/una... mais um/uma...
ancora (una volta) de novo
non ancora ainda não
andare* [andare] ir, partir
andarsene [andarsene] ir embora
andarsene in fretta sair correndo
andar via ir embora
andate* [andate] vá
andato* partido, ido
andiamo* vamos
anello m anel
angolo m esquina; ângulo
animale m [animale] animal
annegare [an-negare] afogar
anniversario di matrimonio m aniversário de casamento
anno m ano
anno nuovo m [nuovo] Ano-Novo
annoiarsi [an-noiarsi] aborrecer-se
annullare [an-nul-lare] anular, cancelar
annullato anulado, cancelado
antenato m ancestral
antenna f antena
antibiotico m antibiótico
anticamera f sala de espera
Antica Roma f Roma antiga
antichità fpl [antikita] antiguidade
anticipo: in anticipo [in antitchipo] antecipado
antico antigo
antidolorifico m analgésico
antigelo m [antidjelo] anticongelante
antiquariato m [antikuar-iato] antiquário
antisettico m anti-séptico
antistaminico m anti-histamínico
aperto* aperto
apparecchio m [ap-parek-io] telefone
apparecchio m acustico [akustiko] aparelho auditivo
apparire [ap-parire] aparecer
appartamento m apartamento
appartamento ammobiliato apartamento mobiliado
appassionato (di) gostar muito (de)

appena [ap-**pe**na] apenas, só
appeso [ap-**pe**so] suspenso
appetito **m** [ap-pe**ti**to] apetite
appoggiato [ap-pod**ja**to] apoiado, encostado
approvare [ap-pro**va**re] aprovar
appuntamento **m** [ap-pun-ta**men**to] compromisso, hora marcada
apre alle... abre às...
apribottiglie **m** [apribot-**ti**lhe] abridor de garrafas
aprile **m** [a**pri**le] abril
aprire* [a**pri**re] abrir
apriscatole **m** [apris**ka**tole] abridor de latas
AR (andata e ritorno) bilhete de ida e volta
AR (avviso di ricevimento) aviso de recebimento
arancione [arant**cho**ne] laranja
arbitro **m** juiz, árbitro
arco **m** arco
area di servizio **f** [ser**vi**tzio] área de serviço
argento **m** [ar**djen**to] prata
argomento **m** assunto, argumento
aria **f** [**ar**-ia] ar
avere l'aria... parecer...
aria condizionata **f** [konditzio**na**ta] ar-condicionado
armadietto **m** [armad-**iet**-to] armário pequeno
armadio **m** [ar**mad**-io] armário, guarda-roupa
arrabbiarsi [ar-rab-**iar**si] ficar com raiva
arrabbiato irado, raivoso
arrestare [ar-res**ta**re] prender
arrivare [ar-ri**va**re] chegar
arrivederci [ar-rive**der**chi] até logo, adeus
arrivo **m** chegada
arrivo previsto per le ore... chegada prevista para...
arrogante [ar-ro**gan**te] arrogante
arroganza **f** [ar-ro**gan**tza] arrogância
arrostire [ar-ros**ti**re] assar
arte **f** [**ar**te] arte
articoli da regalo **mpl** presentes
articoli per la casa utensílios domésticos
articoli per la cucina utensílios de cozinha
articoli sportivi artigos esportivos
artificiale [artifit**cha**le] artificial
artigianato **m** [artidja**na**to] artesanato
artista **m/f** artista
ascensore **f** [achen**so**re] elevador
asciugacapelli **m** [achugaka**pel**-li] secador de cabelos
asciugamano **m** [achuga**ma**no] toalha de rosto
asciugamano da bagno toalha de banho
asciugamano piccolo toalha de mão
asciugare [achu**ga**re] enxugar, secar

asciugarsi [achugarsi] enxugar-se
asciugarsi le mani enxugar as mãos
asciugatrice f [achugatritche] secadora de roupas
asciugatura con fon f [achugatura] secador de cabelos
asciutto [achut-to] seco, enxuto
ascoltare [askoltare] escutar
asilo m [azilo] jardim-de-infância
asilo nido creche
asino m burro
asma f [azma] asma
aspettare [aspet-tare] esperar
aspirapolvere m [aspirapolvere] aspirador de pó
passare l'aspirapolvere passar aspirador de pó
aspirina f [aspirina] aspirina
aspro azedo
assaggiare [as-sadjare] provar, experimentar
asse da stiro m [as-se da stiro] tábua de passar
assegno m [as-senho] cheque
pagare con un assegno pagar com cheque
assente [as-sente] ausente
assicurata f [as-sikurata] carta registrada
assicurazione f [as-sikuratzione] seguro
assicurazione di viaggio [vi-adjo] seguro de viagem
assistenza auto-socorro
associazione f [as-sotchatzione] sociedade; associação
assolato ensolarado
assolutamente [as-solut-amente] absolutamente
assorbente igienico m [as-sorbente idjeniko] absorvente higiênico
atlante (geografico) f [atlante dje-ografiko] atlas
atlante stradale [stradale] atlas rodoviário
atleta m/f [atleta] atleta
atletica f [atletika] atlética
attaccapanni m cabide
attaccato preso, emperrado
attenda espera
attenti al cane cuidado com o cão
attento atento, cuidadoso
attenzione f [at-tentzione] atenção
attenzione! atenção!, cuidado!
attenzione: per l'uso leggere attentamente le istruzioni interne atenção: antes de usar leia atentamente as instruções internas
atterraggio m [at-ter-radjo] aterrissagem
atterraggio di fortuna aterrissagem de emergência
atterrare [at-ter-rare] aportar; desembarcar
attillato justo, colado
attimo: un attimo só um minuto
attraente [at-tra-ente] atraente

attraversare [at-traversare] atravessar, cruzar
attraverso [at-traverso] através
attrezzatura f [at-tretzatura] equipamento
auguri: tanti auguri [tanti auguri] os melhores votos
aula f [aula] sala de aula
aumentare [aumentare] aumentar
australiano m [austral-iano], **australiana** f australiano(a)
austriaco m [austri-ako], **austriaca** f austríaco(a)
autentico [autentiko] autêntico
autista m/f [autista] motorista
auto f [auto] carro
autoambulanza f [autoambulantza] ambulância
autobus m [autobus] ônibus
autofficina f oficina de carros
autogrill m [autogril] restaurante de estrada
autolavaggio m [autolavadjo] lava-rápido
automobilista m/f [automobilista] motorista
autonoleggio m aluguel de carro
autorimessa f [autorimes-sa] garagem
autostop: fare l'autostop pedir carona
autostrada f rodovia
autunno m [autun-no] outono
avanti entre; atravesse agora
avanti diritto direto; em frente
più avanti mais adiante
avere m [avere] bens, posses; crédito
avere* haver, ter
avete* [avete] você tem
avuto* teve
Avv. (avvocato) advogado
avventura f [av-ventura] aventura
avviarsi [av-vi-arsi] arrumar-se
avvicinarsi [av-vitchinarsi] aproximar
avviso m [av-vizo] aviso
avvocato m advogado
azioni fpl [atzioni] cotas, ações
azzurro [adzur-ro] azul

B

bacio m [batcho] beijo
baffi mpl bigode
bagagli mpl [bagalhi] bagagem
bagagliaio m [bagalhia-io] porta-malas; guarda-volumes
bagaglio a mano m [bagalho] bagagem de mão
bagaglio in eccesso [etches-so] excesso de bagagem
bagnato [banhato] molhado
bagnato fradicio [fraditcho] encharcado
bagnino m [banhino], **bagnina** f salva-vidas
bagno m [banho] banho, banheiro
andare in bagno ir ao banheiro
fare il bagno tomar banho; nadar

bagnoschiuma m [banhosk-iuma] espuma de banho
baia f [ba-ia] baía
balconata f balcão
balcone m [balkone] balcão
ballare [bal-lare] dançar
balletto m balé
ballo m baile, dança
balsamo m condicionador
bambino m, bambina f menino(a)
bambola f boneca
banca f banco
banchina f [bankina] cais; acostamento
banchina non transitabile acostamento não transitável
banco m banco
banco informazioni [informatzioni] balcão de informações
bancomat® m caixa automático
banconota f nota, cédula
bandiera f [band-iera] bandeira
barare [barare] trapacear
barattolo m lata
barba f barba
farsi la barba fazer a barba
barbiere m [barb-iere] barbearia
barca (a motore) f [motore] barco (a motor)
barca a remi [remi] barco a remo
barca a vela [vela] barco a vela
basket m basquetebol
basso baixo
basta (così)! [kozi] basta!
bastare [bastare] bastar
battello m ferryboat de passageiros; vapor
battere [bat-tere] bater
batteria f [bat-teri-a] bateria (de carro e instrumento musical)
beauty-case m frasqueira
bebè m/f [bebe] bebê
belga m/f belga
Belgio m [beldjo] Bélgica
bello bonito
bene [bene] bem; ótimo
bene, grazie [gratzi-e] bem, obrigado
ti sta bene! serve (cai) bem em você!
va bene! tudo bem!, está bem!
benissimo! excelente!
benvenuto! [benvenuto] bem-vindo!
benzina f [bendzina] gasolina
benzina normale [normale] gasolina comum
benzina senza piombo [sentza p-iombo] gasolina sem chumbo
benzina super gasolina especial
benzina verde [verde] gasolina sem chumbo
bere* [bere] beber
berretto m [ber-ret-to] boné
beve* [beve] ele, ela bebe; você bebe
bevete* [bevete] vocês bebem

bevi* [bevi] você bebe
beviamo* bebemos
bevo* [bevo] bebo
bevono* bebem
bevuto* bêbado
biancheria da bambino f [b-iankeri-a] roupa de baixo de criança
biancheria da donna lingerie
biancheria da letto roupa de cama
biancheria da uomo roupa de baixo masculina
biancheria intima roupa íntima
biancheria per la casa roupa da casa
bianco [b-ianko] branco
  bianco e nero [e nero] preto-e-branco
bibita f [bibita] refrigerante; bebida não-alcoólica
biblioteca f [bibl-ioteka] biblioteca
bicchiere m [bik-iere] copo
bicicletta f [bitchiklet-ta] bicicleta
  andare in bicicletta andar de bicicleta
bidello m [bidel-lo], **bidella f** bedel
bigiotteria f [bidjot-teri-a] bijuteria
bigliettaio m [bilhet-ta-io] cobrador
biglietteria f [bilhet-ter-i-a] bilheteria
biglietteria automatica [automatika] máquina de venda automática de bilhetes
biglietto m [bilhet-to] bilhete; ingresso
biglietto chilometrico [kilometriko] bilhete (de trem) que permite viajar a uma distância máxima especificada
biglietto d'accesso ai treni [datches-so a-i treni] bilhete (de trem) de acesso à plataforma
biglietto da visita cartão de visita
biglietto di andata e ritorno [ritorno] bilhete de ida e volta
biglietto di auguri [auguri] cartão comemorativo
biglietto di sola andata bilhete de ida
biglietto per viaggi in comitiva [vi-adji] bilhete para grupo
biglietto ridotto [ridot-to] bilhete a preço reduzido
biglietto valido per più corse [valido per p-iú korse] bilhete múltiplo (de metrô)
bilancia (pesapersone) f [bilantchi-a pezapersone] balança (de banheiro)
bilanciatura gomme f [bilanchatura gom-me] balanceamento de pneus
binario m [binar-io] plataforma
biondo [b-iondo] loiro
birreria f [bir-reri-a] bar de cerveja

bisogno: ho bisogno di [o bizonho] eu preciso (de)
bivio m [biv-io] bifurcação
bloccato bloqueado
blocchetto di biglietti m [blok-ket-to di bilhet-ti] reserva de bilhetes
boa f [bo-a] jibóia
bocca f boca
bollire [bol-lire] ferver
bomba f bomba (explosivo e doce); tipo de sorvete
bonifico bancario m [bonifiko bankar-io] transferência de crédito
bordo: a bordo a bordo
borgo medioevale m [med-io-evale] vila medieval
borsa f bolsa
borsa dell'acqua calda [del-lakua] bolsa de água quente
borsaiolo m [borsa-iolo], **borsaiola f** batedor(a) de carteira
borsellino m carteira
borsetta f bolsa
bosco m bosque
bottiglia f [bot-tilha] garrafa
bottone m [bot-tone] botão
braccialetto m [bratchalet-to] pulseira
braccio m [bratcho] braço
branda f cama de campanha
Brasile [brazile] Brasil
brasiliano m brasiliana f [braziliano] brasileiro(a)
bravo valente; hábil
bravo! muito bem!
bravura f bravura
breve [breve] breve; curto
brillante [bril-lante] brilhante
britannico britânico
brocca f jarro
bruciare [brutchare] queimar
brutto [brut-to] feio
buca delle lettere f [del-le let-tere] caixa de cartas
bucato f lavanderia
fare il bucato lavar roupa
buco m buraco
buffet m bufê (de comida e aparador)
buffo [buf-fo] engraçado
buio m [bu-io] escuro
buona fortuna! [buona fortuna] boa sorte!
buonanotte [buonanot-te] boa-noite
buon appetito! [buon ap-petito] bom apetite!
buonasera [buonasera] boa-tarde; boa-noite (no começo da noite)
buon compleanno! [komple-an-no] feliz aniversário!
buongiorno [buondjorno] bom-dia
buono [buono] bom
buon viaggio! [vi-adjo] boa viagem!
bussola f [bus-sola] bússola
busta f [busta] envelope
busta imbottita [imbot-tita] envelope acolchoado
butano m [butano] gás liquefeito
buttare via [but-tare vi-a] jogar fora

C

C (caldo) calor
C (Celsius) C
cabina f cabina; cabana
cabina telefonica [telefonika] cabina telefônica
caccia f [katcha] caça
andare a caccia caçar
cacciavite m [katchavite] chave de fenda
cadere [kadere] cair
far cadere derrubar
caduta massi queda de pedras (em estradas)
caffè m [kaffé] café
caffetteria f [kaf-fet-teri-a] café; cafeteria
caffettiera f [kaf-fet-iera] cafeteira; bule de café
C.A.I. m (Club Alpino Italiano) Clube Alpino Italiano
calciatore m [kaltchatore], **calciatrice f** [kaltchatriche] jogador(a) de futebol
calcio m [kaltcho] futebol; chute
giocare a calcio [djokare] jogar futebol
calcolare [kalkolare] calcular
calcolatore m [kalkolatore] calculadora
caldo m calor; quente
avere caldo sentir calor
fa caldo está quente
calendario m [kalendar-io] calendário
calmarsi acalmar-se
calvo careca
calzature fpl [kaltzature] calçados
calze fpl [kaltze] meias soquete; meias compridas
calzini mpl [kaltzini] meias soquete
calzolaio m [kaltzola-io] sapateiro
calzoleria f [kaltzoleri-a] sapataria
calzoncini mpl [kaltzontchini] shorts
calzoni mpl [kaltzoni] calção de banho
cambiare [kamb-iare] mudar
cambiarsi [kamb-iarsi] trocar de roupa
cambiavalute m [kamb-iavalute] casa de câmbio; cambista
cambio m [kamb-io] troco; casa de câmbio; câmbio (de carro)
camera f [kamera] cômodo, aposento
camera da letto quarto
camera d'aria [dar-ia] câmara de ar
camera doppia [dop-ia] quarto duplo
camera doppia con bagno/servizi [banho/servitzi] quarto de casal com banheiro
camera doppia senza bagno [sentza] quarto de casal sem banheiro
camera singola [singola] quarto de solteiro

cameriera f [kamer-**iera**] camareira; garçonete
cameriere m [kamer-**iere**] garçom
camiceria f [kamitcher**i**-a] camisaria
camicetta f [kamich**et**-ta] blusa
camicia f [kam**i**tcha] camisa
camicia da notte [n**o**t-te] camisola
caminetto m lareira
camino m chaminé
camion m [k**a**m-ion] caminhão
camminare [kam-min**a**re] andar, caminhar
campagna f [kamp**a**nha] campo, interior
campana f sino
campanello m campainha
campeggio m [kamp**e**djo] camping, acampamento
campeggio per roulotte [rul**o**t] camping de trailer
campionato m [kamp-ion**a**to] campeonato
campione senza valore amostra grátis
campo m campo; quadra
campo da golf campo de golfe
campo da hockey quadra de hóquei
campo da tennis quadra de tênis
campo di calcio [k**a**ltcho] campo de futebol
campo sportivo [sport**i**vo] quadra de esportes
canadese m/f [kanad**e**ze] canadense
canale m [kan**a**le] canal
cancellato [kantchel-l**a**to] anulado, cancelado
cancello m [kantch**e**l-lo] portão
candela f [kand**e**la] vela (para iluminar e de carro)
candeliere m [kandel-**iere**] castiçal
cane m [k**a**ne] cachorro, cão
canna da pesca f vara de pescar
cannuccia f [kan-n**u**tcha] canudinho
canoa f [kan**o**-a] canoa
canottaggio m [kanot-t**a**djo] canoagem
canotto m bote de borracha
cantare [kant**a**re] cantar
cantina f adega
canto m canto
canzone f [kantz**o**ne] canção
C.A.P. (Codice di Avviamento Postale) **m** Código de Endereçamento Postal
cap. (capitolo) capítulo
caparra f depósito
capelli mpl cabelos
capire [kap**i**re] entender, compreender
capisco: non capisco [kap**i**sko] não entendo/compreendo
capitale f [kapit**a**le] capital
capitano m capitão
capo m chefe
capolavoro m obra-prima
capolinea m [kapol**i**ne-a] terminal

cappella **f** capela
cappello **m** chapéu
cappotto **m** casaco
capra **f** cabra
Carabinieri **mpl** [karabin-**ie**ri] polícia militar
carattere **m** [kar**a**t-tere] caráter; caractere
carburatore **m** [karburat**o**re] carburador
carcere **m** [k**a**rtchere] prisão
carino gracioso; gentil
carnevale **m** [karnev**a**le] Carnaval
caro caro, querido; caro (valor)
carreggiata **f** [kar-redj**a**ta] rodovia
carrello **m** [karr**e**lo] carrinho (de bagagem)
carrozza **f** [karr**o**tza] carruagem; vagão
carrozza cuccette [kutch**e**t-te], **carrozza letti** [l**e**t-ti] vagão-leito
carrozza ristorante [ristor**a**nte] vagão-restaurante
carrozzeria **f** [kar-rotzer**i**-a] carroceria
carrozzina **f** [kar-rotz**i**na] carrinho de bebê
carta **f** papel; cartão
carta assegni [as-s**e**nhi] cartão do banco
carta da disegno [dis**e**nho] papel de desenho
carta da lettere [l**e**t-tere] papel de carta
carta da pacchi [p**a**k-ki] papel de embrulho
carta d'argento [dardj**e**nto] passe de trem com tarifa reduzida para idosos
carta di credito [kr**e**dito] cartão de crédito
carta d'identità carteira de identidade
carta d'imbarco cartão de embarque
carta geografica [dje-ogr**a**fika] mapa
carta igienica [idj**e**nika] papel higiênico
carta verde [v**e**rde] passe de trem com tarifa reduzida para menores de 26 anos
carte **fpl** [k**a**rte] cartões
cartella **f** mala de escola; estojo
cartina **f** mapa
cartoleria **f** [kartoler**i**-a] papelaria
cartolibreria **f** [kartolibrer**i**-a] livraria e papelaria (loja)
cartolina **f** cartão-postal
cartone **m** [kart**o**ne] papelão, cartão
casa **f** [k**a**za] casa
casalinga **f** [kazal**i**nga] dona-de-casa
casalinghi **mpl** utensílios domésticos
cascata **f** cascata, cachoeira
caseggiato **m** [kasedj**a**to] prédio de apartamentos
casella postale **f** [post**a**le] caixa postal

casello autostradale m [kazel-lo autostradale] cabina de pedágio rodoviário
caserma dei carabinieri f [kaserma dei karabin-ieri] delegacia da polícia militar
caserma dei vigili del fuoco [vijili del fuoko] corpo de bombeiros
caso: per caso [per kazo] caso; acaso: por acaso
in caso di emergenza rompere il vetro em caso de emergência, quebrar o vidro
in caso di sosta in galleria accendere i fari e spegnere il motore no caso de parada no túnel, acenda os faróis e desligue o motor
cassa f [kas-sa] caixa registradora; o(a) caixa
cassa automatica [automatika] caixa automático
cassa continua [kontinua] caixa automático
cassetta f caixa; cassete
cassetta delle lettere [del-le let-tere] caixa de cartas
cassetta di sicurezza [sikuretza] cofre
cassetto m gaveta
cassettone m [kas-set-tone] cômoda
cassiere m [kas-siere], **cassiera f** o(a) caixa
castello m castelo
catena f [katena] corrente
catenaccio m [katenatcho] porca
catino m bacia
catedral f [kat-tedrale] catedral
cattiveria f [kat-tiver-ia] baixaria; maldade
cattivo [kat-tivo] mau
cattolico católico
causa f [kauza] causa
cavallo m cavalo
andare a cavallo andar a cavalo, cavalgar
cavatappi m saca-rolhas
caviglia f [kavilha] tornozelo
cazzo m pênis
CC (Carabinieri) polícia militar
c/c (conto corrente) **m** [kor-rente] conta-corrente
CE f [tché] CE (Comunidade Européia)
c'è [tché] há, existe, está
non c'è ele/ela não está
non c'è... não há...
celeste [tcheleste] azul-claro
celibe [tchelibe] solteiro
cena f [tchena] jantar; ceia
cenare [tchenare] jantar (verbo)
cenno m [tchen-no] sinal; aceno
centinaia fpl [tchentina-ia] centena
cento [tchento] cem
centralino m [tchentralino] câmbio local, operador
centrifuga f [tchentrifuga] centrífuga
centro m [tchentro] centro
centro città [tchit-tá] centro da cidade

centro commerciale [kommertchale] shopping centre
centro culturale [kulturale] centro cultural
centro della città [tchit-tá] centro da cidade
centro (di) informazioni turistiche [informatzioni turistike] centro de informação turística
centro sportivo centro esportivo
centro storico centro histórico
ceramica f [tcheramika] cerâmica
cera per auto f [tchera per auto] cera para carro
cercare [tcherkare] procurar
cerchio m [tcherk-io] círculo
cerniera lampo f [tchern-iera] zíper
cerotto m [tcherot-to] curativo adesivo
certamente [tchertamente] certamente
cestino m [tchestino] cesto; cesto de lixo
cfr. (confronta) cf. (confrontar)
charter: il volo charter m vôo charter
che [ke] que, qual; do que
che? o quê?
check-in: fare il check-in fazer check-in
chi? [kí] quem?
chiacchierare [k-iak-eirare] bater papo, conversar
chiacchierone m [k-iak-ierone], **chiacchierona f** tagarela
chiamare [k-iamare] chamar
come si chiama? [kome si kiama] como você se chama?
come ti chiami? como vocês se chamam?
chiamata f [k-iamata] chamada, telefonema
chiamata a carico del destinatario [kariko del destinatar-io] chamada a cobrar
chiamata in teleselezione [teleseletzione] discagem direta
chiamata interurbana [interurbana] ligação interurbana
chiamata urbana [urbana] ligação local
chiaro [k-iaro] claro
chiave f [k-iave] chave
chiave inglese [ingleze] chave inglesa/chave de boca
chiedere [k-iederi] pedir
chiesa f [k-ieza] igreja
chilo m [kilo] quilo
chilometro m [kilometro] quilômetro
chimica f [kimika] química
chiodo m [k-iodo] prego
chirurgia f [kirurdji-a] cirurgia
chirurgo m [kirurgo] cirurgião
chitarra f [kitar-ra] guitarra; violão
chiude alle... fecha às...
chiudere [k-iudere] fechar

chiudere a chiave [k-iave] fechar à chave, trancar
chiudere bene dopo l'uso feche bem depois de usar
chiudi il becco! [k-iudi il bek-ko] cale-se! feche o bico!
chiuso* (dalle... alle...) [k-iuzo] fechado (das... às...)
chiuso per ferie fechado para férias/no feriado
chiuso per turno dia de fechamento
chiusura settimanale... fechado em...
ci* [tchí] aqui; ali; nós; nos; para nós; nós mesmos
ci sono existem
ciao! [tchau] oi!; até logo!, tchau!
ciascuno [tchaskuno], **ciascuna** cada um(a)
cibo m [tchibo] comida
ciclismo m [tchiklismo] ciclismo
ciclista m/f [tchiklista] ciclista
cieco [tchi-eko] cego
cielo m [tchelo] céu
ciglia fpl [tchilha] cílio
cima: in cima (a) [tchima] cima: em cima (de)
cimitero m [tchimitero] cemitério
cinghia della ventola f [tching-uia] correia do ventilador
cinquanta [tchinkuanta] cinqüenta
cinque [tchinkue] cinco
cintura f [tchintura] cinto
cintura di sicurezza [di sikuretza] cinto de segurança
ciò [tchó] isto; aquilo
circa [tchirka] aproximadamente, cerca de
circonvallazione f [tchirkonval-latzione] anel viário
C.I.T. (Compagnia Italiana Turismo) m [tchi-i-t] Companhia Italiana de Turismo
città f [tchit-tá] cidade
per la città correio urbano
cittadina f [tchit-tadina] cidadã; da cidade
cittadino m cidadão; urbanita; da cidade
clacson m buzina
classe f [klas-se] classe; sala de aula
classe economica classe econômica
clienti: i clienti sono pregati di lasciare libere le camere entro le ore 12 del giorno di partenza no dia da partida, solicitamos aos hóspedes que liberem os quartos antes do meio-dia
clima m clima
clinica f clínica
coda f fila; cauda
coda del treno [treno] no fim do trem
code fila (no trânsito)
codice della strada m [koditche] código rodoviário
codice di avviamento postale

[av-iamento postale] código de endereçamento postal
cofano m capô
cognata f [konhata] cunhada
cognato m cunhado
cognome m [konhome] sobrenome
coi [koi] com os(as)
coiffeur m cabeleireiro(a)
coincidenza f [ko-intchidentza] conexão (viagem)
col com o(a)
colazione f [kolatzione] café-da-manhã
colla f cola
collana f colar (ornamento)
collant m [kol-lan] colante (roupa)
collasso m colapso
collasso cardiaco infarto
colle m [kol-le] colina
collegamenti internazionali conexões internacionais
collegio m [kol-ledjo] colégio
colletto m colarinho; gola
collezionare [kol-letzionare] colecionar
collezione f [kol-letzione] coleção (selos etc.)
collina f colina
collo m pescoço
colloquio m [kol-loku-io] conversa; entrevista
colonna f coluna
colore m [kolore] cor
colorificio m [kolorifitcho] loja de tintas
colpa: è colpa mia culpa: é minha culpa
colpo di sole mpl [sole] insolação
colpire [kolpire] golpear; bater
coltello m faca
coltello da cucina [kutchina] faca de cozinha
coltello da pane [pane] faca de pão
comandante m/f [komandante] comandante; piloto
comando dei vigili del fuoco m [dei vidjili del fuoko] corpo de bombeiros
comando dei vigili urbani [urbani] polícia de trânsito municipal
come [kome] como
come? como?; o quê?; perdão?; o que disse?
come, scusi? [skuzi] como, perdão?
come stai/sta/state? [sta-i/sta/state] como vai/vão?
come va? como estão as coisas?
comico m [komiko] cômico; comediante
cominciare [komintchare] começar
comitiva f comitiva; grupo
commedia f [kom-med-ia] peça; comédia
commesso m, commessa f vendedor(a)
commissariato (di polizia) m [kom-mis-sar-iato di politzi-a] delegacia de polícia
comodo confortável

compact (disc) m compact disc (CD)
compagna f [kompanha] colega; companheira
compagnia aerea f [kompanhi-a a-ere-a] companhia aérea
compagno m [kompanho] colega; companheiro
comperare [komperare] comprar
compere: andare a fare le compere [kompere] compras: fazer compras
competizione f [kompetitzione] competição; corrida
compilare [kompilare] compilar; tapar
compleanno m [komple-an-no] aniversário
completamente [kompleta-mente] completamente
completo m [kompleto] terno; conjunto
completo cheio; lotado
complicato complicado
complimento m cumprimento
comporre [kompor-re] discar, digitar
comportamento m comportamento
comportarsi comportar-se
composizione [kompozitzione] composição medicinal
comprare [komprare] comprar
compreso [komprezo] incluído
compressa f comprimido
comune m [komune] município
comunicazione f [komunika-tzione] ligação telefônica
comunque [komunkue] seja como for; porém
con com
concerto m [kontcherto] concerto
concessionario m [kontches-ionar-io] concessionário
conchiglia f [konkilha] concha do mar
condoglianze fpl [kondolhantze] condolências
condotta f conduta
conducente m/f [kondutchente] motorista
conferenza f [konferentza] conferência; palestra
conferma: dare conferma confirmação: confirmar
confermare [konfermare] confirmar
confetto m confeito; drágea
confezione f [konfetzione] confecção; embalagem
confine m [konfine] fronteira
confusione f [konfuzione] confusão; bagunça
congelatore m [kondjelatore] freezer, congelador
congratulazioni! [kongratulatzioni] parabéns!
congresso m congresso
conoscere [konochere] conhecer
consegnare [konsenhare] entregar
conservare in frigo conservar na geladeira
conservare in luogo asciutto

conservar em lugar seco
consigliare [konsil-**ia**re] aconselhar
consolato m consulado
consumarsi: da consumarsi preferibilmente entro... prazo de validade...
contagioso [kontadj**o**zo] contagioso, infeccioso
contanti mpl dinheiro vivo
pagare in contanti pagar com dinheiro vivo
contare [kont**a**re] contar
contascatti m [kontask**a**t-ti] monitor de telefonemas
contatto: mettersi in contatto con contato: contatar
contenere [konten**e**re] conter
contento alegre; contente
contenuto m [konten**u**to] conteúdo
continuare [kontinu**a**re] continuar
continui [kont**i**nui] continue
continuo [kont**i**nuo] contínuo
conto m conta
conto corrente [kor-r**e**nte] conta corrente
conto in banca conta bancária
contraccettivo m [kontrachet-t**i**vo] anticoncepcional
contraccezione f [kontra-chetzi**o**ne] contracepção
contraddire [kontrad-d**i**re] contradizer
contrario a [kontr**a**r-io] contrário a
contrassegno IVA [kontras-s**e**nho **i**va] comprovante de pagamento de IVA
contro contra
controllare [kontrol-l**a**re] controlar
controllo automatico della velocità m controle automático de velocidade
controllo bagagli [bag**a**lhi] controle de bagagem
controllo biglietti controle de bilhetes
controllo passaporti controle de passaportes
controllo radar della velocità controle de velocidade por radar
controllore m [kontrol-l**o**re] fiscal
conversare [konvers**a**re] conversar
conversazione f [konversatzi**o**ne] conversação
convincente [konvintch**e**nte] convincente
convincere [konv**i**ntchere] convencer
convinto convencido
coperchio m [kop**e**rk-io] capa
coperta f [kop**e**rta] cobertor
coperto m coberto; couvert
al coperto interno; coberto
coppa f xícara; taça; cálice
copriletto m colcha
coraggioso [koradj**o**zo] corajoso
corda f corda
cordiale [kord-i**a**le] cordial
cornice f [korn**i**che] moldura

coro m coro
corpo m corpo
corrente f [kor-rente] corrente; fluxo
correnti pericolose fpl correntes perigosas
correre [kor-rere] correr
corridoio m [kor-rido-io] corredor
corridore m [kor-ridore] corredor (atleta)
corriera f [kor-iera] ônibus
corrispondente m/f [kor-rispondente] correspondente
corrispondenza f [kor-rispondentza] correspondência
corruzione f [kor-rutzione] corrupção
corsa f corrida
corsa semplice [semplitche] bilhete de ida
corsia di emergenza f [emerjentza] pista de emergência
corso m curso; rua
corso di lingua [lingua] curso de língua
cortile m [kortile] pátio
corto curto
cosa f [koza] coisa
cosa? o quê?
cosa hai/ha detto? o que você disse?
coscia f [kocha] coxa
così [kozi] assim
così grande [grande] deste tamanho
così così mais ou menos
costa f costa, litoral
costare [kostare] custar
costola f costela
costruire [kostru-ire] construir
costume m [kostume] costume
costume da bagno [kostume da banho] maiô, roupa de banho
cotone m [kotone] algodão
cotone idrofilo [idrofilo] algodão hidrófilo
cotto: ben cotto cozido: bem passado
poco cotto malpassado
troppo cotto cozido demais
C.P. (Casella Postale) **f** caixa postal
cravatta f gravata
credenza f [kredentza] crença; cômoda; guarda-louça
credere [kredere] crer, acreditar
non posso crederci! [kredertchi] não posso acreditar nisso!
credito m [kredito] crédito
crema f [krema] creme (comida, cosmético etc.)
crema detergente [deterdjente] creme de limpeza
crema idratante [idratante] hidratante
crema solare [solare] protetor solar
cremeria f [kremeri-a] leiteria; sorveteria
cretino m cretino
C.R.I. (Croce Rossa Italiana) **f**

Cruz Vermelha Italiana
cric m macaco (carro)
criminalità f criminalidade
crisi f [krizi] crise
critica f crítica
criticare [kritikare] criticar
crociera f [krotchera] cruzeiro
crudele [krudele] cruel
cruscotto m [kruskot-to] painel
cuccetta f [kutchet-ta] beliche
cucchiaino m [kuk-ia-ino] colher de chá ou café
cucchiaio m [kuk-ia-io] colher
un cucchiaio (di) uma colher (de)
cucina f [kutchina] cozinha; culinária; fogão
cucinare [kutchinare] cozinhar
cucire [kutchire] costurar
cuffia da bagno f [banho] touca de banho
cugino m [kudjino], cugina f primo(a)
cultura f [kultura] cultura
cunetta o dosso valetas ou obstáculos
cuoca f [kuoka] cozinheira
cuocere [kuotchere] cozinhar
cuoco m [kuoko] cozinheiro
cuoio m [kuo-io] couro
cuore m [kuore] coração
cupola m cúpula
curioso [kur-iozo] curioso
curva f [kurva] curva
curva pericolosa curva perigosa
cuscino m [kuchino] travesseiro, almofada
CV (cavallo vapore) cv (cavalo-vapor: unidade de medida de potência)

D

da* de; perto; em; para
dà* ele/ela dá; você dá
da consumarsi entro... consumir até...
dado m porca (de parafuso); dado (de jogo)
dagli* [dalhi] dos(as); pelos(as)
dai* [da-i] do(a); pelo(a); vamos!
dallo, dal, dalla, dalle* [dal-le] do(a); dos(as); pelo(a); pelos(as)
dama f jogo de damas
danese m/f [daneze] dinamarquês(a)
Danimarca f Dinamarca
danneggiare [dan-nedjare] danificar
danno* m eles dão; dano
dappertutto [dap-pertut-to] em toda parte
dare* m [dare] dar; débito
data f data
data di nascita [nachita] data de nascimento
date* [date] você dá
davanti m [davanti] diante, frente
davanti a na frente de
passare davanti (a) passar, passar na frente
da vendersi dietro presentazione di ricetta medica venda apenas com receita

médica
da vendersi entro... venda até...
davvero [dav-vero] verdade?
ah, davvero? é mesmo?
d.C. (dopo Cristo) d.C.
debito m [debito] débito
debole [debole] fraco
decidere [detchidere] decidir
decimo m [detchimo] décimo
decollare [dekol-lare] decolar
decollo m decolagem
degente m/f [dedjente] paciente internado
del, dei [dei], **degli*** [delhi] do, dos; dos, das
delfino m golfinho
delicato frágil, delicado
delizioso [delitziozo] delicioso, gostoso
dello, della, delle* [del-le] do, da, dos, das
deltaplano m asa-delta
deludere [deludere] desapontar, desiludir
deluso [deluzo] desapontado
denaro m dinheiro
dente m [dente] dente
dentiera f [dent-iera] dentadura
dentifricio m [dentifritcho] pasta de dentes, dentifrício
dentista m/f dentista
dentro dentro
dépliant m [depli-ant] folheto, panfleto
deposito m [depozito] depósito
deposito bagagli [bagalhi] guarda-volumes
deposito bancario [bankar-io] depósito bancário
depresso deprimido
deputato m, deputata f deputado(a)
descrivere [deskrivere] descrever
desidera? [dezidera] o que deseja?; posso ajudá-lo(la)?
destinatario m [destinatar-io] destinatário
destinazione f [destinatzione] destino
destra f direita
a destra à direita
detersivo liquido per i piatti m [detersivo likuido per i p-iat-ti] detergente líquido
detersivo per bucato [bukato] detergente em pó
detestare [detestare] detestar
deve* [deve] ele/ela deve; você deve
devi* [devi] vocês devem
deviazione f [dev-iatzione] desvio
devo* [devo] eu devo
devono* eles devem
di* de; do que
diabetico [di-abetiko] diabético
dialetto m dialeto
diamante m [di-amante] diamante
diamo* nós damos
diapositiva f [di-apozitiva] diapositivo
diario m [di-ar-io] diário
diarrea f [di-ar-re-a] diarréia
dibattito m debate
dica? sim? pois não!

dice* [ditche] ele/ela diz
dicembre m [ditchembre] dezembro
dichiarare [dik-iarare] declarar
dichiarazione f [dik-iaratzione] declaração
dici* [ditchi] vocês dizem
diciamo* [ditch-iamo] dizemos
diciannove [ditchan-no-ve] dezenove
diciassette [ditchas-set-te] dezessete
diciotto [ditchot-to] dezoito
dico* eu digo
dicono* eles dizem
dieci [di-etchi] dez
dieta f [d-ieta] dieta
essere a dieta estar de dieta
dietro m [d-ietro] atrás, na parte de trás
dietro(a) atrás (de)
difendere [difendere] defender
difettoso [difet-tozo] defeituoso
difficile [dif-fitchile] difícil
diligente [dilidjente] diligente
dimenticare [dimentikare] esquecer
dimenticarsi esquecer-se
diminuire [diminuire] diminuir
dimostrazione f [dimostratzione] demonstração
dintorni mpl ao redor
nei dintorni di ao redor de
Dio m [di-o] Deus
Dio mio! meu Deus!
dipendere: dipende [dipende] depender: depende
dipingere [dipindjere] pintar
dipinto m pintura, quadro
dire* [dire] dizer
diretto m direto; trem expresso
direttore m [diret-tore] diretor
direttrice f [diret-tritche] diretora
direzione f [diretzione] direção
disaccordo m [dizak-kordo] desacordo, divergência
disastro m [dizastro] desastre
discesa f [dicheza] descida; rampa; saída
disco m disco
discorso m discurso
discoteca f discoteca
discreto [diskreto] discreto
discutere (di) [diskutere] discutir
disegnare [disenhare] desenhar
disegno m [disenho] desenho
disfare: disfare le valigie [disfare le validje] desfazer: desfazer as malas
disinfettante m [dizinfet-tante] desinfetante
disoccupato [dizok-kupato] desempregado
disoccupazione f [dizok-kupatzione] desemprego
disordinato [dizordinato] desarrumado
dispiacere: le dispiace se...? [le disp-iatche se] incomodar: você se incomoda se...?
mi dispiace (tanto)! sinto muito (demais)
dispiaciuto [disp-iatchuto]

desgostoso
disporsi su due file fazer duas filas
dispositivo m [dispozitivo] dispositivo
dispositivo di emergenza dispositivo/botão/alavanca de emergência
distante [distante] distante
distanza f [distantza] distância
disteso [distezo] deitado
distinta di versamento f [distinta di versamento] comprovante de depósito
distratto distraído
distribuire [distribuire] distribuir
distribuito da... [distribuito] distribuído por...
distributore m [distributore] distribuidor
distributore (automatico) di biglietti [automatiko di bilhet-ti] máquina (automática) de bilhetes
disturbare [disturbare] perturbar
disuguale [dizuguale] desigual
ditale m [ditale] dedal
dite* [dite] vocês dizem
dito m dedo
dito del piede [p-iede] dedo do pé
ditta f [dit-ta] empresa
divano m [divano] sofá
diversi [diversi], diverse [diverse] diversos
diverso diferente
divertente [divertente] divertido, engraçado
divertirsi [divertirsi] divertir-se
dividere [dividere] dividir
divieto di accesso proibida a entrada
divieto di accesso ai non addetti ai lavori proibida a entrada de estranhos
divieto di accesso – escluso residenti/bus/taxi acesso apenas para moradores/ônibus/táxis
divieto di affissione proibido colocar cartazes
divieto di balneazione proibido nadar
divieto di fermata parada proibida
divieto di pesca proibido pescar
divieto di sosta proibido estacionar
divieto di transito tráfego proibido
divorziato [divortziato] divorciado
dizionario m [ditzionar-io] dicionário
do* eu dou
dobbiamo* nós devemos
docce fpl [dotche] chuveiro
doccia f [dotcha] ducha
fare la doccia tomar uma ducha
dodici [do-ditchi] doze
Dogana f alfândega
Dogana merci alfândega para carga
Dogana passeggeri alfândega

para passageiros
dolce m [doltche] doce
dolci mpl [doltchi] doces; bolos
dollaro m dólar
dolore m [dolore] dor
doloroso [dolorozo] doloroso
domanda f pergunta
domandare [domandare] perguntar
domani [domani] amanhã
a domani até amanhã
domenica f [domenika] domingo
la domenica aos domingos
la domenica e i giorni festivi aos domingos e feriados
donna f mulher
donne mulheres; toalete feminino
dopo depois
dopobarba m pós-barba
doposciampo m [dopochampo] condicionador
doppio [dop-io] duplo
dormire [dormire] dormir
andare a dormire ir dormir
dottore (Dott.) m [dot-tore] doutor
dottoressa (Dott.ssa) f doutora
dove? [dove] onde?
dove si trova...? onde fica...?
dovere* m [dovere] dever, precisar
dovete* [dovete] você deve
dovuto* devido
dozzina f [dodzina] dúzia
(una) dozzina (di) uma dúzia (de)
drammatico dramático
dritto direto; reto
droga f druga
drogheria f [drogueri-a] drogaria
dubitare [dubitare] duvidar
due [du-e] dois
due pezzi mpl [petzi] biquíni, duas peças
dune fpl [dune] dunas
dunque [dunkue] portanto; por isso; pois; então
duomo m [duomo] catedral
durante [durante] durante
durante la marcia reggersi agli appositi sostegni por favor, aguarde enquanto o veículo estiver em movimento
duro [duro] duro

E

e [e] e
è* [é] ele/ela é; você é
ebreo [ebre-o] judeu
ecc. (eccetera) etc.
eccetto [etchet-to] exceto
ecco [ek-ko] aqui está/estão; aqui está você; é isso aí!
ecco qua! [kuá] aqui está você!
edicola f banca de jornal
edificio m [edifitcho] edifício
educato [edukato] educado
effettua: si effettua dal... al... este serviço funciona

das... às...
Egr. Sig. (egregio signore) sr. (em cartas)
elastico m elástico
elenco telefonico m [telefoniko] lista telefônica
elettrauto m [elet-trauto] auto-elétrico
elettricista m [elet-tritchista] eletricista
elettricità f [elet-tritchitá] eletricidade
elettrico [elet-triko] elétrico
elettrodomestici mpl [elet-trodomestitchi] eletrodomésticos
elicottero m helicóptero
emergenza f [emerjentza] emergência
emissione del biglietto retire o bilhete aqui
emozionante [emotzionante] emocionante
E.N.I.T. (Ente Nazionale Italiano per il Turismo) **m** [enit] Agência Nacional Italiana de Turismo
enorme [enorme] enorme
enoteca f [enoteka] loja de degustação de vinho
entrare [entrare] entrar
entrata f entrada
entrata con abbonamento o biglietto già convalidato entrada para quem tem bilhete para a temporada ou bilhete validado
entrata libera entrada livre
entusiasmante [entuziazmante] fascinante
E.P.T. (Ente Provinciale per il Turismo) **m** Agência Municipal de Turismo
equipaggio m [ekuipadjo] tripulação
equitazione f [ekuitatzione] equitação; andar a cavalo
equivoco m [ekuivoko] equívoco, engano
erba f [erba] grama
errore m [er-rore] erro
esagerare [ezajerare] exagerar
esame m [ezame] exame
esattamente [ezat-tamente] exatamente
esatto [ezat-to] exato
esaurito vendido
esausto [ezausto] exausto
escluso frontisti apenas para moradores
escluso sabato e festivi exceto aos sábados, domingos e feriados
escursione f [eskurs-ione] excursão
esempio m [ezemp-io] exemplo
per esempio por exemplo
esente da tasse [ezente da tas-se] duty-free
esercizio m [ezertchitzio] exercício; loja
espresso m café expresso; carta expressa; trem expresso
esprimere [esprimere] exprimir, expressar

Ef

essere* [**es**-sere] ser
esso [**es**-so] isso
est m leste
estate f [est**a**te] verão
estero: all'estero [al-**l**estero] exterior
estetista f esteticista
estintore m [estint**o**re] extintor
età f [et**á**] idade
etichetta f [etik**e**t-ta] etiqueta
etto(grammo) m cem gramas
Eurocity m trem rápido internacional
europeo [e-urop**e**-o] europeu
evitare [evit**a**re] evitar

F

F (freddo) frio
fa* ele/ela faz; você faz
fabbrica f fábrica
facchino m [fak-**k**ino] carregador
faccia f [**fa**tcha] face, rosto
facciamo* [fatch**a**mo] nós fazemos
faccio* [**fa**tcho] eu faço
facile [**fa**tchile] fácil
fai* [**fa**-i] vocês fazem
fai da te m [da te] faça você mesmo
falso falso
fame: avere fame [av**e**re f**a**me] fome: estar com fome
famiglia f [fam**i**lha] família
famoso famoso
fanno* eles fazem
fantastico m fantástico
fa' pure! [p**u**re] faça como preferir!
fare* [f**a**re] fazer
farfalla f borboleta
fari mpl faróis, lanternas
fari posteriori [poster-i**o**ri] lanternas traseiras
farmacia f [farmatch**i**-a] farmácia
farmacia di turno farmácia de plantão; farmácia que fecha tarde
faro m farol (para navegação)
fasciatura f [fachat**u**ra] bandagem
fastidio m [fast**i**d-io] aborrecimento
fate* [f**a**te] faça você
fatica f [fat**i**ka] cansaço; fadiga
fatto a mano feito a mão
fattoria f fazenda
fattura f [fat-t**u**ra] fatura
favore m [fav**o**re] favor
per favore por favor
favorevole a [favor**e**vole] favorável
fazzolettini di carta mpl [fatzolet-t**i**ni] lenço de papel
fazzoletto m [fatzol**e**t-to] lencinho
febbraio m [feb-br**a**-io] fevereiro
febbre f [f**e**b-bre] febre
febbre da fieno f [f-**ie**no] febre do feno
federa f [f**e**dera] fronha
fegato m [f**e**gato] fígado
felice [fel**i**tche] feliz
feriale: giorno feriale [dj**o**rno

fer-iale] dia útil
feriali mpl dias úteis
ferita f ferida, machucado
ferito ferido, machucado
fermare [fermare] parar
fermarsi parar (a si mesmo)
fermata (dell'autobus) f [fairmata del-lautobus] ponto/parada (de ônibus)
fermata a richiesta [rik-iesta] parada a pedido
fermata facoltativa [fakoltativa] parada opcional
fermata obbligatoria [ob-bligator-ia] parada obrigatória
fermata prenotata ponto de ônibus ou bonde
fermo! [fermo] parado!
fermo per manutenzione parado para manutenção
fermo posta m posta-restante
ferragosto m 15 de agosto (feriado)
ferramenta f loja de ferragens
ferro m [fer-ro] ferro; agulha de tricô/crochê
ferro da stiro [stiro] ferro de passar
ferrovia f [fer-rovi-a] ferrovia
Ferrovie dello Stato fpl [fer-rovi-e] Ferrovias Estatais
festa f festa; férias
festivi mpl feriados
fetta f fatia
FFSS (Ferrovie dello Stato) **fpl** Ferrovias Estatais
fiala f [f-iala] frasco
fiammifero m [f-iam-mifero] fósforo (light)
fianco m [f-ianko] quadril; lado
fidanzata f [fidantzata] noiva
fidanzato m noivo
fidarsi confiar
fido m fiado, crédito
fiera f [f-iera] feira
fiero orgulhoso
figlia f [filha] filha
figlio m filho
figlio di puttana! [di] filho da puta!
fila f fila
fare la fila fazer fila
film m filme
filo m fio
filo di ferro arame
filtro m filtro
finale f [finale] final
finalmente [finalmente] finalmente
finché [finke] até
fine f [fine] fim; fino (lâmina, caneta etc.); refinado
fine del tratto autostradale fim da rodovia
fine settimana [set-timana] fim de semana
finestra f janela
finestrino m janelinha (avião)
finire [finire] acabar, terminar
fino fino; fino (lâmina, caneta etc.); liso
fino a até
finocchio m [finok-io] erva-doce; homossexual masculino (depreciativo)
fioraio m [f-iora-io] florista
fiore m [f-iore] flor

fiorentino [f-iorentino] florentino
Firenze f [firendze] Florença
firma f assinatura, firma
firmare [firmare] assinar
fischio m [fisk-io] assobio
fisica f [fizika] física
fiume m [f-iume] rio
flacone m [flakone] vidro de remédio
foglia f [fol-ia] folha
folla f multidão
fon m secador de cabelos
fondo m fundo
in fondo a no fundo de
fondotinta m [fondotinta] base (maquiagem)
fontana f fonte
footing m caminhar; fazer cooper
foratura f [foratura] picada
forbici mpl [forbitchi] tesoura
forchetta f [forket-ta] garfo
foresta f floresta
forfora f caspa
forma f forma
in forma em forma
formica f [formika] formiga
fornaio m [forna-io] padeiro
fornello m fogão; fogareiro
fornire [fornire] fornecer; abastecer
forniture per ufficio fpl material de escritório
forno m forno
forno a microonde [mikro-onde] forno de microondas
forse [forse] talvez
forte [forte] forte; alto (som)
fortuna f [fortuna] sorte
fortunatamente [fortunatamente] por sorte
foruncolo m furúnculo, espinha
fotografare [fotografare] fotografar
fotografia f [fotografi-a] fotografia
fare fotografie [fotografi-e] tirar fotografias
fotografo m fotógrafo
fotoottica f loja de produtos ópticos
foulard m [fular] lenço de pescoço
fra entre; dentro de
fra l'altro aliás
fragile [fradjile] frágil
francamente [frankamente] francamente
francese m/f [frantcheze] francês; francesa
Francia f [frantcha] França
franco m franco
francobollo m [frankobol-lo] selo
frasario m [frazar-io] livro de frases
frase f [fraze] frase
fratello m irmão
frattura f [frat-tura] fratura
frazione f [fratzione] fração; divisão administrativa de um município
freccia f [fretcha] seta; flecha
freddo m frio
fa freddo está frio
avere freddo sentir frio

freno **m** [freno] freio
freno a mano freio de mão
fresco fresco
friggere [fridjere] fritar
friggitrice **f** [fridjitritche] frigideira
frigo **m** geladeira
frigobar **m** frigobar
frigorifero **m** [frigorifero] geladeira, refrigerador
frizione **f** [fritzione] fricção; embreagem
fronte **f** [fronte] testa
di fronte a na frente de
frontiera **f** [front-iera] fronteira
frullatore **m** [frul-latore] batedeira
frusta **f** chicote
fruttivendolo **m** [frut-tivendolo] fruteiro
FS (Ferrovie dello Stato) **fpl** Ferrovias Estatais
f.to (firmato) assinado
fucile **m** [futchile] fuzil; rifle
fumare [fumare] fumar
fumatori fumantes
fumetto **m** tira cômica; quadrinhos
fumo **m** [fumo] fumaça
fune **f** [fune] corda
funivia **f** [funivi-a] bondinho; teleférico
funzionare [funtzionare] funcionar
fuochi d'artificio **mpl** [fuoki dartifitcho] fogos de artifício
fuoco **m** [fuoko] fogo
fuori [fuori] fora
fuori servizio não funciona
furgone **m** [furgone] van
furioso [fur-iozo] furioso
fusibile **m** [fuzibile] fusível

G

gabinetto **m** [gabinet-to] toalete
andare al gabinetto ir ao toalete
galleria **f** [gal-ler-i-a] túnel; galeria
galleria d'arte [darte] galeria de arte
Galles **m** [gal-les] País de Gales
gallese **m/f** [gal-leze] galês; galesa
gamba **f** perna
gara **f** prova; competição
garanzia **f** [garantzi-a] garantia
gasolio **m** [gazol-io] diesel
gasolio invernale [invernale] diesel com anticongelante
gatto **m** gato
gelateria **f** [djelateri-a] sorveteria
gelato **m** [djelato] congelado; sorvete
gelo **m** [djelo] gelo
gelosia **f** [djelozi-a] ciúme
geloso [djelozo] ciumento
gemelli **mpl** [djemel-li] gêmeos
generalmente [djeneralmente] geralmente
genere **m** [djenere] tipo
in genere em geral
genero **m** [djenero] genro
genitori **mpl** [djenitori] pais

gennaio m [djen-na-io] janeiro
Genova f [djenova] Gênova
gente f [djente] gente
gentile [djentile] gentil
gentilezza f [djentiletza] gentileza
Germania f [djerman-ia] Alemanha
gesto m [djesto] gesto
gettare [djet-tare] jogar, atirar
gettare via jogar fora
gettone mpl [djet-toni] ficha (telefone, jogo etc.)
ghiacciaio m [g-uiatcha-io] geleira
ghiaccio m [g-uiatcho] gelo
già [djá] já
giacca f [djak-ka] paletó, jaqueta
giacca a vento agasalho
giallo m [djal-lo] amarelo
giardini pubblici mpl [pub-blitchi] jardins públicos
giardino m [djardino] jardim
ginecologo m [djinekologo] ginecologista
Ginevra f [djinevra] Genebra
ginnastica f [djin-nastika] ginástica; educação física
ginocchio m [djinok-io] joelho
giocare [djokare] brincar; jogar
giocatore m [djokatore] jogador
giocatrice f [djokatritche] jogadora
giocattolo m [djokat-tolo] brinquedo
giochi per il computer mpl [dj-ioki] jogos de computador
gioco m [djoko] jogo
gioco di società [di sotchetá] jogos de salão/de tabuleiro
gioielleria f [djo-iel-leri-a] joalheria
gioielli mpl [djo-iel-li] jóias
gioielliere m [djo-iel-iere] joalheiro
giornalaio m [djornala-io] banca de jornal; jornaleiro
giornale m [djornale] jornal
giornata f [djornata] dia
giorni feriali mpl dias úteis
giorni festivi feriados
giorno m [djorno] dia
giorno di chiusura [k-iuzura] dia de fechamento
giovane m/f [djovane] jovem
giovedì m [djovedi] quinta-feira
giradischi m [djiradiski] toca-discos
girare [djirare] girar, virar
girarsi girar, virar
giri a destra [djiri] vire à direita
giri a sinistra [sinistra] vire à esquerda
giro m [djiro] giro; volta; passeio; caminhada
a giro di posta pela volta do correio
andare a far un giro sair para dar uma volta
fare un giro in bicicletta [bitchiklet-ta] dar uma volta de bicicleta

giro a piedi [p-iedi] passeio a pé; caminhada
giro in barca passeio de barco
giro in macchina [mak-kina] passeio de carro
gita f [djita] passeio; excursão
gita in pullman passeio de ônibus
gita organizzata [organidzata] pacote turístico
gita scolastica [skolastika] passeio escolar
giù [djú] embaixo; sob
giubbotti salvagente sotto la poltrona coletes salva-vidas sob o assento
giugno m [djunho] junho
giusto [djusto] certo, correto; justo
gli* [lhi] o(s)/lhe(s); a ele; a eles
goccia f [gotcha] gota
gola f garganta
golf m golfe
gomito m cotovelo
gomma f borracha; pneu
gomma a terra pneu murcho
gomma di scorta estepe
gommista m/f borracheiro
gommone m [gom-mone] bote de borracha
gonfio [gonf-io] inchado
gonna f saia
gorgo m redemoinho
governativo governamental; estatal
governo m governo
gradino m degrau
grado m grau; nível
grammatica f gramática
grammo m grama (medida)
Gran Bretagna f [bretanha] Grã-Bretanha
granchio m [grank-io] caranguejo
grande [grande] grande
grande magazzino m [magadzino] loja de departamentos
grandine f [grandine] granizo
grasso gordo
gratis grátis
grato grato
grattacielo m [grat-tatchelo] arranha-céu
grattugiare [grat-tudjare] ralar
gratuito [gratu-ito] gratuito
grazie [gratzi-e] obrigado(a)
grazie a Dio! graças a Deus!
grazie, anche a te/lei [anke a te/lei] obrigado(a), o mesmo para você
grazie mille [mil-le] muito obrigado(a)
grazioso [gratziozo] bonito
Grecia f [gretcha] Grécia
greco m grego
gridare [gridare] gritar
grigio [gridjo] cinza (cor)
grosso grande, largo; espesso
grotta f caverna, gruta
gruccia f [grutcha] cabide
gruppo m grupo
gruppo sanguigno [sanguinho] grupo sanguíneo
guancia f [guantcha] bochecha
guanti mpl [guanti] luvas
guanto di spugna m [di spunha]

flanela; esponja de limpeza
guardare [guardare] olhar
guardare in su [in su] olhar para cima
guardaroba m [guardaroba] guarda-roupa; armário
guasto m [guasto] estrago; avaria; avariado; podre
guerra f [guer-ra] guerra
guida f [guida] guia (pessoa e livro)
guidare [guidare] liderar; guiar; dirigir
guidare a passo d'uomo [duomo] dirigir a passo de gente
guida telefonica f [guida] lista telefônica
guscio m [gucho] casca; concha
gusto m gosto

H

ha* [a] ele/ela tem; você tem
hai* [a-i] vocês têm
hanno* [an-no] eles/elas têm
ho* [o] eu tenho

I

i* [i] os
idea f [ide-a] idéia
idiota m/f [id-iota] idiota
idraulico m [idrauliko] encanador
ieri [ieri] ontem
il* [il] o
imbarazzante [imbaratzante] constrangedor
imbarazzato [imbaratzato] constrangido
imbarazzo m [imbaratzo] constrangimento
imbarcarsi [imbarkarsi] embarcar
imbarco m [imbarko] embarque
imbarco immediato embarque imediato
imbrogliare [imbrolhare] trapacear
imbucare [imbukare] postar, remeter pelo correio
immediatamente [im-med-iata-mente] imediatamente
immersione f [im-mers-ione] mergulho sem equipamento
immigrato m [im-migrato], **immigrata f** imigrante
imparare [imparare] aprender
impaziente [impatziente] impaciente
impermeabile m [imperme-abile] capa de chuva; impermeável
importante [importante] importante
importare: non importa [importa] importar: não importa
imposta f imposto
impostare [impostare] postar
imposte fpl [imposte] veneziana, persiana
improvvisamente [improv-vizamente] de repente
in em; para; de
in macchina [mak-kina] de

carro
incartare [incartare] embrulhar
incassare [inkas-sare] encaixotar; cobrar
incidente m [intchidente] acidente
incinta [intchinta] grávida
incontro m encontro; reunião
incrocio m [inkrotcho] cruzamento
incrocio pericoloso cruzamento perigoso
indicare [indikare] indicar; apontar; mostrar
indietro [ind-ietro] atrás; detrás
faccia marcia indietro [fatcha martcha] dê marcha a ré
indirizzo m [indiritzo] endereço
indubbiamente [indub-iamente] sem dúvida
infarto m infarto
infelice [infelitche] infeliz
infermeria f [infermeri-a] enfermaria
infermiere m [inferm-iere], **infermiera f** enfermeiro(a)
infezione f [infetzione] infecção
influenzare [influ-entzare] influenciar
informare [informare] informar
informarsi (su) informar-se (sobre)
informazioni fpl [informatzioni] informações
informazioni elenco abbonati serviço de consulta à lista
Ing. (ingegnere) engenheiro
ingannare [ingan-nare] enganar
ingegnere m [indjen-iere] engenheira
ingenuo [indjenuo] ingênuo
Inghilterra f [inguilter-ra] Inglaterra
inglese m/f [ingleze] inglês; inglesa
ingoiare [ingo-iare] inchar
ingorgo m congestionamento
ingrandimento m alargamento
ingrassaggio m [ingras-sadjo] lubrificação
ingresso m entrada
ingresso gratuito/libero entrada grátis
iniezione f [inietzione] injeção
inizio m [initzio] início
innumerevole [in-numerevole] inumerável
inoltrare [inoltrare] avançar
inquilino m [inkuilino], **inquilina f** inquilino(a)
inquinato [inkuinato] poluído
insegnante m/f [insenhante] professor
insegnare [insenhare] ensinar
inserire le monete inserir moedas
insettifugo m [inset-tifugo] inseticida; repelente de insetos
insetto m [inset-to] inseto
insieme [ins-ieme] junto
insistere [insistere] insistir
insonnia f [inson-ia] insônia
interessante [interes-sante] interessante
interessarsi di/a [interes-sarsi di] interessar-se por
internazionale [internatzionale]

internacional
interno interno; dentro
all'interno por dentro
intero inteiro
interruttore m [inter-rut-**tore**] interruptor
interruzione della corrente f [inter-rutzi**o**ne d**e**l-la kor-r**e**nte] falta/corte de eletricidade
intervallo m [interv**a**l-lo] intervalo; pausa
intervista f [interv**i**sta] entrevista
intorno (a) em volta
intossicazione alimentare f [intos-sikatzi**o**ne alimentare] intoxicação alimentar
introdurre un biglietto alla volta introduzir um bilhete de cada vez
invalido deficiente físico
per invalidi para deficientes físicos
inverno m inverno
investire [invest**i**re] investir
inviare [inv-**ia**re] enviar; remeter; postar
invidioso [invid-**io**zo] invejoso
invitare [invit**a**re] convidar
invito m convite
io* [**i**-o] eu
Irlanda f [irl**a**nda] Irlanda
Irlanda del Nord Irlanda do Norte
irlandese m/f [irland**e**ze] irlandês; irlandesa
isola f [**i**zola] ilha
istituto m instituto; escola secundária

istruttore di nuoto m [istrut-**to**re di nu**o**to] professor de natação
istruttrice di nuoto f [istrut-tr**i**tche] professora de natação
istruzioni per l'uso instruções de uso
Italia f [it**a**l-ia] Itália
italiano m [ital-i**a**no], **italiana f** italiano(a)
itinerario m [itiner**a**r-io] itinerário; percurso; rota
I.V.A. (Imposta sul Valore Aggiunto) **f** [**i**va] IVA
I.V.A. compresa [kompr**e**za] IVA incluído

K

K-way® m agasalhos impermeáveis

L

L libra, £; lira
l (litro) litro
la* ela/a; lhe; você
là lá, ali
di là [di] ali; por ali; no outro cômodo; dali
labbro m [l**a**b-bro] lábio
lacca per capelli f [kap**e**l-li] spray para cabelos
lacci per le scarpe mpl [l**a**tchi per le sk**a**rpe] cordão de calçado
ladro m ladrão
laggiù [ladj**u**] lá adiante
lago m lago

laguna f lagoa
lamentarsi lamentar; reclamar
lametta f lâmina de barbear
lampada f lâmpada
lampada da comodino abajur de cabeceira
lampadina f lâmpada
lampione m [lamp-**io**ne] lampião; iluminação de rua
lana f lã
lanciare [lantch**a**re] arremessar
largo largo
lasciare [lach**a**re] deixar
lassativo m laxativo
lato m lado
latte detergente m [**la**t-te deterdj**e**nte] loção de limpeza
latteria f [lat-ter**i**-a] leiteria, sorveteria
lattina f lata
laurea f [**lau**re-a] formatura
lavabo m pia
lavanderia (automatica) f [lavander**i**-a automa**t**ika] lavanderia (automática)
lavandino m pia
lavare [lav**a**re] lavar
lavare a mano lavar à mão
lavare a secco lavar a seco
lavare i panni lavar a roupa
lavare i piatti [p-i**a**t-ti] lavar a louça
lavare la biancheria [biankeri**a**] lavar a roupa
lavare separatamente lavar separadamente
lavarsi [lav**a**rsi] lavar
lavarsi i denti escovar os dentes
lavasecco m lavagem a seco
lavastoviglie f [lavastov**i**lhe] lava-louça
lavatrice f [lavatr**i**tche] máquina de lavar roupa
lavorare [lavor**a**re] trabalhar
lavori in corso mpl estrada em obras
lavori stradali estrada em obras
lavoro m trabalho
le* [le] a/lhe; a ela; a você
legare [leg**a**re] amarrar; ligar
legge f [**le**dje] lei
leggere [**le**djere] ler
leggero [ledj**e**ro] leve
legno m [**le**nho] madeira
lei* [lei] ela; a ela; a você
lentamente [lentam**e**nte] lentamente
lenti a contatto fpl lentes de contato
lenti morbide fpl [m**o**rbide] lentes gelatinosas
lenti rigide fpl [r**i**djide] lentes rígidas
lenti semi-rigide fpl [s**e**mi] lentes semi-rígidas
lento lento
lenzuolo m [lentzu**o**lo] lençol
lettera f [**le**t-tera] carta
lettera tassata excesso postal a ser pago
letti a castello mpl beliches
lettino m berço; espreguiçadeira
lettino pieghevole [p-iegu**e**vole] espreguiçadeira; cama

de campanha
letto m cama
andare a letto ir para a cama
(ri)fare il letto fazer a cama
letto a due piazze [du-e p-iatze] cama de casal
letto a una piazza [p-iatza] cama de solteiro
leva del cambio f [leva del kamb-io] alavanca do câmbio
levare [levare] tirar
levata f [levata] coleta do correio
lezione f [letzione] lição; aula
li [li] o/lo; lhe; ele
lì ali
libbra f libra
libero livre, vago
libertà f liberdade
libreria f [libreri-a] livraria
libretto degli assegni m [delhi as-senhi] talão de cheques
libro m livro
liceo m [litche-o] escola secundária
lima f [lima] lixa, lima
lima per le unghie [ung-uie] lixa de unhas
limite delle acque sicure m limite da área segura para banhos
limite di velocità limite de velocidade
linea f [line-a] linha
linea aerea [a-ere-a] empresa aérea
linea ferroviaria linha de trem
lingua f [lingua] língua; idioma
liquido tergicristallo m [likuido terdjikristal-lo] líquido para limpador de pára-brisa
liquori mpl [likuori] bebidas alcoólicas
lira sterlina f [sterlina] libra esterlina
liscio [licho] liso
lista f lista; menu/carta
listino dei cambi m taxas de câmbio
L(it). (lire italiane) liras italianas
lite f [lite] briga
litigare [litigare] discutir, brigar
litigio m [litidjo] briga; litígio
litro m litro
livido m contusão
lo* o/lo; lhe; ele
località f localidade
locanda f hospedaria, hotel
loggione m [lodjone] galeria
londinese m/f [londineze] londrino(a)
Londra f Londres
lontano longe
loro* os/as; eles/elas; lhes; vocês
il/la loro sua(s), seu(s); dele(s); delas; los/las
lozione idratante f [lotzione idratante] hidratante
lozione solare [solare] protetor solar
L.st. (lira sterlina) libra
luce f [lutche] luz
lucidare [lutchidare] polir

luci di posizione **mpl** [lutchi di pozitzione] luzes laterais
lucido per le scarpe **m** [lutchido per le skarpe] graxa de sapato
luglio **m** [lulho] julho
lui* [lu-i] ele/o; a ele
luna **f** [luna] lua
luna di miele [m-iele] lua-de-mel
luna park **m** parque de diversões
lunedì **m** [lunedi] segunda-feira
lunghezza **f** [lunguetza] comprimento
lungo longo; comprido
lungomare **m** [lungomare] calçada à beira-mar
luogo di nascita **m** [luogo di nachita] local de nascimento

M

M (Metropolitana) metrô
m (metro) metro
ma mas
macchia **f** [mak-ia] mancha
macchina **f** [mak-kina] carro; máquina
macchina da scrivere [skrivere] máquina de escrever
macchina del caffè [kaf-fé] máquina de café; cafeteira
macchina fotografica câmera
macchina obliteratrice [obliteratritche] máquina de carimbar
macelleria **f** [matchel-leri-a] açougue
macinacaffè **m** [matchina-kaf-fé] moedor de café
madre **f** [madre] mãe
maestra **f** [ma-estra] professora primária
maestra di sci [chi] professora de esqui
maestro **m** [ma-estro] professor primário
maestro di sci [chi] professor de esqui
maggio **m** [madjo] maio
maggior: la maggior parte (di) [madjor parte] maior: a maior parte (de)
maggiore [madjore] maior
maglia **f** [malha] suéter, pulôver, malha
lavoro a maglia **m** tricô/crochê
maglietta **f** [malhet-ta] camiseta
maglione **m** [mal-ione] suéter, jumper
mai [ma-i] nunca
malato doente
malattia **f** doença
malattia venerea [venere-a] doença venérea
maldestro desajeitado
mal di denti **m** [denti] dor de dente
mal di gola dor de garganta
mal di mare [mare] enjôo
mal di testa dor de cabeça
male **m** [male] dor
male mal
far male machucar
maledetto maldito

maledizione! [maleditzione] maldição!
maleducato malcriado
malgrado apesar
malinteso **m** [malintezo] equívoco, mal-entendido
malizia **f** [malitzia] malícia; travessura
malizioso [malitziozo] malicioso
mancia **f** [mantcha] gorjeta (em restaurante etc.)
mancino [mantchino] canhoto
mandare [mandare] mandar; enviar
mangiacassette **m** [mandjakas-set-te] toca-fitas portátil
mangianastri **m** [mandja-nastri] toca-fitas
mangiare [mandjare] comer
manica **f** manga (roupa)
manifesto **m** cartaz
maniglia **f** [manilha] alça; maçaneta
mano **f** mão
di seconda mano segunda mão
mansarda **f** sótão
Mantova **f** Mântua
manuale di conversazione **m** [manuale di konversatzione] manual de conversação
maratona **f** maratona
marcia a senso unico alternato sistema de mão única em operação temporariamente
marcia normale pista de velocidade normal
marciapiede **m** [marchap-iede] calçada; plataforma
marco **m** marco
mare **m** [mare] mar
sul mare à beira-mar
marea **f** [mare-a] maré
alta/bassa marea maré alta/baixa
mar Ionio **m** [i-on-io] mar Jônico
marito **m** marido
mar Mediterraneo **m** [mediter-rane-o] mar Mediterrâneo
marmo **m** mármore
marrone [mar-rone] marrom
martedì **m** terça-feira
martello **m** martelo
mar Tirreno **m** [tir-reno] mar Tirreno
marzo **m** [martzo] março
mascella **f** [machel-la] maxilar
maschera **f** [maskera] máscara
maschilista **m** [maskilista] machista
massa: una massa (di gente) **f** massa: uma massa (de gente)
massimo: al massimo máximo: ao máximo
materassino (gonfiabile) **m** [gonfi-abile] colchonete inflável
materasso **m** colchão
materia **f** [mater-ia] matéria; assunto
matita **f** lápis
matrimonio **m** casamento
mattina **f** manhã
la/alla mattina de manhã
ogni mattina [onhi] toda

manhã
mattino m manhã
il/al mattino de manhã
maturo [maturo] maduro
ma va? verdade?; não acredito!
mazza f [matza] clava; bastão
me* [me] me, mim
meccanico m [mek-kaniko] mecânico
medaglia f [medalha] medalha
media f [med-ia] média
medicina f [meditchina] medicina; remédio
medico (di turno) m [mediko di turno] médico (de plantão)
medio [med-io] meio; médio
Medioevo m [med-io-evo] Idade Média
mediterraneo m [mediter-rane-o] mediterrâneo
medusa f [meduza] água-viva
meglio [melho] melhor
meglio così [kozi] melhor assim
meno (di) [meno di] menos (que)
mento m queixo
mentre [mentre] enquanto
menzionare [mentzionare] mencionar
meraviglioso [meravilhozo] maravilhoso
mercato m [merkato] mercado
a buon mercato [buon] barato, de preço bom
merce f [mertche] mercadorias
la merce venduta non si cambia senza lo scontrino as mercadorias não são trocadas sem recibo/nota fiscal
merceria f [mertcheri-a] armarinho
mercoledì m [merkoledi] quarta-feira
merda! [merda] merda!
merenda f lanche
far merenda fazer um lanche
mese m [meze] mês
messa f missa
messaggio m [mes-sadjo] mensagem
messa in piega f [p-iega] penteado
messa in piega con il fon penteado com escova
mestiere m [mest-iere] emprego; profissão
mestruazioni fpl [mestruatzioni] menstruação
metà f metade
metà prezzo [pretzo] metade do preço
metallo m metal
metro m metro
metrò m metrô
metropolitana f metrô
mettere [met-tere] pôr
mettersi in viaggio [met-tersi in v-iadjo] sair de viagem
mezza: mezza dozzina (di) [medza dodzina di] meia: meia dúzia (de)
mezzanotte f [medzanot-te] meia-noite

mezza pensione **f** [medza pensione] meia pensão
mezzo **m** [medzo] meio; metade
in mezzo a no meio de
mezzogiorno **m** [medzodjorno] meio-dia
mezz'ora **f** [medzora] meia hora
mi* [mi] me; mim; para mim
mia* [mi-a] minha
mi dica [mi dika] sim?; do que você gostaria?
mie* [mi-e] minha
miei* [m-ie-i] minhas
migliaia **fpl** [milha-ia] milhares
migliorare [milhorare] melhorar
migliori [milhori], **migliore** [milhore] melhor; melhores
milanese **m/f** [milaneze] milanês, milanesa
milione [mil-ione] milhão
mille [mile] mil
mingherlino [mingerlino] magricela
minimo mínimo, pouco; menos
come minimo [kome] ao menos
ministero **m** ministério; conselho; gabinete
minuto **m** minuto
mio* [mi-o] meu
mirino **m** mira; visor
mi scusi [skuzi] desculpe-me
mi spiace [spi-atche] sinto muito
misto lana [misto] lã mista
misurare [mizurare] medir
mitt. (mittente) **m** [mit-tente] remetente
mobili **mpl** [mobili] móveis
moda **f** moda
di moda da moda
modulo **m** formulário
moglie **f** [molhe] esposa
molla **f** mola
molletta (da bucato) **f** prendedor de roupas
molo **m** cais; píer
molta muita
molti, molte [molte] muitos, muitas
molto muito
molto bene, grazie [bene] muito bem, obrigado
momento: un momento, prego [prego] momento: um momento, por favor
mondo **m** mundo
moneta **f** [moneta] moeda; trocados
monolocale **m** [monolokale] apartamento
montagna **f** [montanha] montanha
monumento ai caduti memorial de guerra
moquette **f** [moket] carpete
morbido macio
morbillo **m** sarampo
morire [morire] morrer
morso **m** mordida
morte **f** [mor-te] morte
morto morto
mosca **f** mosca
moschea **f** [moske-a] mesquita

moscone m [moskone] barco a remo com dois cascos
mostra f exposição; mostra
mostrare [mostrare] mostrar
moto f motocicleta
motore m [motore] motor
motorino m bicicleta motorizada
motoscafo m lancha
movimenti mpl transações
movimento m movimento
mucca m vaca
multa f multa
municipio m [munitchip-io] prefeitura
munitevi di un carrello/cestino peque um carrinho/cesto
muovere [muovere] mexer
muoversi [muoversi] mexer-se
muoviti! [muoviti] mexa-se!
muro m muro; parede
muscolo m músculo
museo m [muze-o] museu
musica f [muzika] música
mutande fpl [mutande] cuecas; calcinhas
mutuo m [mutuo] hipoteca; empréstimo

N

nafta f diesel
napoletano napolitano
Napoli f Nápoles
nascita f [nachita] nascimento
nascondere [naskondere] esconder
nascondersi esconder-se
naso m [nazo] nariz
nastro m fita (de som e para enfeite)
nastro adesivo fita adesiva
nastro trasportatore [trasportatore] esteira rolante
Natale m [natale] Natal
buon Natale! [buon] feliz Natal!
natale nativo
nato nascido
natura f natureza
naturale: al naturale [naturale] (comida) ao natural
naturalmente [naturalmente] naturalmente
naturista m/f naturista
nausea: avere la nausea [avere nauze-a] sentir náusea; ficar enjoado
nave f [nave] nave; navio
nave di linea [lin-ea] navio de carreira
nave passeggeri [pas-sedjeri] navio de passageiros
navigare [navigare] navegar
nazionale [natzionale] nacional; doméstico
nazionalità f [natzionalita] nacionalidade
nazione f [natzione] nação
ne* [ne] dele(s)/dela(s)/disso/disto/daí/de lá
non ne ho [o] não tenho nada disso
prendine [prendine] pegue um pouco disto
né: né... né... [ne] nem... nem...
neanche [ne-anke] nem

mesmo
nebbia f neblina
nebbioso [neb-iozo] enevoado
necessario [netches-sar-io] necessário
negare [negare] negar
negli* [nelhi] nos, nas
negoziante m/f [negotziante] negociante; lojista
negozio m [negotzio] negócio; loja
nello, nel, nella, nei [nei], nelle* [nel-le] nele, nela, neles
nemmeno [nem-meno] nem menos
neozelandese m/f [ne-o-dzelandeze] neozelandês
neppure [nep-pure] nem mesmo
nero m [nero] preto
nervoso [nervozo] nervoso
nessun nenhum(a)
nessun dubbio [dub-io] nenhuma dúvida
nessuno, nessuna nenhum; nenhuma, ninguém
da nessuna parte [parte] de nenhum lugar
netto limpo; líquido
peso netto peso líquido
neve f [neve] neve
nevica [nevika] está nevando
nevicata f nevada
nevischio m [nevisk-io] granizo
niente [n-iente] nada
di niente de nada
nient'altro? [n-ientaltro] nada mais?
niente pesce oggi nada de peixe hoje
non fa niente não faz mal
night m boate
nipote m/f [nipote] sobrinho(a); neto(a)
no não
nocivo [notchivo] nocivo
nodo m nó
noi* [noi] nos, nós
noioso [noi-ozo] chato
noleggiare [noledjare] alugar
noleggio barche [noledjo barke] aluguel de barcos
noleggio biciclette [bitchiklet-te] aluguel de bicicletas
noleggio sci [chi] aluguel de esquis
nolo: a nolo alugar: para alugar
nome m [nome] nome
nome da ragazza [ragatza] nome de solteira
nome da sposata nome de casada
nome di battesimo [bat-tezimo] nome de batismo; primeiro nome
non não
non... affatto de jeito nenhum
non bucare [bukare] não perfure
non capisco [kapisko] não entendo
non esporre ai raggi solari não expor ao sol direto
non ferma a... não pára em...

non fumare proibido fumar
non fumatori não-fumantes
non lo so não sei
non... mai [ma-i] nunca
non... mica [mika] de jeito nenhum
nonna f avó
non... neanche [ne-anke] nem mesmo
non... nemmeno [nem-meno] nem mesmo
non... né... né [ne] nem... nem...
non... neppure [nep-pure] nem mesmo
non... nessuno [nes-suno] ninguém
non... niente [n-iente] nada
nonno m avô
non... nulla nada
nono m nono
non oltrepassare não ultrapassar
non oltrepassare la dose prescritta não ultrapasse a dose prescrita
nonostante [nonostante] apesar
non parlare al conducente não fale com o motorista
non... per niente [per n-iente] de nada
non... più [p-iú] não mais
non toccare não toque
nord m norte
nord-est m nordeste
norma: a norma di legge conforme a lei
normale [normale] normal; (gasolina) gasolina normal
norvegese m/f [norvedjeze] norueguês
Norvegia f [norvedja] Noruega
nostro, nostra, nostri, nostre* [nostre] nosso, nossa, nossos, nossas
nota f nota
notare [notare] anotar
notificare [notifikare] notificar
notizie fpl [notitzie] notícias
noto conhecido
notte f [not-te] noite
la/di notte à noite
novanta noventa
nove [no-ve] nove
novellino m novellina f iniciante
novello novo
novembre m [novembre] novembro
nozze fpl [notz-ze] casamento
ns. (nostro) nosso(s)
nubile [nubile] núbil, casadouro
nudista m/f nudista
nudo nu
nulla nada
numeri di emergenza telefones de emergência
numeri utili telefones úteis
numero m [numero] número
numero di telefono número de telefone
numero di volo número de vôo
numeroso [numerozo] numeroso
nuocere [nuotchere] prejudicar
nuora f [nuora] nora

nuotare [nuotare] nadar
nuoto **m** [nuoto] natação
Nuova Zelanda **f** [nuova dzelanda] Nova Zelândia
nuovo novo
di nuovo de novo
nuvola **f** nuvem
nuvoloso [nuvolozo] nublado

O

O (ovest) oeste
o ou
o... o... ou... ou...
obbligare [ob-bligare] obrigar
obbligatorio [ob-bligator-io] obrigatório
obiettare [ob-iet-tare] objetar
obiettivo **m** objetivo; objetiva (de câmera)
obiezione **f** [ob-ietzione] objeção
occasione **f** [ok-kas-ione] ocasião; pechincha
d'occasione de segunda mão; de ocasião (preço)
occhiali **mpl** [ok-iali] óculos
occhiali da sole [sole] óculos de sol
occhiata **f** [ok-iata] olhada
occhio **m** [ok-io] olho
occhio! fique de olho!
occidentale [otchidentale] ocidental
occorrere [ok-kor-rere] precisar
occupare [ok-kupare] ocupar
occuparsi di [di] cuidar de
occupato [ok-kupato] em uso, ocupado
occupazione **f** [ok-kupatzione] ocupação; trabalho
oculista **m/f** oculista
odiare [od-iare] odiar
odierno [od-ierno] de hoje; atual
odorare [odorare] cheirar
odore **m** [odore] cheiro
offendere [of-fendere] ofender
offensivo ofensivo
offerta **f** [of-ferta] oferta
offesa **f** [of-feza] ofensa
officina (meccanica) **f** [of-fitchina] oficina (de carro)
offrire [of-frire] oferecer
oggetti smarriti objetos achados e perdidos
oggetto **m** [odjet-to] objeto
oggi [odji] hoje
ogni [onhi] cada, todo
ogni abuso sarà punito todos os abusos serão punidos
ognuno [onhuno], **ognuna** cada um(a), todos(as)
oliera **f** [ol-iera] galheteiro para óleo e vinagre
olio **m** [ol-io] óleo
olio solare [solare] óleo de bronzear
oltre [oltre] além
oltre a além de
oltremare [oltre-mare] exterior
oltrepassare [oltre-passare] ultrapassar; exceder; passar
ombra **f** sombra
ombrello **m** guarda-chuva
ombrellone **m** [ombrel-lone] guarda-sol
ombretto **m** viseira de sol

ombroso [ombrozo] sombreado
omosessuale m/f [omoses-suale] homossexual
omosessualità f [omoses-sualitá] homossexualidade
On. (onorevole) congressista
onda f onda
ondulato ondulado
onestà f honestidade
onesto honesto
ONU f ONU
opale m [opale] opala
opera d'arte f [darte] obra de arte
operare [operare] operar; executar; realizar; funcionar
operatore m [operatore] operador
operatrice f [operatritche] operadora
operoso [operozo] diligente
opposto oposto
oppure [op-pure] ou
opuscolo m folheto; livreto
opzionale [optzionale] opcional
ora f hora; agora
che ore sono? [ke ore] que horas são?
ora di punta horário de pico
ora locale [lokale] hora local
orario m [orar-io] horário
orario degli spettacoli [delhi] horário dos espetáculos
orario di apertura horário de funcionamento
orario di visita [vizita] horário de visita
orario di volo horário de vôo
orario estivo horário de verão
orario ferroviario horário dos trens
orario invernale [invernale] horário de inverno
ordinare [ordinare] pedir
ordinario [ordinar-io] comum, ordinário
ordinato arrumado
ordine m [ordine] ordem
mettere in ordine [met-tere in] pôr em ordem
orecchini mpl [orek-kini] brincos
orecchio m [orek-io] orelha
organizzare [organitzare] organizar
orgoglioso [orgolhozo] orgulhoso
oriente m [or-iente] oriente
orlo m orla; beira
ormai [orma-i] já
oro m ouro
orologeria f [orolodjeri-ia] relojoaria
orologio m [orolod-io] relógio
orribile [or-ribile] horrível
ortografia f ortografia
ortolano m verdureiro
osare [ozare] ousar
ospedale m [ospedale] hospital
ospitalità f hospitalidade
ospitare [ospitare] hospedar
ospite m/f [ospite] hóspede; convidado(a)
osso m osso
ostello della gioventù m

[djoventu] albergue da juventude
osteria f [osteri-a] estalagem
otorinolaringoiatra m/f [otorinolaringo-iatra] otorrinolaringologista
ottanta oitenta
ottavo m oitavo
ottenere [ot-tenere] obter
ottica f óptica
ottico m óptico
ottimo ótimo
otto oito
ottobre m [ot-tobre] outubro
otturatore m [ot-turatore] obturador (câmera)
otturazione f [ot-turatzione] obturação (dente)
ovest m oeste
ovvio [ov-io] óbvio
ozioso [otziozo] ocioso; preguiçoso

P

pacchetto m [pak-ket-to] pacote, maço (cigarrro etc.)
pacchi postali mpl pacotes postais
pacco m pacote, embrulho
pace f [patche] paz
padella f frigideira
padre m [padre] pai
paesaggio m [pa-esajdjo] paisagem
paese m [pa-eze] país; aldeia; vilarejo
pag. (pagina) pág. (página)
pagamento m pagamento
pagare [pagare] pagar
pagare alla cassa pagar no caixa
pagare qui pagar aqui
pagina f [padjina] página
Pagine Gialle fpl [padjine djal-le] Páginas Amarelas
paio m [pa-io] par
palazzo m [palatzo] palácio
palazzo comunale [komunale] prefeitura; paço municipal
palco m palco; camarote (teatro)
paletta f pá; pá de lixo
palla f bola
pallacanestro f basquetebol
pallamano f handebol
pallavolo f voleibol
pallone m [pal-lone] bola
palude f [palude] pântano
panetteria f [panet-teri-ia] padaria
paninoteca f [paninoteka] sanduicheria
panne: restare in panne [restare in pan-ne] pane: entrar em pane
panno m roupa
pannolino m fralda
pantaloni mpl calça comprida
pantofole fpl [pantofole] chinelos, pantufas
papà m papai
parabrezza m [parabretza] pára-brisa
paracadutismo m [parakadutizmo] pára-

quedismo
paralume m [paralume] abajur
paraurti m [para-urti] pára-choques
parcheggiare [parkedjare] estacionar
parcheggio m [parkedjo] estacionamento
parcheggio a giorni alterni estacionamento em dias alternados
parcheggio a pagamento estacionamento pago
parcheggio custodito estacionamento com manobrista
parcheggio incustodito estacionamento sem manobrista
parcheggio privato estacionamento particular
parcheggio riservato agli ospiti dell'albergo estacionamento reservado aos hóspedes do hotel
parchimetro m parquímetro
parco m parque
parecchi [parek-ki], **parecchie** [parek-ie] diversos(as)
parete f [parete] parede
Parigi f [paridji] Paris
parità f [paritá] igualdade
parlamento m parlamento
parlare [parlare] falar
parola f palavra
parrucchiere m [par-ruk-iere], **parrucchiera** f cabeleireiro(a)
parte f [parte] parte
a parte exceto; à parte
d'altra parte por sua vez
da qualche altra parte [kualke] de qualquer parte
da qualche parte de qualquer parte
una parte (di) uma parte (de)
partecipare (a) [partetchipare] participar
partenza f [partentza] partida
partire [partire] partir
partita f partida (jogo, esporte)
partito politico m partido político
Pasqua f [paskua] Páscoa
passaggio a livello m [passadjo a livel-lo] passagem de nível
passaggio pedonale [pedonale] faixa de pedestres
passante m/f [pas-sante] transeunte
passaporto m passaporte
passatempo m passatempo
passeggero m [pas-sedjero], **passeggera** f passageiro(a)
passeggiata f [pas-sedjata] passeio; caminhada
passeggino m [pas-sedjino] carrinho de bebê
passo m passo
passo carrabile carraio pista de rolamento
pasticceria f [pastitcheri-a] confeitaria
pastificio m [pastifitcho] loja de massas frescas
pastiglie per la gola fpl

[pastilhe per] pastilhas para a garganta
pastiglie per la tosse [tos-se] pastilhas para tosse
pasto m refeição
patatine [patatine] batata frita
patente f [patente] habilitação para dirigir
patria f [patr-ia] pátria
pattinaggio su ghiaccio m [pat-tinadjo su g-uiatcho] patinação no gelo
pattinare [pat-tinare] patinar
pattini mpl patins
pattumiera f [pat-tum-iera] lata de lixo
paura f [paura] medo
pavimento m andar
paziente m/f [patziente] paciente
pazzia f [patzi-a] loucura
pazzo [patzo] louco
sei pazzo? [sei] você está louco?
peccato: è un peccato pena: é uma pena
pecora f ovelha
pedaggio m [pedadjo] pedágio
pedale m [pedale] pedal
pedalò m pedalinho
pedata f pisada
pedoni mpl pedestres
peggio [pedjo] pior
peggiori [pedjori], **peggiore** [pedjore] pior
pelle f [pel-le] pele; couro
pelle scamosciata f [skamoshata] camurça
pelletteria f [pel-let-teri-a] artigos de couro
pellicceria f [pel-litcheri-a] peleteria
pellicola (a colori) f filme (colorido)
pendolare m/f [pendolare] quem trabalha na cidade e mora fora dela
pendolino m [pendolino] trem rápido especial, só de primeira classe
pene m [pene] pênis
penicillina f [penitchil-lina] penicilina
penisola f [penizola] península
penna f [pen-na] caneta
penna a sfera [sfera] caneta esferográfica
pennarello m [pen-narel-lo] caneta hidrográfica
penna stilografica f caneta-tinteiro
pennello m pincel
pensare [pensare] pensar
pensilina f abrigo de ônibus
pensionato m [pens-ionato], **pensionata f** pensionista
pensione f [pens-ione] pensão
pensione completa [kompleta] pensão completa
pentola f panela
pentolino f [pentolino] panelinha
per [per] para; por; de modo a
per aprire svitare desatarraxe para abrir
per cento [tchento] por cento

perché **[perké]** porque
perché? por quê?
perciò **[percho]** por isso
percorso **m** **[perkorso]** percurso
perdere **[perdaire]** perder
perdere un treno perder um trem
perdita **f** perda
per favore **[per favore]** por favor
perfetto perfeito
perfino até; até mesmo
pericolo **m** perigo
pericolo di valanghe **[valangue]** perigo/risco de avalanches
pericoloso: è pericoloso sporgersi é perigoso debruçar na janela
periferia **f** **[periferi-a]** periferia, subúrbio
periodo di validità: data de validade
permanente **f** **[permanente]** permanente (cabelos)
permesso **m** permissão; permitido; com licença
permettere **[permet-tere]** permitir
però **[peró]** mas
per piacere **[per p-iatchere]** por favor
persiane **fpl** **[pairs-iane]** persianas, venezianas
persino até
perso perdido
persona **f** pessoa
persuadere **[persuadere]** persuadir
pertosse **f** **[pertos-se]** coqueluche, tosse comprida
per tutte le altre destinazioni para todos os outros destinos
per uso esterno para uso externo
per uso interno para uso interno
per uso veterinario para uso veterinário
p. es. (per esempio) por exemplo
pesante **[pezante]** pesado
pesare **[pezare]** pesar
pesca **f** **[peska]** pesca; pêssego
pesce **m** **[peche]** peixe
pescecane **m** **[pechekane]** tubarão
pescheria **f** **[peskeri-a]** peixaria
peso **m** **[pezo]** peso
peso netto peso líquido
peso netto sgocciolato peso líquido drenado
pettegolare **[pet-tegolare]** fofocar
pettinarsi pentear-se
pettine **m** **[pet-tine]** pente
petto **m** peito
pezzi di ricambio **mpl** **[petzi di rikamb-io]** peças sobressalentes
pezzo **m** **[petzo]** peça
piacere **m** **[p-iatchere]** prazer; agradar
per piacere **[per]** por favor
piacere di conoscerla **[konocherla]** prazer em conhecê-la
piacevole **[p-iatchevole]**

prazeroso, agradável
pianerottolo m patamar
pianeta m [p-ianeta] planeta
piangere [p-iandjere] chorar
piano m andar, pavimento; suavemente; devagar
piano di sopra andar de cima
piano di sotto andar de baixo
piano superiore [super-iore] andar superior
pianoterra m térreo
pianta f planta; mapa
pianterreno m [p-ianter-reno] térreo
pianura f planície
pianura padana planície do (rio) Pó
piastrella f azulejo, ladrilho
piatti: lavare i piatti pratos: lavar a louça
piattino m pires
piatto m prato; raso (adj.)
piatto di portata travessa
piatto fondo prato fundo
piatto piano prato raso
piazza f [p-iatza] praça
piccante [pik-kante] picante
piccolo pequeno
piede m [p-iede] pé
andare a piedi [p-iedi] andar a pé
a piedi a pé
in piedi em pé
Piemonte m [p-iemonte] Piemonte
pieno [p-ieno] cheio
pietra f pedra
pigiama m [pidjama] pijama
pigrizia f [pigritzia] preguiça
pigro preguiçoso
pila f pilha; lanterna
pillola f pílula
pilota m piloto
pinacoteca f pinacoteca
pinne fpl [pin-ne] barbatana; pé-de-pato
pinze fpl [pintze] pinça
pinzette fpl [pintzet-te] pinça
pioggia f [p-iodja] chuva
piove [p-iove] chove
piovere [p-iovere] chover
pipa f cachimbo
piscina f [pichina] piscina
piscina coperta piscina coberta
piscina per bambini piscina infantil
piscina scoperta piscina descoberta
pista f pista; rampa; rinque
pista ciclabile [tchiklabile] ciclovia
pista da fondo trilha de esqui cross-country
pista da pattinaggio [pat-ti-nadjo] rinque de patinação
pista da sci [chi] pista de esqui
pista difficile [dif-fitchile] pista difícil
pista facile [fatchile] pista fácil
pista per slitte [slit-te] pista de tobogã
pistola f pistola
pittore m [pit-tore], **pittrice** f [pit-tritche] pintor
pittura f pintura
più [p-iú] mais

non... più ... não mais
più grande [grande] maior
più o meno [meno] mais ou menos
piumino m [p-iumino] edredom
piuttosto [p-iut-tosto] antes; melhor
pizzicheria f [pitzikeri-a] delicatessen
plastica f plástico
platea f [plate-a] cadeira de platéia
p.le (piazzale) praça, largo
pneumatico m [pne-umatiko] pneu
po': un po' (di) pouco: um pouco (de)
poca pouca
pochi [poki], **poche** [poke] poucos(as)
pochino: un pochino [pokino] pouquinho: um pouquinho
poco pouco
fra poco daqui a pouco
poesia f [po-ezi-a] poesia
poi [poi] depois
politica f política (subst.)
politico m, politica f político(a)
politico político (adj.)
polizia f [politzi-a] polícia
polizia stradale [stradale] polícia rodoviária
poliziotta f [politziot-ta] policial (feminina)
poliziotto m policial
polleria f [pol-leri-a] aviário
pollice m [pol-litche] polegar
pollivendolo m aviário
polmoni mpl pulmões
polmonite f [polmonite] pneumonia
polso m pulso
poltrona f poltrona; cadeira de platéia
pomata f pomada
pomata cicatrizzante [tchikatridzante] pomada cicatrizante
pomeriggio m [pomeridjo] à tarde
ponte m [ponte] ponte
pontile m [pontile] cais, embarcadouro
popolazione f [popolatzione] população
popolo m povo
porca miseria! [mizer-ia] que porcaria!, que droga!
porcellana f [portchel-lana] porcelana
porta f porta
portabagagli m [portabagalhi] carregador (em viagem)
portacenere m [portatchenere] cinzeiro
porta d'ingresso f [dingres-so] porta de entrada/da frente
portafoglio m [portafol-io] pasta; carteira
portamonete m [portamonete] carteira
portapacchi m [portapak-ki] bagageiro
portare [portare] levar; carregar; trazer
portatile [portatile] portátil

porte-enfant **m** [port-anfan] porta-bebê
portiere (di notte) **m** [port-ieri di not-te] porteiro (da noite)
portinaio **m** [portina-io], **portinaia** **f** zelador(a); porteiro(a)
porto **m** porto
porzione per bambini **f** [portzione per] porção para criança
posare [posare] posar; colocar
posate **fpl** [pozate] talheres
possiamo* nós podemos
posso* eu posso
possono eles podem
posta **f** correio
posta aerea [a-ere-a] correio aéreo
posta centrale [tchentrale] correio central
postagiro **m** [postadjiro] giro postal
posteriore: sedile posteriore **m** [sedile posteri-ore] posterior: lugar atrás
posti a sedere **mpl** assentos; lugares para sentar
posti in piedi lugares em pé
postino **m** carteiro
posto **m** lugar; assento; emprego
posto di polizia [politzi-a] delegacia de polícia
posto di telefono pubblico telefone público
posto prenotato [prenotato] lugar reservado
posto riservato a mutilati e invalidi lugar reservado para deficientes físicos
postumi della sbornia **mpl** [zborn-ia] ressaca (de bebida)
potabile [potabile] potável
acqua potabile [akua] água potável
potere* **m** [potere] poder, conseguir
potete* [potete] você pode
potuto* podido
povero pobre
povertà **f** pobreza
PP.TT. (Poste e Telecomunicazioni) **fpl** Correios e Telecomunicações Italianos
pranzo **m** [prandzo] almoço
prato **m** prado; gramado
prato all'inglese [al-lingleze] gramado
precedenza **f** [pretchedentza] preferencial
precipitarsi (in) [pretchipitarsi] precipitar-se
preferire [preferire] preferir
preferito preferido
prefisso **m** prefixo; código de área
pregare [pregare] pedir, solicitar
si prega di (non)... solicita-se que (não)...
si prega di non fumare solicita-se não fumar
si prega di ritirare lo scontrino solicita-se retirar o recibo
prego [prego] por favor; perdão; não há de quê; você

primeiro
prego? como?, perdão?
prelevamenti retiradas
prelevare dei soldi [prelevare dei] retirar/sacar dinheiro
prelievo m [prel-ievo] retirada
premere [premere] espremer
premio m [prem-io] prêmio
prenda pegue
prendere* [prendere] pegar, apanhar; tomar
prendere il sole [sole] tomar sol
prendere in affitto alugar
prendersi: da prendersi a digiuno para ser tomado em jejum
da prendersi dopo/prima dei pasti para ser tomado depois/antes das refeições
da prendersi secondo la prescrizione medica para ser tomado conforme a prescrição médica
da prendersi tre volte al giorno para ser tomado três vezes ao dia
prenotare [prenotare] marcar; reservar
prenotato reservado
prenotazione f [prenotatzione] reserva
prenotazione obbligatoria [ob-bligatoria] reserva obrigatória
preoccuparsi per [pre-ok-kuparsi pair] preocupar-se
preparare [preparare] preparar
prepararsi preparar-se
prepararsi a scendere [chendere] preparar-se para descer/pousar
presa f [presa] tomada; soquete
presa multipla extensão; benjamim
presentare [prezentare] apresentar
presente [prezente] presente
preservativo m preservativo
preside m/f [preside] diretor(a)
preso* [prezo] preso, pego
pressione gomme f [pres-sione gom-me] pressão dos pneus
prestare [prestare] emprestar
farsi prestare (da) dar emprestado(a)
prestito: prendere in prestito [prestito] pegar emprestado
presto cedo; rápido; logo
prete m [prete] padre
pretendere [pretendere] pretender; solicitar
previsioni del tempo mpl [previzioni] previsão do tempo
prezzo m [pretzo] preço
prezzo intero preço total
prezzo ridotto preço reduzido
prigione f [pridjone] prisão
prima f primeira (número ordinal e marcha de carro)
prima di antes de/que
prima classe [klas-se] primeira classe
prima colazione f [kolatzione] café-da-manhã
prima qualità primeira/alta

qualidade
primavera f primavera
prima visione primeira exibição
primo m primeiro
primo piano m primeiro andar
primo tempo m primeiro tempo
principale [printchipale] principal
principe m [printchipe] príncipe
principessa f [printchipes-sa] princesa
principiante m/f [printchip-iante] principiante
privato [privato] privado
probabilmente [probabilmente] provavelmente
prodotto artigianalmente [artidjanalmente] produto artesanal
professore (Prof.) m professor
professoressa (Prof.essa) f professora
profondo profundo
profumeria f [profumeri-a] perfumaria
profumo m perfume
pro loco f centro turístico em cidade pequena
prolunga f extensão
promettere [promet-tere] prometer
pronto pronto; alô (telefone)
pronto intervento m intervenção de emergência
pronto soccorso m pronto-socorro
pronunciare [pronuntchare] pronunciar
proprietario m [propr-ietar-io], **proprietaria f** proprietário(a)
proprio próprio; exatamente
prosa f [proza] peça de teatro
compagnia di prosa companhia teatral
prossimo próximo
proteggere [protedjere] proteger
protestare [protestare] protestar
provare [provare] experimentar
prova! experimente!
provincia f [provintcha] província
prudente [prudente] prudente
prudenza f [prudentza] prudência; cuidado
prurito m coceira, prurido
P.S. (Pubblica Sicurezza) f Segurança Pública
P.T. (Poste e Telecomunicazioni) fpl Correios e Telecomunicações
pubblico m público; platéia
pugilato m [pudjilato] boxe
pugno m [punho] punho
un pugno (di) um punhado (de)
pulire [pulire] limpar
pulito limpo
pulitura f lavagem a seco
pullman m ônibus interurbano
pungere [pundjere] ferroar

punire [punire] punir
punteggio **m** [puntedjo] placar
punto di vista **m** ponto de vista
puntuale [puntuale] pontual
puntura **f** [puntura] picada; injeção
può* [puó] ele/ela pode; você pode
può darsi pode ser, talvez
puoi* [puoi] vocês podem
pura lana vergine pura lã virgem
pura seta pura seda
puro cotone puro algodão
puro lino puro linho
puzzle **m** quebra-cabeça
puzzo **m** [putzo] fedor
p.zza (piazza) praça

Q

qua [kua] aqui
 di qua por aqui
quaderno **m** [kuaderno] caderno
quadrato **m** [kuadrato] quadrado
quadro **m** [kuadro] quadro; tela
qualche [kualke] algum(a)
qualcosa [kualkoza] qualquer coisa; algo
 qualcos'altro [kualkozaltro] mais alguma coisa
qualcuno [kualkuno] alguém; qualquer um
quale [kuale] qual
qualità **f** [kualitá] qualidade
quando [kuando] quando
quanta? [kuanta] quanta?
quanti? [kuanti], **quante?** [kuante] quantos(as)?
quantità **f** [kuantitá] quantidade
quanto? [kuanto] quanto?
quaranta [kuaranta] quarenta
quarta **f** [kuarta] quarta (número ordinal e marcha de carro)
quartiere **m** [kuart-iere] bairro
quarto **m** [kuarto] quarto (quarta parte e número ordinal)
 tre quarti **mpl** três quartos
quasi [kuazi] quase
quattordici [kuat-tor-ditchi] catorze
quattro [kuat-tro] quatro
quello [kuel-lo] aquele
 quello lì aquele lá
questa [kuesta] esta
queste [kueste] estas
questi [kuesti] estes
questo [kuesto] este
 questo qui [kui] este aqui
qui [kui] aqui
quindi [kuindi] portanto
quindici [kuin-ditchi] quinze
quinta **f** [kuinta] quinta (número ordinal e marcha de carro)
quinto **m** [kuinto] quinto

R

racc. carta registrada
racchetta (da tennis) **f** [rak-ket-ta] raquete (de tênis)

raccomandata f carta registrada
raccomandata con ricevuta di ritorno [ritchevuta] carta registrada com cartão devolvido ao remetente na entrega
raccomandata espresso carta registrada expressa
raccordo autostradale m [auto-stradale] entroncamento/cruzamento rodoviário
radersi barbear-se, depilar-se
radiosveglia f [rad-iosvelha] radiodespertador
raffreddore m [raf-fred-dore] resfriado (doença)
ragazza f [ragatza] moça; namorada
ragazza alla pari au pair (moça que mora na casa e também ganha para prestar algum serviço)
ragazzo m [ragatzo] moço; rapaz; namorado
raggio m [radjo] raio
raggi X mpl [radji iks] raios X
ragionevole [radjonevole] razoável
ragno m [ranho] aranha
RAI-TV (Radiotelevisione italiana) **f** [ra-itivu] Rádio e Televisão Italiana
rallentare [ral-lentare] desacelerar
rampe [rampe] rampas
rappresentante m/f [rap-prezentante] representante
raramente [raramente] raramente
raro raro
rasoio m [razoi-o] aparelho de barbear; barbeador
ratto m rato
razza di idiota! [ratza] bando de idiotas!
re m [re] rei
recinto m [retchinto] cerca
reclamare [reklamare] reclamar
reclamo m reclamação
regalo m presente
reggiseno m [redjiseno] sutiã
regina f [redjina] rainha
regionale m [redjonale] trem que pára em todas as estações
registratore (a cassette) m [redjistratore a kas-set-te] gravador de fitas cassete
Regno Unito m [renho] Reino Unido
remare [remare] remar
remo m [remo] remo
rene m [rene] rins
Rep. (repubblica) **f** república
reparto m departamento; setor
respirare [respirare] respirar
respiratore (a tubo) m [respiratore a tubo] snorkel
responsabile [responsabile] responsável
restituire [restituire] restituir, devolver
resto m resto; troco (dinheiro)
il resto (di) m o resto (de)
rete f [rete] rede; gol
retromarcia f [retromartcha]

marcha a ré
riagganciare [ri-ag-gantch**a**re] pendurar
ribassato reduzido
ricambi mpl sobressalentes
ricamo m bordado
ricco [rik-ko] rico
ricetta f [ritch**e**t-ta] receita; prescrição
ricevere [ritch**e**vaire] receber
ricevitore m [ritchevit**o**re] recebedor
ricevuta f [richev**u**ta] recibo
ricevuta di ritorno aviso de recebimento
ricevuta fiscale [fisk**a**le] nota fiscal
ricominciare (da capo) [rikomintch**a**re] recomeçar
riconoscere [rikon**o**chere] reconhecer
ricordarsi (di) lembrar-se (de)
ridere [r**i**dere] rir
ridicolo ridículo
ridiscendere [redich**e**ndere] voltar para baixo
ridotto reduzido
ridurre [rid**u**r-re] reduzir
riduttore m [ridut-t**o**re] adaptador
riduzione f [ridutzi**o**ne] redução
riempire [r-iemp**i**re] encher
rientrare [r-ientr**a**re] regressar
rifiuti mpl [rif-i**u**ti] lixo
rilassarsi [rilas-s**a**rsi] relaxar
rimandare [rimand**a**re] devolver
rimanere [riman**e**re] permanecer
rimborsare [rimbors**a**re] reembolsar
rimorchio m [rim**o**rk-io] reboque
rimozione forzata guincho de veículo parado em local proibido, pago pelo dono
rinfresco m recepção
ringraziare [ringratzi**a**re] agradecer
rione m [ri-**o**ne] bairro
riparare [ripar**a**re] consertar
riparazioni fpl [riparatzi**o**ni] consertos, reparos
riparo m abrigo
ripartire [ripart**i**re] partir novamente
ripetere [rip**e**tere] repetir
ripido íngreme; escarpado
riposarsi repousar, descansar
riposo m [rip**o**zo] descanso
risata f [ris**a**ta] risada
riscaldamento m aquecimento
riscuotere un assegno [risku**o**tere un as-s**e**nho] receber um cheque
riserva f [ris**e**rva] reserva
di riserva de reserva
riservato [riserv**a**to] reservado
riservato ai clienti dell'albergo reservado aos clientes do hotel
riservato ai non fumatori reservado a não-fumantes
riservato carico reservado para carga
riservato polizia reservado para a polícia
riservato scarico (merci)

reservado para descarga
riservato tram, taxi, bus reservado para bondes, táxis e ônibus
riservato viacard reservado para pedágio com cartão
risparmi mpl poupança
rispedire [rispedire] devolver
rispondere [rispondere] responder
risposta f resposta
ristorante m [ristorante] restaurante
risultato m resultado
ritardo m atraso
essere in ritardo estar atrasado
in ritardo atrasado
ritirata f banheiro (de trem)
ritiro bagagli m [bagalhi] retirada de bagagem
ritornare [ritornare] voltar, retornar
ritorni volte
ritorno m retorno
riva f margem
rivista f revista
rivoltante [rivoltante] revoltante
roccia f [rotcha] rocha; escalada na rocha
romano romano
romanzo m [romandzo] romance
rompere [rompere] quebrar
rosa f rosa; cor-de-rosa
rosolia f [rozoli-a] rubéola
rossetto m batom
rosso vermelho
rosticceria f [rostitchiri-a] rotisseria
rotaie fpl [rota-ie] trilho
rotondo redondo
rotto quebrado
roulotte f [rulot] trailer
rovesciarsi [rovecharsi] capotar
rovine fpl [rovine] ruínas
R.R. (ricevuta di ritorno) recibo de retorno de carta registrada
R.U. (Regno Unito) **m** RU
rubare [rubare] roubar
rubinetto m torneira
rubrica f agenda de endereços
rullino m filme
rumore m [rumore] ruído, barulho
rumoroso [rumorozo] ruidoso
ruota f [ruota] roda
ruscello m [ruchel-lo] riacho

S

S. (santo/santa) santo(a)
sabato m sábado
sabbia f [sab-ia] areia
sacchetto (di plastica) m [sak-ket-to] saco (de plástico)
sacco a pelo m [pelo] saco de dormir
sagra f festa; festival
sala f sala
sala da pranzo [prandzo] sala de almoço/jantar
sala d'aspetto, sala d'attesa [dat-teza] sala de espera
sala d'imbarco [dimbarko] sala de embarque
salato salgado

saldi mpl saldos
saldi di fine stagione [fine stadjone] saldos de fim de estação
sali da bagno mpl [banho] sais de banho
saliera f [sal-iera] saleiro
salire [salire] sair
salita f subida, ladeira
in salita em ladeira
salone per uomo [uomo] barbeiro
salotto m sala de estar
saltare [saltare] pular, saltar
salto m pulo, salto
salumaio m [saluma-io] salsicheiro
salumeria f [salumeri-a] salsicharia, charcutaria
salumiere m [salum-iere] salsicharia, charcutaria
salute f [salute] saúde
(alla) salute! saúde!
in salute em boa saúde
salute! saúde!
salvagente m [salvadjente] bóia salva-vidas
salve! [salve] oi!
salvietta f [salv-iet-ta] guardanapo
sandali mpl [sandali] sandálias
sangue m [sangue] sangue
sanguinare [sanguinare] sangrar
sano saudável, são
sapere [sapere] saber
sapone m [sapone] sabão; sabonete
sapore m [sapore] sabor
Sardegna f [sardenha] Sardenha
sartoria f [sartori-a] alfaiataria
S.A.U.B. (Struttura Amministrativa Unificata di Base) f serviço de saúde italiano
sbagliato [zbalhato] errado
sbaglio m [zbalho] erro
sbarcare [sbarkare] desembarcar
sbrigarsi [zbrigarsi] apressar
sbrigati! [zbrigati] apresse-se!
sbucciare [zbutchare] descascar
scacchi mpl [skak-ki] xadrez
scadenza f [skadentza] prazo de validade; último prazo
scaffali mpl prateleiras
scala f escada
scala mobile [mobile] escada rolante
scale fpl [skale] escadas
scalo m escala
fare scalo fazer escala
scandaloso [skandalozo] escandaloso
scandinavo escandinavo
scapolo m solteiro
scarpe fpl [skarpe] sapatos
scarpe da ginnastica [djin-nastika] tênis (calçado)
scarponi da sci mpl [da chi] botas de esqui
scatola f caixa
la scatola priva del talloncino non può essere venduta sem o cupom, esta caixa não pode ser vendida

scatola del cambio [**ka**mb-io] caixa de câmbio
scatto m unidade
scavi mpl [sk**a**vi] escavações
scegliere [ch**e**lhere] escolher
scendere [ch**e**ndere] descer
scendere le scale [sk**a**le] descer as escadas
scheda f [sk**e**da] cartão
scheda telefonica cartão de telefone
scherzo m [sk**e**rtzo] brincadeira
schiaffo m [sk-i**a**f-fo] tapa
schiena f [sk-i**e**na] costas, dorso
schifo: che schifo! [ke sk**i**fo] nojo: que nojo!
schifoso [skif**o**zo] nojento
schiuma da barba f [sk-i**u**ma] creme de barba
schizzare [skitz**a**re] esguichar
sci m [chi] esqui
sciacquare [chaku**a**re] enxaguar
sci acquatico m [chi aku**a**tiko] esqui aquático
sciampo m [champ**o**] xampu
sciare [chi-**a**re] esquiar
andare a sciare andar de esqui
sciarpa f [ch**a**rpa] echarpe
sciatore m [chi-at**o**re] esquiador
sciatrice f [chi-atr**i**tche] esquiadora
sci d'acqua m [chi d**a**kua] esqui na água
sci di fondo esqui de cross-country
scienza f [ch-**e**ntza] ciência
sciocco m [ch**o**k-ko] bobo; tonto
scivolare [chivol**a**re] escorregar
scivoloso [chivol**o**zo] escorregadio
scodella f tigela
scogliera f [skolh**e**ra] rochedo
scoglio m [sk**o**lho] rocha
scolara f estudante
scolaro m estudante
scommessa f aposta
scommettere [skom-m**e**t-tere] apostar
scomodo incômodo, desconfortável
scomparire [skompar**i**re] desaparecer
scompartimento m compartimento
scontento descontente
sconto m desconto
scontrino m recibo
scontro m batida, colisão
scopa f vassoura
scorciatoia f [skortchat**oi**-a] atalho
scorso: l'anno scorso ano passado
scotch m fita adesiva
scottarsi queimar-se de sol
scottatura f [skot-tat**u**ra] queimadura de sol
Scozia f [sk**o**tzi-a] Escócia
scozzese m/f [skotz**e**ze] escocês
scrittura f [skrit-t**u**ra] escrita
scrivere [skr**i**vere] escrever

scrivere a macchina [mak-kina] escrever a máquina
scultura f escultura
scuola f [skuola] escola
scuola di lingue [lingue] escola de línguas
scuola di sci [chi] escola de esqui
scuola elementare [elementare] escola primária
scuola media inferiore [mid-ia infer-iore] escola secundária inferior
scuola media superiore [super-iore] escola secundária superior
scuotere [skuotere] sacudir, agitar
scuro escuro
scusa f [skuza] desculpa
scusa! desculpe-me!
scusarsi [skuzarsi] desculpar-se
scusi! [skuzi] desculpem-me!
come, scusi? [kome] como?, perdão?
sdraiarsi [sdra-iarsi] deitar-se
se [se] se
sé [sé] se; ele(s) próprio(s)
sebbene [seb-bene] embora
sec. (secolo) século
seccante [sek-kante] chato
secchiello m [sek-iel-lo] balde
secchio m [sek-io] balde
secco seco
secolo m [sekolo] século
seconda f segunda (número ordinal e marcha de carro)
seconda classe f [klas-se] segunda classe
seconda visione f segunda exibição
secondo m segundo
secondo tempo m segundo tempo
sedere m [sedere] sentar; traseiro (de pessoa)
sedersi sentar-se
sedia f [sed-ia] cadeira
sedia a rotelle [rotel-le] cadeira de rodas
sedia a sdraio [zdra-io] espreguiçadeira
sedici [se-ditchi] dezesseis
sedile m [sedile] assento; banco
seduto sentado
seg. (seguente) seguinte
sega f [sega] serra
seggiola f [sedjola] cadeira
seggiovia f [sedjovi-a] cadeira de teleférico
segnale m [senhale] sinal
segnale d'allarme [dal-larme] sinal de alarme
segnaletica in rifacimento placas rodoviárias em reforma
segnaletica orizzontale in allestimento placas sendo pintadas
segreteria telefonica f [segreteri-a] secretária eletrônica
segreto [segreto] segredo
seguire [seguire] seguir
segua [segua] siga

sei* **[sei]** você é
sei **[sai]** seis
selezionare il numero digite o número
sella f sela
semaforo m semáforo
sembrare [sembrare] parecer
semiasse m [semi-asse] semi-eixo
seminterrato m adega, cave
semplice [semplitche] simples
sempre [sempre] sempre
sempre d(i)ritto sempre em frente
seno m [seno] seio
sensato sensato
sensibile [sensibile] sensível
senso: di buon senso [buon] senso: de bom senso
senso dell'umorismo m [del-lumorizmo] senso de humor
senso unico sentido único
sentiero m [sent-iero] caminho
sentire [sentire] sentir; ouvir; cheirar
sentirsi (bene) [bene] sentir-se (bem)
sentirsi poco bene sentir-se mal
senza [sentza] sem
senza dubbio [dub-io] sem dúvida
senza conservanti sem conservantes
separatamente [separatamente] separadamente
separato separado
sera f [sera] noite
alle 8 di sera às 20h
la/di sera à/de noite
serbatoio m [serbatoi-o] tanque
serio [ser-io] sério
sul serio [sul] a sério; de fato
serpente m [serpente] serpente
serratura f fechadura
servire [servire] servir
servitevi sirvam-se
serviti sirva-se
si serva sirva-se
servire freddo servir gelado
servizi [servitzi] toaletes
servizio m [servitzio] serviço
il servizio è gratuito o serviço é gratuito
servizio a bordo serviço de bordo
servizio autotraghetto [autotraguet-to] ferryboat para carros
servizio compreso [kompre-zo] serviço incluído
servizio escluso serviço não incluído
servizio guasti serviço malfeito
servizio in camera serviço de quarto
servizio traghetto [traguet-to] ferryboat de passageiros
sessanta sessenta
sessista sexista
sesso m sexo
sesto m sexto
seta f [seta] seda
sete: avere sete [avere sete] sede: estar com sede
settanta setenta

sette **[set-te]** sete
settembre **m** **[set-tembre]** setembro
settimana **f** semana
alla settimana por semana
due settimane **[du-e set-timane]** quinzena
settimo **m** sétimo
sfacciato **[sfatchato]** descarado
sfinito exausto
sfortunatamente **[sfortunatamente]** infelizmente
sgabello **m** **[zgabel-lo]** banquinho
sgarbato **[zgarbato]** malcriado
sgradevole **[zgradevole]** desagradável
si **[si]** se; si mesmo(a); si mesmos(as)
sì **[sí]** sim
siamo* nós somos
siccome **[sik-kome]** uma vez que; já que
sicuro seguro
siete* **[s-iete]** você é
sigaretta **f** cigarrro
sigaro **m** charuto
Sigg. (signori) srs.
sigillare **[sidjil-lare]** selar
significare **[sinhifikare]** significar
signor (Sig.) **[sinhor]** senhor (sr.)
signora (Sig.a) **f** **[sinhora]** senhora (sra.)
signore **m** **[sinhore]** senhores
signore **fpl** toalete feminino
signori **mpl** toalete masculino
signorina (Sig.na) **[sinhorina]** senhorita (srta.)
silenzio **m** **[silentzio]** silêncio
simile **[simile]** similar
simpatico simpático
sinagoga **f** sinagoga
sincero **[sintchero]** sincero
singhiozzo **m** **[sing-uiotzo]** soluço
sinistra **f** **[sinistra]** esquerda
a sinistra à esquerda
siringa **f** seringa
s.l.m. (sul livello del mare) no nível do mar
slogarsi **[zlogarsi]** torcer, distender
smalto per le unghie **m** **[zmalto per le ung-uie]** esmalte de unhas
smettere **[zmet-tere]** parar
snello **[znel-lo]** esbelto, magro
so: non (lo) so sei: eu não sei
sobborghi **mpl** **[sob-borgui]** subúrbios
soccorso **m** socorro; ajuda
soccorso alpino resgate nos Alpes
soccorso stradale **[stradale]** serviço de guincho
società **f** **[sotchetá]** sociedade; empresa
soffitta **f** macia
soffitto **m** teto
soggiorno **m** **[sodjorno]** estadia; sala de estar
sognare **[sonhare]** sonhar
sogno **m** **[sonho]** sonho
soldi **mpl** **[soldi]** dinheiro

sole m [sole] sol
soleggiato [soledjato] ensolarado
solito [solito] de hábito
di solito habitual
sollevare [sol-levare] levantar
solo só, apenas
solo il sabato/la domenica só aos sábados/domingos
solo servizio cuccette e letti apenas vagões-beliche e vagões-leito
soltanto apenas, somente
soluzione salina per lenti a contatto f [solutzione – per] solução salina para lentes de contato
somministrazione per via orale para ser tomado por via oral
sonnecchiare [son-nek-iare] cochilar
sonnifero m sonífero
sonno: avere sonno sono: estar com sono
sono* eu sou; eles são
sopra sobre; acima
di sopra em cima
sopracciglio m [sopratchil-io] sobrancelha
soprammobile m [sopram-mobile] ornamentos
soprannome m [sopran-nome] apelido
sordo surdo
sorella f irmã
sorgente f [sordjente] nascente
sorpassare [sorpas-sare] ultrapassar
sorpasso pista rápida; pista para ultrapassagem
sorprendente [sorprendente] surpreendente
sorpresa f [sorpresa] surpresa
sorridere [sor-ridere] sorrir
sorriso m sorriso
sosta autorizzata... parada permitida para...
sosta vietata proibido parar
sostenere [sostenere] sustentar; manter
sottile [sot-tile] sutil; fino
sotto sob, embaixo
di sotto no térreo; embaixo
sottolineare [sot-toline-are] enfatizar
sottopassaggio m [sot-topas-sadjo] passagem subterrânea
SP (strada provinciale) f estrada secundária
Spagna f [spanha] Espanha
spagnolo m [spanholo], **spagnola f** espanhol(a)
spago m barbante
spalla f ombro
sparare [sparare] disparar; atirar
sparire [sparire] desaparecer
sparisci! [sparichi] suma daqui!
spartirsi dividir; compartilhar
spaventoso [spaventozo] espantoso; assustador
spazzare [spatzare] varrer
spazzola f [spatzola] escova
spazzolino m [spatzolino] escovinha
specchietto retrovisore m

[spek-iet-to retrovizore] espelho retrovisor
specchio **m** [spek-io] espelho
specialista **m/f** [spetch-ialista] especialista
specialità **f** [spetch-ialitá] especialidade
specialmente [spetch-ialmente] especialmente
spedire [spedire] expedir; postar; enviar
spedire per posta postar; enviar pelo correio
spegnere [spenhere] apagar; desligar
spegnere il motore desligar o motor
spendere [spendere] gastar
sperare [sperare] esperar
spesa **f** [spesa] compra; gasto
spesso freqüente
spettacolo **m** espetáculo, show
spia **f** visor
spiace: mi spiace [spi-atche] peço desculpas
spiaggia **f** [sp-iadja] praia
spiccioli **mpl** [spitcholi] trocados
spiegare [sp-iegare] explicar
spilla **f** broche
spilla di sicurezza [sikuretza] alfinete de segurança
spillo **m** alfinete
spina **f** espinho; pino de tomada (elétrica)
spingere [spindjere] empurrar
spiritoso [spiritozo] espirituoso
spogliarsi [spolharsi] despir-se
spogliatoi **mpl** [spol-iatoi] troca de quartos
spolverare [spolverare] tirar o pó
sponda **f** orla; margem
sporco porco; sujo
sporco maschilista **m** [maskilista] porco chauvinista
sporgersi (da) [spordjersi] inclinar-se
sportello **m** balcão; guichê; portinhola (trem)
sportello automatico [automatiko] caixa automático
sportello pacchi balcão de pacotes
sport invernali **mpl** esportes de inverno
sposato casado
spugna **f** [spunha] esponja
spuntata **f** aparada (cabelos etc.)
spuntino **m** lanchinho
squadra **f** [skuadra] time
squalo **m** [skualo] tubarão
SS (strada statale) **f** estrada principal; rodovia nacional
sta: come sta? [kome] como está/vai você?
stadio **m** [stad-io] estádio
stagione **f** [stadjone] estação (do ano); temporada
stagno **m** [stanho] charco
stagnola **f** [stanhola] folha de prata
stai: come stai? [kome sta-i] como estão/vão vocês?

stamattina esta manhã
stampa f imprensa
stampe matéria impressa
stampelle fpl [stampel-le] muletas
stanco cansado
stanotte [stanot-te] esta noite
stanza f [stantza] quarto
stare [stare] estar; servir
stare bene [bene] estar bem
stare poco bene estar mal
starter m afogador (carro)
statale [statale] estatal; nacional
state: come state? [kome state] como estão/vão vocês?
Stati Uniti mpl [stati uniti] Estados Unidos
stato* m estado/ido
statua f [statua] estátua
stazione f [statzione] estação (trem etc.)
stazione degli autobus [delhi autobus] estação/terminal de ônibus
stazione della metropolitana estação de metrô
stazione delle corriere [del-le cor-riere] terminal de ônibus
stazione di servizio [servitzio] posto de combustível
stazione ferroviaria estação de trem
steccato m cerca; cercado
stella f estrela
stendersi deitar-se
sterlina f libra esterlina
sterzo m [stertzo] volante; guidom
stesso, stessa, stessi, stesse [stes-se] mesmo(a), mesmos(as)
stile m [stile] estilo
stirare [stirare] passar a ferro
stirarsi [stirarsi] alongar-se
stitico [stitiko] constipado
stivali mpl [stivali] botas
stoffa f material; tecido
stomaco m estômago
storia f [stor-ia] história
storia dell'arte f [del-larte] história da arte
stoviglie fpl [stovilhe] louça de cerâmica
straccio m [stratcho] trapo; retalho; pano de pó
strada f estrada; rua
strada a fondo cieco rua sem saída
strada camionabile estrada para veículos pesados
strada dissestata estrada precária
strada ghiacciata estrada com gelo na pista
strada interrotta estrada interditada
strada privata estrada particular
strada provinciale estrada municipal
strada sdrucciolevole estrada escorregadia
strada secondaria estrada secundária
strada senza uscita rua sem saída
strada statale rodovia nacional

straniero m [stran-iero], **straniera f** estrangeiro(a)
strano estranho
straordinario [stra-ordinar-io] extraordiário
stretto estreito
strillare [stril-lare] gritar
strisce pedonali fpl [striche] faixa de pedestres
strofinaccio (da cucina) m [strofinatcho (da kutchina)] pano de prato
stronzo m cagão; medroso
studente m [studente] estudante
studentessa f estudante
studiare [stud-iare] estudar
studio m estúdio
studioso [stud-iozo] estudioso
stufa f estufa; aquecedor
stupefacente [stupefatchente] espantoso
stupefacenti mpl drogas
stupendo! estupendo!
stupro m estupro
su [su] sobre; em cima
sua* [su-a] sua(s); dela(s)
subito [subito] logo; imediatamente
succedere [sutchedere] ocorrer
sud m sul
Sudafrica f África do Sul
sudafricano m sudafricana f sul-africano(a)
sudare [sudare] suar
sud-ovest m [sud-ovest] sudoeste
sue* [su-e] suas; deles; delas
sul [sul], **sulla, sullo, sui** [su-i], **sugli** [sulhi], **sulle*** [sul-le] sobre o(a)/os(as)
suo* [su-o] seu; sua; dele; dela
suocera f [suotchera] sogra
suocero m [suotchero] sogro
suoi* [suoi] seus; suas; deles; delas
suola f [suola] sola
suonare [suonare] tocar (instrumento); tocar a campainha
superficie f [superfitche] superfície; área
supermercato m supermercado
superstrada f rodovia sem pedágio
supplementare [sup-plementare] suplementar; extra
supplemento 3° letto terceira cama cobrada à parte
supplemento rapido [rapido] suplemento para trem rápido
supporre [sup-por-re] supor
surf m surfe
surgelati mpl [surdjelati] comida congelada
surgelato congelado
sussurrare [sus-sur-rare] sussurrar; cochichar
svedese m/f [svedeze] sueco(a)
sveglia f [svelha] despertador
svegliare [svelhare] acordar
svegliarsi [svelharsi] acordar
sveglio [svelho] acordado; desperto
svendita f [svendita] liquidação
svenire [svenire] desmaiar

Svezia f [svetzi-a] Suécia
sviluppare [svilup-pare] desenvolver
svitato [svitato] maluco
Svizzera f [svitzera] Suíça
svizzero m svizzera f suíço(a)
svuotare [svuotare] esvaziar

T

T (tabaccheria) tabacaria
tabaccaio m [tabak-ka-io] dono de tabacaria
tabaccheria f [tabak-keri-a] tabacaria
tabacchi mpl [tabak-ki] produtos de fumo/tabaco
tabacco m fumo/tabaco
tabellone m painel de indicações
taccuino m [tak-kuino] caderneta
tachimetro m velocímetro
taglia f [talha] tamanho
tagliando di controllo m [talhando] cupom de garantia de qualidade; comprovante de compra
tagliare [talhare] cortar
tagliaunghie m [talha-ung-uie] cortador de unhas
taglio m [talho] corte
taglio di capelli corte de cabelos
taglio e cucito [e cutchito] corte e costura
talco m talco
tallone m [tal-lone] salto alto
tanta tanta; muita
tanti, tante [tanti, tante] tantos(as); muitos(as)
tanti auguri [auguri] muitas felicidades
tanto tanto; muito
tapparella f persiana
tappeto m [tap-peto] tapete
tappezziere m [tap-petziere] tapeceiro; estofador
tappo m capa; tampa; rolha
tardi tarde
a più tardi [p-iú] até mais tarde
targa f número das placas
tariffa f tarifa
tariffa interna [interna] tarifa interna (nacional)
tariffe postali internazionali fpl [tarif-fe – internatzionali] tarifas postais internacionais
tariffe postali nazionali [natzionali] tarifas postais nacionais
tasca f bolso
tassa f taxa
tassista m/f taxista
tasso di cambio m [kamb-io] taxa de câmbio
tasso di interesse [interes-se] taxa de lucro
taverna f taberna, estalagem
tavola f [tavola] mesa
tavola a vela [vela] prancha a vela; windsurfe
tavola calda lanchonete
tavolino m mesa de centro
tavolo m mesa
tazza f [tatza] xícara; taça

tazzina da caffè f [tatzina] xícara de café
T.C.I. (Touring Club Italiano) m Touring Clube Italiano
te* [te] você (tu)
tè m [té] chá
teatro m [te-atro] teatro
teatro lirico teatro lírico
tedesco m [tedesko] tedesca f alemão(ã)
TEE m trem transeuropeu expresso
tegame f [tegame] caçarola
teglia f [telha] ensopado
teiera f [te-iera] bule de chá
telefonare [telefonare] telefonar
telefonata f ligação telefônica
telefono m [telefono] telefone
telefono a gettoni [djet-toni] telefone com ficha
telefono a scatti telefone que conta os pulsos pelos quais você paga no fim da ligação
telefono a schede [skede] telefone com cartão
Telepass® sistema de pedágio eletrônico
telo da bagno m [banho] toalha de banho
temperino m canivete
tempesta f tempestade
tempo m tempo; clima
tempo libero tempo livre
tempo limite di accettazione prazo-limite para check-in
temporale m [temporale] temporal
tenda f tenda, barraca; cortina de teatro
tenere [tenere] segurar; manter
tenere lontano dalla portata dei bambini mantenha fora do alcance das crianças
tenere rigorosamente la destra mantenha a direita
tergicristallo m [terdjikristal-lo] limpador de pára-brisa
terminare [terminare] acabar
termometro m termômetro
termosifone m [termosifone] radiador
terra f terra
terrazzo m [ter-ratzo] terraço
terza f [tertza] terceira (número ordinal e marcha de carro)
terzo m terço
tessera di abbonamento f bilhete para a temporada
tesserino m bilhete de viagem
tessuto m tecido
testa f cabeça
testa del treno frente do trem
tetto m teto; telhado
Tevere m [tevere] Tibre
ti* [ti] se (te); a você (a ti)
tiepido [t-iepido] morno
tifoso m tifosa f torcedor(a)
timbro m carimbo; carimbo do correio
timido tímido
tinello m copa; saleta de almoço
tintoria f [tintori-a] tinturaria

tirare **[tirare]** puxar
tiro m tiro
titolo m título
tizio m [titzio] cara, sujeito
toccare [tok-kare] tocar
tocca a me [tok-ka a me] é a minha vez
togliere [tolhere] tirar; remover
togliersi: togliti! [tolhiti] desapareça!
toilette f [tualet] toalete
tonnellata f [ton-nel-lata] tonelada
tonsillite f [tonsil-lite] amigdalite
topo m camundongo, rato
torcia elettrica f [tortcha] lanterna
Torino f Turim
tornare [tornare] voltar
tornare a casa voltar para casa
torneo m [torne-o] torneio, competição
toro m touro
torre f [tor-re] torre
torrefazione f [tor-refatzione] torrefação
Toscana f Toscana
tosse f [tos-se] tosse
tossire [tos-sire] tossir
tostapane m [tostapane] torradeira
tostare [tostare] torrar; tostar
tovagliolo m [tovalholo] guardanapo
tra entre
tradizionale [traditzionale] tradicional
tradurre [tradur-re] traduzir
traduzione f [tradutzione] tradução
traffico m trânsito; tráfego
traghetto m [traguet-to] ferryboat
tragitto m [tradjit-to] trajeto; percurso
tramonto m pôr-do-sol
trampolino m trampolim; rampa de esqui
tranne [tran-ne] exceto
tranquillo [trankuil-lo] tranqüilo
transito con catene o pneumatici da neve trafegar com correntes ou pneus para neve
tranviere m [tranv-iere] motorneiro de bonde
trapano m furadeira
trapunta f colcha
trascinare [trachinare] arrastar
trasferimento bancario m [bankar-io] transferência bancária
trasmissione f [trasmis-sione] transmissão; programa de TV/rádio
trattoria f [trat-tori-a] restaurante
traversata f travessia
tre [tre] três
tredici [tre-ditchi] treze
treni feriali/festivi trens em fins de semana/feriados
treno m [treno] trem
treno diretto trem direto

treno espresso trem expresso interurbano
treno interregionale trem interurbano que faz paradas
treno merci trem de carga
treno metropolitano trem de subúrbio/metropolitano
treno regionale trem regional que pára em todas as estações
trenta trinta
tribunale m [tribunale] tribunal
tricolore m [trikolore] bandeira italiana
trimestre m [trimestre] trimestre
triplo triplo
triste [triste] triste
tritatutto m processador
troppo muito; demais
trovare [trovare] encontrar
truccarsi maquiar-se
trucco m maquiagem
tu* [tu] você (tu)
tua* [tu-a] sua (tua)
tubo m [tubo] tubo; cano
tubo di scappamento cano de escapamento
tue* [tu-e] suas (tuas)
tuffarsi mergulhar
tuffo m mergulho
tuo [tu-o], tuoi* [tuoi] seu (teu); seus (teus)
tuono m [tuono] trovão
turismo m [turizmo] turismo
turista m/f turista
tuta da ginnastica f [djin-nastika] roupa de ginástica
tutta toda
tutta la... toda a...
tuttavia todavia; porém
tutte [tut-te] todas
tutte le direzioni todas as direções
tutte le/tutti i... todas as
tutti todos
tutti e due [e du-e] ambos(as)
tutto tudo
in tutto o conjunto; o todo
tutto il... todo o...
tutto compreso tudo incluído

U

ubriaco bêbado
uccello m [utchel-lo] pássaro
uccidere [utchidere] matar
UE (Unione Europea) f [u-e] UE (União Européia)
ufficio m [uf-fitcho] escritório; agência; seção
ufficio cambi [kambi] agência de câmbio
ufficio del turismo [turizmo] centro de turismo
ufficio di informazioni turistiche [informatzioni turistike] centro de informação turística
ufficio informazioni informação turística
ufficio postale [postale] agência do correio
ufficio prenotazioni [prenotatzioni] seção de reservas
ufficio prenotazioni merci

seção de reserva para mercadorias/carga
ufficio prenotazioni passeggeri seção de reserva para passageiros
ufficio turistico agência turística
uguaglianza f [ugualhantza] igualdade
uguale [uguale] igual
ultimo [ultimo] último
umido [umido] úmido
umore m [umore] humor; estado de espírito
umorismo m [umorizmo] humorismo
un, una* [una] um, uma
undici [un-dichi] onze
Ungheria f [ungueri-a] Hungria
unghia f [ung-uia] unha
unguento m [unguento] pomada
unico único
Unione Europea f [un-ione europe-a] União Européia
unità socio-sanitaria locale f unidade de saúde local
università f [universitá] universidade
uno* [uno] um
uomini mpl [uomini] homens; toalete masculino
uomo m [uomo] homem
urlare [urlare] gritar
urtare [urtare] bater, colidir
usare [uzare] usar
uscire [uchire] sair
uscire di casa sair de casa
uscire di nuovo [nuovo] sair de novo
uscita f [uchita] saída
uscita automezzi saída de veículos
uscita camion saída de caminhões
uscita d'emergenza saída de emergência
uscita di sicurezza saída de emergência
uscita operai saída de operários
uso e dosi uso e dosagem
U.S.S.L. (Unità Socio-Sanitaria Locale) **f** unidade de saúde local
utensili da cucina mpl [kutchina] utensílios de cozinha
utile [utile] útil

V

v. (vedi) veja
va ele/ela vai; você vai
come va? [kome] como vai?
va bene! [bene] tudo bem!
va' a farti friggere! [fridjere] vá se danar!
va' a quel paese! [kuel pa-eze] vá se danar!
vacanze fpl [vakanze] férias; feriados
vacanze di Natale [natale] feriados de Natal

vacanze di Pasqua [paskua] feriados de Páscoa
vacanze estive [estive] férias de verão
vaccinazione f [vatchinatzione] vacinação
vaccino m [vatchino] vacinação
vada oltre... [oltre] depois de passar...
vado* eu vou
vaffanculo! foda-se!
vaglia internazionale m [valha internatzionale] ordem de pagamento internacional
vaglia postale [postale] vale postal
vaglia telegrafico vale por telegrama
vagone m [vagone] vagão
vagone bagagliaio [bagalha-io] vagão de bagagem
vagone letto vagão-leito
vagone ristorante [ristorante] vagão-restaurante
vai* [va-i] você vai
valanghe [valangue] avalanches
validità f validade
valigia f [validja] mala
disfare le valigie [disfare le validje] desfazer as malas
valle f [val-le] vale
valore: di valore [di valore] valor: valioso/de valor
valuta f moeda
valvola f [valvola] válvula
vanga f pá
vanitoso [vanitozo] vaidoso
vanno* eles vão
vaporetto m vaporeto
varechina f [varekina] alvejante
variabile [vari-abile] variável
vasca da bagno f [banho] banheira
vasellame m [vazel-lame] louça
vaso m [vazo] vaso; pote
vassoio m [vas-soi-o] bandeja
vattene! [vat-tene] vá embora!
vecchia f [vek-ia] velha; idosa
vecchio m velho; idoso
vedere [vedere] ver
fare vedere mostrar
vedere data sul coperchio/ sul retro veja a data na tampa/no verso
vedi foglio illustrativo veja as instruções no folheto ilustrativo
vedova f [vedova] viúva
vedovo m viúvo
vegetariano m [vedjetar-iano], vegetariana f vegetariano(a)
veicoli lenti pista para veículos lentos
veicolo m [ve-ikolo] veículo
vela f [vela] vela
veleno m [veleno] veneno
veliero m [vel-iero] veleiro
veloce [velotche] veloz, rápido
velocemente [velotchemente] velozmente, rapidamente
velocità f [velotchitá] velocidade
vendere [vendere] vender
vendesi vende-se
vendita f venda
venerdì m sexta-feira

Venezia f [venetzi-a] Veneza
veneziane fpl [venetziane] venezianas, persianas
veneziano [venetziano] veneziano
vengo* eu venho
vengono* eles vêm
veniamo* nós vimos
venire* [venire] vir
venite* [venite] vocês vêm
venti vinte
ventilatore m [ventilatore] ventilador
vento m vento
venuto* vindo
veramente [veramente] realmente
verde [verde] verde
al verde sem dinheiro, duro
vernice f [vernitche] tinta
vernice fresca tinta fresca
vero [vero] verdadeiro
vero cuoio [kuo-io] couro legítimo
versamenti depósitos
versamento (bancario) m pagamento; transferência (bancária)
versare dei soldi [versare dei] pagar em dinheiro
vescica f [vechika] bexiga; bolha
vespa f vespa
vestaglia f [vestalha] roupão
vestire [vestire] vestir
vestirsi vestir-se
vestito m vestido
vetro m vidro
vetta f cume, pico
vettura f viatura, carro
VF (Vigili del Fuoco) mpl brigada de incêndio
vi* [vi] vocês (vós); se (vos)
via f [vi-a] via; estrada; rua
via aerea f [a-ere-a] via aérea
viacard® f cartão magnético para rodovia
viaggiare [v-iadjare] viajar
viaggio m [v-iadjo] viagem
fare un viaggio fazer uma viagem
viaggio d'affari viagem de negócios
viaggio organizzato [organidzato] pacote de viagem
viale m [vi-ale] avenida
vialetto m [v-ialet-to] caminho
vicino m [vitchino], vicina f vizinho(a)
vicino (a) perto; próximo
vicolo m beco
vicolo cieco [tcheko] beco sem saída
videoregistratore m [vide-o-redjistratore] gravador de vídeo
viene* [v-iene] ele/ela vem; você vem
vieni* [v-ieni] vocês vêm
vietato [v-ietato] proibido
vietato accendere fuochi proibido fazer fogueira
vietato ai minori di 14 anni proibido para menores de 14 anos
vietato attraversare i binari

proibido atravessar os trilhos
vietato bagnarsi proibido nadar
vietato campeggiare proibido acampar
vietato entrare proibida a entrada
vietato fumare proibido fumar
vietato gettare oggetti dal finestrino proibido jogar objetos pela janela
vietato l'ingresso proibida a entrada
vietato l'uso dell'ascensore ai minori di anni 12 non accompagnati proibido o uso do elevador para crianças menores de 12 anos desacompanhadas
vietato pescare proibido pescar
vietato sporgersi dal finestrino proibido debruçar na janela
vietato sputare proibido cuspir
vietato tuffarsi proibido mergulhar
vietato usare la toilette durante le fermate e nelle stazioni proibido usar o toalete nas paradas e nas estações
vigili del fuoco mpl [vidjili del fuoko] brigada de incêndio
vigili urbani mpl polícia de trânsito
vigna f [vinha] vinhedo
villaggio m [vil-ladjo] vila
villetta f casinha de campo
vincere [vintchere] vencer
vincitore m [vintchitore] vencedor
vincitrice f [vintchitritche] vencedora
viola [v-iola] violeta
violenza f [v-iolentza] violência
visita f [vizita] visita
visita guidata [guidata] visita guiada
visitare [vizitare] visitar
vista f vista
visto m visto
vita f vida; cintura
vitamine fpl vitaminas
vitaminico vitamínico
vite f [vite] parafuso
vivere [vivere] viver
vivo vivo
v.le (viale) m avenida
voce f [votche] voz
voglia: ho voglia di... [o volha] vontade: estou com vontade de...
vogliamo* [volhamo] nós queremos
voglio* [volho] eu quero
vogliono* [volhono] eles querem
voi* [voi] vocês (vós)
volante m [volante] volante, direção
volare [volare] voar
voler dire [dire] significar
volere* m [volere] querer
volete* [volete] você quer

volgare [vol**ga**re] vulgar
voli internazionali mpl [internatzio**na**li] vôos internacionais
voli nazionali [natzio**na**li] vôos domésticos
volo m vôo
volo a vela [**ve**la] paragliding
volo di linea [**li**ne-a] vôo programado
volo diretto vôo direto
volta f vez
  qualche volta [ku**al**ke] algumas vezes
  una volta uma vez
  una volta scongelato il prodotto non deve essere ricongelato não volte a congelar após descongelar
voltarsi voltar-se
volutamente [voluta**men**te] deliberadamente
voluto* querido, desejado
vomitare [vomi**ta**re] vomitar
vorrei [vor-**re**] eu gostaria
vostro, vostra, vostri, vostre* [**vo**stre] seu(s), sua(s) (vosso)
vs. (vostro) seu(s) (vosso)
vulcano m [vul**ka**no] vulcão
vuoi* [vuoi] vocês querem
vuole* [vu**o**le] ele/ela quer; você quer
  vuole...? [vu**o**i] você quer...?
vuotare [vuo**ta**re] esvaziar
vuoto [vu**o**to] vazio
vuoto a perdere sem depósito (garrafa)
vuoto a rendere com devolução (garrafa)

W

W (viva...!) viva...!
water m [va**t**er] WC
windsurf m windsurfe

Z

zaino m [dz**a**-ino] mochila
zanzara f [dzandz**a**ra] mosquito; pernilongo
zerbino m [dzer**bi**no] capacho
zia f [dz**i**-a] tia
zio m tio
zitto [dz**i**t-to] quieto
  zitto! cale a boca!
zona f [dz**o**na] zona; área
zona a traffico limitato área de trânsito restrito
zona disco estacionamento com disco
zona pedonale área de pedestres

Menu:

Comida

Termos Básicos

antepasto/entrada l'antipasto **m**
carne la carne [karne]
colher il cucchiaio [kuk-ia-io]
copo il bicchiere [bik-iere]
faca il coltello
garfo la forchetta [forket-ta]
manteiga il burro [bur-ro]
menu il menù [menu]
menu a preço fixo il menù fisso [menu]
mesa il tavolo
pão il pane [pane]
peixe il pesce [peche]
pimenta il pepe [pepe]
prato il piatto [p-iat-to]
prato principal la portata principale [printchipale]
sal il sale [sale]
salada l'insalata **f**
sobremesa il dessert [des-ser]
sopa la minestra, la zuppa [dzup-pa]
xícara la tazza [tatza]

mais um(a)..., por favor ancora..., per favore [per favore]
por favor! (para chamar garçom/garçonete) mi scusi [mi skuzi]
a conta, por favor? il conto, per favore

abbacchio alla romana [ab-bakio] cordeiro salteado
acciughe [atchugue] anchovas
acciughe sott'olio [sot-tol-io] anchovas ao óleo
aceto [atcheto] vinagre
affettato misto frios fatiados
affogato al caffè [kaf-fé] sorvete com café quente derramado por cima
affumicato defumado
aglio [alho] alho
agnello [anhel-lo] cordeiro
agnello al forno cordeiro assado
agnolotti al burro e salvia [anholot-ti – e salv-ia] agnolotti de carne na manteira e sálvia
agoni alla graticola peixe fino na brasa
albicocca damasco
alloro louro
anacardi castanha-de-caju
ananas abacaxi
ananas al maraschino [maraskino] abacaxi ao marasquino (licor doce)
anatra pato
anatra all'arancia [arantcha] pato com laranja
anello di riso e piselli anel de arroz e ervilha
anguilla al forno [anguil-la] enguia ao forno
anguria melancia
antipasti antepasto; entrada
antipasti caldi entrada quente
antipasti freddi entrada fria
antipasti misti antepastos variados
antipasti misti toscani torradas com patê de fígado, salame e presunto curado
antipasto di pesce assortito [peche] antepasto sortido de frutos-do-mar
arachidi [arakidi] amendoins
aragosta lagosta
arancia [arantcha] laranja
arancini [arantchini] bolinhos fritos de risoto
aringa arenque
arista di maiale al forno [mi-ale] lombo de porco assado
arrosto assado
asiago [az-iago] queijo branco
asparagi [asparadji] aspargos
astice [astitche] lagosta
avocado all'agro abacate com molho de óleo, limão e vinagre

baccalà bacalhau salgado
baccalà alla vicentina [vitchentina] bacalhau salgado cozido com cebolas, azeite, leite, anchovas, salsa e parmesão, servido com polenta
bagnacauda [banhakauda] vegetais, geralmente crus, em molho de óleo, alho e anchovas
barbabietole [barbab-ietole] beterraba
basilico [baziliko] manjericão

bastoncini di pesce [bastontchini di peche] tirinhas de peixe
bavarese [bavareze] sorvete de bolo com creme de leite
Bel Paese [pa-eze] queijo macio, branco
besciamella [bechamel-la] molho branco, molho bechamel
bignè [binhé] bomba de creme
biscotti e verduzzo [e verdutzo] biscoitos caseiros servidos com um copo de vinho branco seco
biscotto biscoito
bistecca bisteca; bife
bistecca alla fiorentina [f-iorentina] bisteca grande, grelhada no carvão
bistecca di manzo [mandzo] bife de carne de boi
bistecca di cavallo bife de carne de cavalo
bocconcini di manzo e vitello [bok-kontchini di mandzo e] picadinho de carne de vaca e vitela
bollito fervido; cozido
bollito misto cozido de carnes com verduras e legumes
bomba bomba de sorvete; rosquinha
bombolone [bombolone] rosquinha
bra queijo branco integral
braciola di maiale [bratchola di mai-ale] costeleta de porco
branzino al forno [brandzino] robalo ao forno
brasato [brazato] refogado de carne com ervas
brasato al Barolo refogado de carne no vinho Barolo
bresaola [breza-ola] carne seca, salgada, em fatias finas, servida fria
brioche [bri-oche] brioche
broccoletti all'aglio [al-lalho] brócolis ao alho
brodetto ensopado de peixe
brodo caldo
brodo di pollo caldo de galinha
brodo vegetale [vedjetale] caldo de vegetais
bruschetta alla romana [brusket-ta] pão tostado, no qual se passa alho, salpicado de azeite
bucatini al pomodoro massa semelhante ao espaguete (mais grossa e furada) com molho de tomate
budino pudim
burro manteiga

caciotta [katchot-ta] tipo de queijo um pouco cremoso, branco
caciotta toscana queijo meia-cura toscano, um pouco cremoso
caciucco alla livornese [katchuk-ko al-la livorneze] sopa de frutos-do-mar, tomate e vinho, servida com pão caseiro

calamari fritti lulas fritas
calamari in umido lulas ensopadas
calamaro lula
calzone [kaltzone] pizza dobrada, com tomate e mozarela ou ricota e presunto, ou outros recheios
calzone all'amalfitana calzone com queijo cottage, ovos, presunto e queijo grana
canestrato queijo duro de leite de ovelha
cannella canela
cannelloni al forno canelone recheado com carne e assado em molho
cannoli alla siciliana [sitchil-iana] massas cilíndricas recheadas com ricota e frutas cristalizadas
cannoncini alla crema [kan-nontchini] massas cilíndricas recheadas com creme de ovos
cantuccini [kantutchini] biscoitos de amêndoas
caponata di melanzane [melandzane] berinjela frita e aipo cozidos com tomate, alcaparras e azeitonass
cappelle di funghi porcini alla griglia [kap-pel-le di fungui portchini al-la grilha] botões de cogumelo porcini grelhados
cappelletti capeletes
capperi alcaparras
cappone lesso [kap-pone] frango capão cozido
capretto al forno cabrito ao forno
caprino queijo de leite de cabra fresco e cremoso
capriolo in salmì carne de cerva em molho à caçadora
caramella bala
carciofi [kartchofi] alcachofras
carciofini sott'olio [kartcho-fini sot-tol-io] mini-alcachofras conservadas em óleo
carne [karne] carne
carne macinata [matchinata] carne moída
carote [karote] cenouras
carpaccio [karpatcho] carne crua cortada em fatias finas, com óleo, limão e parmesão ralado
carré di maiale al forno [kar-ré di mai-ale] lombo de porco (com osso) assado
carrello dei dolci [doltchi] carrinho de doces
cassata siciliana [sitchil-iana] bolo de sorvete siciliano, com frutas cristalizadas, chocolate e ricota
castagnaccio alla toscana [kastanhatcho] torta toscana feita com farinha de castanha
castagne [kastanhe] castanhas
catalogna [katalonha] catalona
cavoletti di Bruxelles [bruksel] couve-de-bruxelas
cavolfiore [kavolf-iore] couve-flor
cavolo repolho

cavolo rosso repolho roxo
cazzuola alla milanese [katzuola al-la milaneze] lingüiça de porco apimentada, carne de porco e feijão ensopados
ceci [tchetchi] grão-de-bico
cefalo [tchefalo] tainha
cernia [tchern-ia] garoupa
cervella al burro [tchervel-la] miolo na manteiga
cetriolo [tchetri-olo] pepino
charlotte [charlot] bolo de sorvete com creme, biscoitos e frutas
chiacchiere [k-iak-iere] confeitos doces fritos e salpicados com açúcar
chiodi di garofano [k-iodi] cravos-da-índia
ciambella [tchambel-la] bolo em forma de rosca
cicoria [tchikori-a] chicória
cicorino [tchikorino] pé de chicória pequeno
ciliege [tchil-ied-je] cerejas
cima alla piemontese [tchima al-la p-iemonteze] vitela assada, recheada com picadinho de frango e legumes, servida fria
cime di rapa [tchime] folhas novas de nabo
cinghiale in salmì [tching-uiale] javali em molho à caçadora
cioccolata/o [tchok-kolata] chocolate
cioccolata al latte [lat-te] chocolate ao leite
cioccolata fondente [fondente] chocolate derretido
cipolle [tchipol-le] cebolas
cocktail di gamberetti coquetel de camarão
coda alla vaccinara [vatchinara] rabada ensopada com legumes
colomba pasquale [paskuale] bolo de Páscoa em forma de pomba, com frutas cristalizadas
conchiglie alla marchigiana [konkilhe al-la markidjana] conchinhas feitas de massa em molho de tomate, com aipo, cenoura, salsa e presunto
condimento per l'insalata tempero de salada
coniglio [konilho] coelho
coniglio in salmì cabrito à caçadora
cono gelato [djelato] cone de sorvete
contorni acompanhamentos de legumes e verduras
coperto couvert (em geral, inclui pão)
coperto pane e grissini couvert com pão e grissini
coppa copa: frio feito de pescoço de porco curado, em fatias finas
cornetto croissant
cosciotto di agnello al forno [kochot-to di anhel-lo] pernil de cordeiro ao forno
costata alla fiorentina

[f-iorentina] entrecosto à florentina
costata (di manzo) [mandzo] entrecosto de boi
costoletta costeleta
costoletta di vitello alla griglia [grilha] costeleta de vitela grelhada
cotechino [kotekino] lingüiça apimentada de porco, em geral cozida
cotoletta costeleta de vitela
cotoletta alla milanese [milaneze] costeleta à milanesa
cotoletta alla valdostana costeleta de vitela, com presunto e queijo, à milanesa
cotolette di agnello [anhel-lo] costeleta de cordeiro
cotolette di maiale [kotolet-te di mai-ale] costeleta de porco
cotto cozido
cozze [kotze] mexilhões, mariscos
cozze alla marinara marisco à vinagrete
crauti [krauti] repolho branco em tiras, cozido em vinagre e vinho branco
crema [krema] creme; pudim
crema al caffè [kaf-fé] pudim de café
crema al cioccolato [tchok-kolato] pudim de chocolate
crema alla vaniglia [vanilha] pudim de baunilha
crema di... creme de... (sopa)
crema pasticciera [pastitchera] pudim de confeiteiro
crêpe [krep] crepe, panqueca
crêpe suzette crepe flambada com calda de laranja
crescente [krechente] tipo de pão emiliano, achatado e frito
crescenza [krechentza] queijo cremoso branco
crescione [krechone] agrião
crespelle [krespel-le] panquecas temperadas
crocchette di patate [krok-ket-te di patate] croquetes de batatas
crocchette di pesce [peche] croquetes de peixe
crocchette di riso bolinho de arroz
crostata casalinga [cazalinga] torta caseira com geléia ou creme
crostata di frutta torta de frutas
crostata di mele [mele] torta de maçã
crostini ai funghi [a-i fungui] croûtons com cogumelos, fritos em óleo, com alho e salsa
crostini toscani croûtons com patê de fígado
crostoni di mozzarella [di motzarel-la] pão caseiro com mozarela e molho de tomate servido quente
crudo cru

dadi tabletes de caldo
datteri tâmaras
dentice al forno [dentiche] brema assada (tipo de peixe)
dolce [doltche] doce
dolci [doltchi] bolos, doces etc.
dolci della casa doces caseiros

endivia belga [endiv-ia] endívia belga
entrecôte (di manzo) [mandzo] entrecosto (de boi)
erbe aromatiche [erbe aromatike] ervas aromáticas

fagiano [fadjano] faisão
fagioli [fadjoli] feijão
fagioli alla messicana tipo de chilli com carne
fagioli all'olio [al-lol-io] feijão com sal, pimenta, óleo e vinagre
fagioli borlotti in umido feijão borlotti cozido com legumes, ervas e molho de tomate
fagiolini [fadjolini] vagem
fagiolini lessi [les-si] vagem cozida
faraona [fara-ona] galinha-d'angola
farina farinha
fatto in casa [kaza] caseiro
fegatini di pollo fígado de galinha
fegato [fegato] fígado
fegato alla veneta [veneta] fígado na manteiga, com cebola
ferri: ai ferri [a-i] grelhado
fetta biscottata fatia de pão torrado
fettuccine [fet-tutchine] massa em forma de fita
fichi [fiki] figos
filetti di merluzzo [merlutzo] filé de bacalhau
filetti di pesce persico [peche persiko] filés de perca
filetto filé
filetto ai ferri [a-i] filé/bife grelhado
filetto al cognac filé ao conhaque
filetto al pepe verde [pepe verde] filé com pimenta verde
filetto al sangue [sangue] filé malpassado
filetto a media cottura [med-ia] filé ao ponto
filetto ben cotto filé bem-passado
filetto di manzo [mandzo] filé de carne de boi
filone (di pane) [filone di pane] filão (de pão)
finocchi gratinati [finok-ki] erva-doce com queijo ralado gratinada
finocchio [finok-io] erva-doce
fiori di zucca fritti [f-iori di dzuk-ka] flor de abóbora frita
flan di spinaci [spinatchi] flã de espinafre
focaccia [fokatcha] pão achatado salpicado com azeite, assado ou grelhado

foglie di vite alla greca [folhe di vite] folha de uva à grega
fondue Bourguignonne [burguinhon] fondue bourguignonne ou fondue de carne, com vários molhos
fonduta fondue de queijo, leite e ovos
fontina queijo macio, curado, muito usado na culinária
formaggi misti [formad-ji] queijos variados
formaggio [formad-jo] queijo
forno: al forno ao forno
fragole [fragole] morangos
fricassea di coniglio [frikas-se-a di konilho] guisado de coelho, com manteiga e ervas aromáticas
frico e polenta [e] queijo latteria frito com polenta
frittata fritada, tipo de omelete
frittelle di banane [fritel-le di banane] frituras de banana
frittelle di mele [mele] frituras de maçã
fritto frito
fritto misto misto de frutos-do-mar empanados
frittura di pesce [peche] misto de peixes fritos
frutta fruta
frutta alla fiamma [f-iam-ma] fruta flambada
frutta fresca di stagione [stadjone] fruta da estação
frutta secca fruta seca
frutti di bosco frutas silvestres
frutti di mare [mare] frutos-do-mar
frutti di mare gratinati frutos-do-mar gratinados
funghi [fungui] cogumelos
funghi porcini [portchini] cogumelos porcini
funghi trifolati cogumelos fritos com alho e salsa
fusilli al pomodoro [fuzil-li] fusili com molho de tomate

galantina di pollo galatina de frango com ervas aromáticas
gallina galinha
gamberetti camarões
gamberetti in salsa rosa [roza] camarões em maionese com ketchup
gamberi camarões graúdos
gamberoni camarões-gigantes
gelatina [djelatina] gelatina
gelato [djelato] sorvete
gelato di crema sorvete de creme
gelato di frutta sorvete de fruta
ghiacciolo [g-uiatcholo] picolé
giardiniera di verdure [djardin-iera di verdure] jardineira de legumes
gnocchetti verdi [nhok-ket-ti verdi] nhoque de espinafre, às vezes servido com gorgonzola derretido
gnocchi [nhok-ki] nhoque
gnocchi ai formaggi [a-i formad-ji] nhoque aos quatro queijos

gnocchi alla romana nhoque na manteiga
gnocchi al ragù nhoque com carne moída e molho de tomate
gorgonzola queijo de sabor forte, da Lombardia ou do Piemonte
grana nome genérico de queijos do tipo parmesão
grana padano grana do vale do Pó
grancevola [grantchevola] caranguejo santola, aranha-do-mar
granchio [grank-io] caranguejo
grasso gordura
gratin di patate [gratin di patate] batata gratinada com queijo
griglia: alla griglia [al-la grilha] grelhado
grigliata di pesce [grilhata di peche] peixe grelhado
grigliata mista misto grelhado (carne ou peixe)
grissini grissini
gruviera [gruv-iera] queijo gruyère, queijo suíço
gulash ungherese [ungueréze] gulash húngaro

impanato empanado; à milanesa
indivia [indiv-ia] endívia
insalata salada
insalata caprese [kapreze] fatias de tomate, mozarela e orégano
insalata di carne [karne] salada de carne
insalata di mare [mare] salada de frutos-do-mar
insalata di nervetti carne ou vitela picadinha cozida, servida fria com feijão e picles
insalata mista salada mista
insalata russa salada russa
insalata verde [verde] salada verde
involtini enroladinho de carne com azeitona
involtini di prosciutto [pro-chut-to] enroladinho de presunto recheado com salada russa

krapfen rosquinhas

lamponi framboesa
lardo al pepe [pepe] presunto gordo com pimenta
lasagne al forno [lazanhe] lasanha ao forno
latteria [lat-teri-a] queijo branco integral
lattuga alface
legumi grãos; legumes
lenticchie [lentik-ie] lentilhas
lepre [lepre] lebre
lesso cozido
limone [limone] limão
lingua [lingua] língua
lingua salmistrata língua de vaca posta na salmoura e depois cozida

linguine al pesto [linguine] linguini ao molho de manjericão, alho, óleo e parmesão
lombatina di vitella ai ferri [a-i] lombo de vitela grelhado
lonza di maiale al latte [lontza di mai-ale al lat-te] lombo de porco cozido no leite

maccheroni alla siciliana [mak-keroni al-la sitchil-iana] macarrão com molho de tomate e ricota siciliana ralada
maccheroni al ragù macarrão com carne moída e molho de tomate
macedonia di frutta [matchedon-ia] salada de fruta
macedonia di frutta al maraschino [mara-skino] salada de fruta com marasquino (licor doce)
maggiorana [mad-jorana] manjerona
maiale [mai-ale] carne de porco
maionese [mai-oneze] maionese
mandarancio [mandarantcho] mexerica
mandorle [mandorle] amêndoas
mantovana bolo de amêndoas de Prato
manzo [mandzo] carne de boi
marinato marinado; à vinagrete
marmellata geléia
marmellata d'arance [darantche] geléia de laranja
marroni castanhas
marzapane [martzapane] marzipã
mascarpone [maskarpone] queijo cremoso integral, muito usado em sobremesas
medaglioni di vitello [medalhoni] medalhões de vitela
mela [mela] maçã
mela flambé maçã flambada
melanzane [melandzane] berinjelas
melanzane alla piastra [p-iastra] berinjelas grelhadas
melanzane alla siciliana [sitchil-iana] fatias de berinjela assadas, com parmesão, molho de tomate e ovo
melone [melone] melão
melone al porto melão com vinho do Porto
menta hortelã
menu fisso menu a preço fixo
menu turistico menu turístico
meringata torta de merengue
meringhe con panna [meringue] merengue com chantilly
merluzzo [merlutzo] bacalhau
merluzzo alla pizzaiola [pitza-iola] bacalhau em molho de tomate, com anchovas, alcaparras e salsa
merluzzo in bianco [b-ianko] bacalhau cozido com óleo e limão

messicani in gelatina [djelatina] bife enrolado de vitela em gelatina
miele [m-iele] mel
millefoglie [mil-lefolhe] mil-folhas
minestra di orzo [ortzo] sopa de cevada
minestra di riso e prezzemolo (in brodo) [pretzemolo] sopa de arroz e salsa
minestra di verdure [verdure] sopa de vegetais
minestra in brodo sopa com vegetais e massa ou arroz
minestre [minestre] sopas
minestrone [minestrone] caldo grosso de vegetais com arroz ou massa fina
mirtilli [mirtil-li] mirtilos
montasio [montaz-io] queijo integral branco
Montebianco [monteb-ianko] pudim de purê de castanhas e creme chantilly
more [more] amoras
mortadella mortadela
mostarda di Cremona compota feita de frutas cristalizadas em suco de uva ou açúcar com mostarda
mousse al cioccolato [tchok-kolato] musse de chocolate
mozzarella [motzarel-la] mozarela: queijo de leite de búfala, branco, suave e levemente borrachento
mozzarella in carrozza [in kar-rotza] fatias de pão e de mozarela empanadas e fritas
nasello [nazel-lo] badejo
naturale: al naturale [naturale] ao natural
nervetti con cipolla [tchipol-la] picadinho de carne e vitela com cebola
nocciole [notchole] avelãs
noccioline [notcholine] amendoins
noce di cocco [notche] coco
noce di vitello ai funghi [a-i fungui] vitela com cogumelos
noce moscata noz-moscada
noci [notchi] nozes
nodino costeleta de vitela

oca ganso
olio [ol-io] óleo
olio di semi [semi] óleo vegetal
olio d'oliva azeite
oliva azeitona
omelette omelete
orata al forno dourada (peixe) ao forno
orecchiette al sugo (di pomodoro) [orek-iet-te] conchinhas de massa com molho de tomate
orecchiette con cime di rapa [tchime] conchinhas de massa com folhas de nabo
origano orégano
orzo [ordzo] cevada
ossobuco ossobuco
ostriche [ostrike] ostras

paglia e fieno [palha e f-ieno] mistura de tagliatelle verde e amarelo

pagnotta [panhot-ta] pão redondo
paillard di manzo [pa-iar di mandzo] fatias de carne grelhada
paillard di vitello fatias de vitela grelhada
pancetta [pantchet-ta] toicinho, bacon
pancotto pão velho cozido com tomate etc.
pan di Spagna [spanha] pão-de-ló
pandoro tipo de pão-de-ló de Natal
pane [pane] pão
pane bianco [b-ianko] pão branco
pane integrale [integrale] pão integral
pane tostato torrada
pane casereccio [kazeretcho] pão caseiro
pane di segale [segale] pão de centeio
pane e coperto couvert que inclui pão
pane in cassetta pão fatiado
pane nero [nero] pão preto
panettone [panet-tone] panetone
panforte [panforte] iguaria de Siena, do tipo nugá
panini sanduíches; rolinhos recheados
panna nata; creme de leite
panna cotta tipo de pudim típico da Toscana
panna montata creme chantilly
panna per cucinare [per kutchinare] creme para cozinhar
panzanella [pandzanel-la] prato toscano de pão com tomate fresco, cebola, manjericão e azeite
papaia [papa-ia] papaia
pappa col pomodoro sopa de tomate com pão caseiro torrado típico da Toscana
parmigiana di melanzane [parmidjana di melandzane] berinjela à parmigiana
parmigiano reggiano [parmidjano red-jano] queijo parmesão autêntico
passato di patate [patate] sopa cremosa de batata
passato di verdure [verdure] sopa cremosa de vegetais
pasta massa; macarrão; doce
pasta al forno massa ao forno com molho branco e queijo ralado
pasta alla frutta doce de fruta
pasta e fagioli [e fadjoli] sopa grossa de feijão com macarrãozinho
pasta e piselli massa com ervilhas
pasticcino [pastitchino] bolinho; empadinha
pasticcio di fegato d'oca [pastitcho di fegato] empadão de fígado de ganso

pasticcio di lepre [**le**pre] empadão de lebre
pasticcio di maccheroni [makke**ro**ni] empadão de macarrão
pastiera napoletana [past**ie**ra] torta de massa folhada com trigo, ricota e frutas cristalizadas
pastina in brodo sopa de massa
patate [pa**ta**te] batatas
patate al forno batatas ao forno
patate arrosto batatas assadas
patate fritte [**fri**t-te] batatas fritas
patate in insalata salada de batatas
patate prezzemolate [pretzemo**la**te] batatas cozidas, com óleo e salsa
patate saltate [sal**ta**te] batatas salteadas
patatine [pata**ti**ne] batatas fritas
patatine fritte [**fri**t-te] batatas fritas
pâté di carne [**ka**rne] patê de carne
pâté di fegato [**fe**gato] patê de fígado
pâté di pesce [**pe**che] patê de peixe
pecorino queijo forte, duro, de leite de ovelha
pecorino sardo queijo duro, curado, de leite de ovelha da Sardenha
pelati tomates pelados em lata
penne [**pe**n-ne] pena (massa)
penne ai quattro formaggi [**a**-i ku**a**t-tro form**a**d-ji] pena aos quatro queijoss
penne all'arrabbiata [ar-rab**ia**ta] pena com molho de tomate e pimenta
penne rigate [ri**ga**te] pena estriada
pepe [**pe**pe] pimenta
peperonata pimentões cozidos em azeite com alho, cebola e tomate
peperoncino [peperontch**i**no] pimenta-malagueta
peperone [pepe**ro**ne] pimentão
peperoni ripieni (di carne) [rip-**ie**ni di **ka**rne] pimentão recheado (com carne)
peperoni sott'olio [sot-**to**l-io] pimentão ao óleo
pera [**pe**ra] pêra
pernice [per**ni**tche] perdiz
pernice alla cacciatora [katcha**to**ra] perdiz à caçadora
pesca [**pe**ska] pêssego
pesce [**pe**che] peixe
pesce al cartoccio [kar**to**tcho] papelote de peixe assado com ervas
pesce in carpione [karp-**io**ne] peixe em salmoura
pesce spada peixe-espada
pesche sciroppate [**pe**ske chirop-**pa**te] pêssegos em calda
petti di pollo alla bolognese [bolon**he**ze] peito de frango à milanesa com molho de tomate

petti di pollo impanati peito de frango à milanesa
piatti di carne [p-i**at**-ti di **kar**ne] pratos de carne
piatti di pesce [**pe**che] pratos de peixe
piatto unico freddo [p-i**at**-to] carne fria fatiada, com picles
piccata di vitello al limone [lim**o**ne] vitela em molho de limão
piccione [pitch**o**ne] pombo
piccione arrosto pombo assado
piedini di maiale [p-ied**i**ni di mai-**a**le] pés de porco
pinoli pinholes
pinzimonio [pintzim**o**n-io] porção de verduras cruas, servidas com molho de azeite e vinagre
piselli ervilhas
piselli al prosciutto [proch**ut**-to] ervilhas frescas cozidas em caldo, com manteiga, presunto e manjericão
pistacchi [pist**a**k-ki] pistaches
pizza ai porcini [portch**i**ni] pizza de cogumelo porcini
pizza ai quattro formaggi [k**ua**t-tro form**a**d-ji] pizza quatro queijos: mozarela, gorgonzola, branco e parmesão
pizza agli asparagi [**a**lhi asp**a**radji] pizza de aspargos
pizza alla diavola [d-i**a**vola] pizza de salame apimentado
pizza alla marinara pizza de tomate, orégano, alho e anchovas
pizza alla zingara [dz**i**ngara] pizza de berinjela, pimentão, cogumelo e azeitona
pizza al S. Daniele [san dan-i**e**le] pizza de presunto cru
pizza campagnola [kampanh**o**la] pizza de cogumelo e pimentão
pizza capricciosa [kapritch**o**sa] pizza de tomate, presunto, cogumelo e alcachofra
pizzaiola [pitza-i-**o**la] fatias de carne cozida em molho de tomate, orégano e anchova
pizza margherita [marguer**i**ta] pizza com tomate e mozarela
pizza napoletana pizza com tomate, mozarela e anchova
pizza nordica pizza com fatias de salame e salsicha
pizza orchidea [orkid**e**-a] pizza de pimentão e ovo
pizza pugliese [pulh**e**ze] pizza de tomate e cebola
pizza quattro stagioni [stadj**o**ni] pizza de presunto, cogumelo, alcachofra e anchova
pizza romana pizza de tomate, mozarela, anchova e orégano
pizza siciliana [sitchil-i**a**na] pizza de anchova, alcaparra, azeitona e orégano

pizzetta [pit**ze**t-ta] pizza pequena
pizzoccheri alla Valtellinese [pit**zo**k-keri **a**l-la valtel-li**ne**ze] finas tiras de massa, com verduras, manteiga derretida e queijo
polenta polenta
polenta concia [k**o**ntcha] polenta fatiada e assada com alho, queijo e manteiga
polenta e osei [oz**e**-i] aves pequenas servidas com polenta
polenta e uccellini [u-tchel-l**i**ni] aves pequenas servidas com polenta
polenta fritta polenta frita
polenta pasticciata [pastitch**a**ta] camadas de polenta, molho de tomate e queijo
pollame [pol-l**a**me] aves
pollo frango
pollo alla cacciatora [katchat**o**ra] frango à caçadora: pedaços de frango em molho de vinho branco e cogumelo
pollo alla diavola [di-**a**vola] pedaços de frango prensados e fritos
polpette [polp**e**t-te] almôndegas
polpettone [polpet-t**o**ne] bolo de carne
polpi alla veneziana [venetz-i**a**na] polvo cozido e picado, temperado com alho, limão e salsa
polpo polvo
pomodori tomates
pomodori alla maionese [mai-on**e**-ze] tomates com maionese
pomodori pelati tomates pelados em lata
pomodori ripieni di riso [rip-i**e**ni] tomates recheados com arroz
pomodoro tomate
pompelmo grapefruit
porchetta [pork**e**t-ta] leitoa assada
porchetta allo spiedo [sp-i**e**do] leitoa no espeto
porro alho-poró
portata prato (iguaria servida)
prezzemolo [pret**ze**molo] salsa
primi piatti [p-i**a**t-ti] primeiros pratos
prosciutto [proch**u**t-to] presunto
prosciutto al madera presunto com vinho madeira
prosciutto cotto presunto cozido
prosciutto crudo presunto cru
prosciutto crudo di S. Daniele [san dan-i**e**le] presunto cru de S. Daniele
prosciutto di Praga tipo de presunto cru
provolone [provol**o**ne] queijo provolone
prugne [pr**u**nhe] ameixas
punte di asparagi all'agro [p**u**nte di asp**a**radji] pontas de aspargo com molho de azeite e limão
purè di patate [pur**é** di pat**a**te] purê da batatas

quaglie **[kualhe]** codornas

radicchio **[radik-io]** chicória
ragù molho de carne moída e tomate
rapa tipo de nabo com sabor semelhante ao do rabanete
ravanelli rabanete
ravioli pastelzinho de massa recheado com carne ou queijo
ravioli al pomodoro raviòli ao molho de tomate
razza **[ratza]** raia
resta di Como especialidade de Como: confeito enrolado num palito e assado
ribollita sopa de vegetais com pão caseiro torrado típico da Toscana
ricotta queijo branco cremoso, semelhante ao cottage
ricotta piemontese **[p-ie-monteze]** ricota semelhante à romana
ricotta romana queijo branco, cremoso, muito usado em sobremesas
ricotta siciliana **[sitchil-iana]** ricota mais curtida e salgada
rigatoni al pomodoro tubinhos estriados de massa com molho de tomate
ripieno **[rip-ieno]** recheado
risi e bisi risoto com ervilha e pedacinhos de presunto
riso arroz
riso alla greca arroz cozido com azeitona, queijo e tomate
riso in brodo arroz em caldo claro
riso pilaf arroz cozido lentamente no forno com cebola e manteiga
risotto arroz cozido em caldo claro lentamente
risotto al Barolo risoto com vinho Barolo
risotto alla castellana risoto com molho de cogumelo, presunto, creme de leite e queijo
risotto alla marinara risoto de frutos-do-mar
risotto alla milanese (allo zafferano) **[milaneze al-lo dzaf-ferano]** risoto com açafrão
risotto al nero di seppia **[nero di sep-ia]** risoto com tinta de lula
risotto al salto risoto de açafrão salteado
risotto con la salsiccia **[salsitcha]** risoto de salsicha de porco
roast-beef all'inglese **[ingleze]** finas fatias de rosbife servidas frias com limão
robiola **[rob-iola]** queijo cremoso da Lombardia
rognone trifolato **[ronhone]** pedacinhos de rim ao alho, óleo e salsa
rombo linguado
rosetta tipo de pãozinho

rosmarino alecrim
rucola rúcula

Saint-Honoré [santonoré] torta com base de massa macia e pequenas bombas de creme
salame [salame] salame
salame di cioccolato [di tchok-kolato] mistura de biscoito triturado e chocolate no formato de salame
salatini [salatini] biscoitinhos crocantes salgados e amendoins (servidos de aperitivo)
sale [sale] sal
salmone [salmone] salmão
salsa molho
salsa cocktail molho de maionese e ketchup, servido com peixes e frutos-do-mar
salsa di pomodoro molho de tomate
salsa tartara molho tártaro
salsa vellutata molho branco feito com caldo em vez de leite
salsa verde [verde] molho de salsa picada, anchovas e azeite, servido com carnes
salsiccia [salsitcha] salsicha
saltimbocca alla romana bifes fritos de vitela, enrolados com presunto e sálvia
salvia [salv-ia] sálvia
sangue: al sangue [sangue] malpassado
sarago [sarago] brema branca
sarde ai ferri [sarde a-i] sardinhas grelhadas
scaloppine [skalop-pine] escalopinhos de vitela
scaloppine al Marsala escalopinhos de vitela ao vinho Marsala
scamorza affumicata [skamortza] queijo de coalho
scamorza alla griglia [grilha] queijo de coalho grelhado
scampi lagostim
scarola escarola
schiacciata toscana [ski-atchata] pão com azeite e alecrim
scorfano peixe-escorpião
scorpena [skorpena] peixe-escorpião
scorzonera al burro [skortzonera] tipo de raiz cozida na manteiga
secondi (piatti) [p-iat-ti] segundos pratos
sedano [sedano] aipo
sedano di Verona aipo de Verona
sella di cervo [tchervo] traseiro de cervo
selvaggina [selvad-jina] caça
semifreddo sobremesa de sorvete e pão-de-ló
senape [senape] mostarda
seppie in umido [sep-ie] lula ensopada
sfogliata agli spinaci [sfolhata a-lhi spinatchi] massa folhada recheada de espinafre
sfogliata al salmone [sal-mone] massa folhada recheada de salmão

sofficini al formaggio [sof-fitchini al formad-jo] panquecas crocantes com recheio de queijo
sogliola [solhola] solha
sogliola alla mugnaia [mun-ha-ia] solha enfarinhada feita na manteiga
sorbetto sorbet
sottaceti [sot-tatcheti] picles
soufflé al formaggio [formad-jo] suflê de queijo
soufflé al prosciutto [pro-chut-to] suflê de presunto
spaghetti alla carbonara espaguete com molho de gema, queijo e bacon picado
spaghetti alla marinara espaguete com frutos-do-mar
spaghetti all'amatriciana [amatri-chana] espaguete com bacon, cebola e molho de tomate
spaghetti alla puttanesca espaguete com anchova, alcaparra, azeitona preta e molho de tomate
spaghetti all'arrabbiata [al-lar-rab-iata] espaguete com molho de tomate apimentado
spaghetti alle noci [notchie] espaguete com creme de leite fresco, nozes picadas e queijo
spaghetti alle vongole [vongole] espaguete com mariscos (vôngoles)
spaghetti al nero di seppia [nero di sep-ia] espaguete com a tinta da lula
spaghetti al pesto espaguete com molho de manjericão, alho, óleo e parmesão
spaghetti al ragù espaguete com molho de tomate com carne moída
spalla di maiale al forno [mai-ale] dianteiro de porco assado
speck tipo de presunto cru defumado
spezie [spetz-ie] especiarias
spezzatino di vitello [spetzatino] ensopado de vitela
spiedini [sp-iedini] espetinho grelhado de carnes ou peixes variados
spiedo: allo spiedo [sp-iedo] no espeto
spigola robalo
spinaci [spinatchi] espinafre
spinaci all'agro espinafre com óleo e limão
spuma di salmone [spuma di salmone] musse de salmão
spuntino lanchinho
stoccafisso bacalhau seco
stracchino [strak-kino] queijo cremoso da Lombardia
stracchino alle fragole [al-le fragole] sobremesa de morangos e chantilly liquidificados
stracciatella [stratcha-tel-la] sorvete de creme com raspas de chocolate; ovos batidos cozidos em caldo

strangolapreti [strangolapreti] bolinho de espinafre e batata
strozzapreti al basilico e pomodoro [strotzapreti al baziliko e] bolinho com tomate e manjericão
strudel di mele [mele] strudel de maçã
stufato guisado; ensopado
stufato con verdure [verdure] carne ensopada com vegetais e ervas
sugo al tonno molho de tomate com alho, salsa e atum
svizzera [zvitzera] hambúrguer

tacchino [tak-kino] peru
tagliata [talhata] bifes bem finos
tagliatelle [talhatel-le] tiras finas de massa de ovos
tagliatelle alla bolognese [bolonheze] tagliatelle em molho de tomate com carne moída
tagliatelle al ragù tagliatelle em molho de tomate com carne moída
tagliatelle rosse [ros-se] tagliatelle com pimentão vermelho picado
tagliatelle verdi [verdi] tagliatelle com espinafre picado
taglierini al tartufo [talherini] talharim com trufas
taglierini gratinati talharim gratinado
tagliolini [talholini] sopa de talharim fino
tagliolini verdi panna e prosciutto [verdi – e prochut-to] talharim fino verde com molho de creme de leite e presunto
taleggio [taled-jo] queijo meia-cura, macio, do norte da Itália
tartine [tartine] canapé
tartufo trufa; sorvete redondo salpicado com cacau ou chocolate em pó
tavola calda lanchonete com pratos quentes
testina di vitello cabeça de vitela
timballo di riso alla finanziera [fi-nantz-iera] tipo de torta de arroz com miúdos de frango
timo tomilho
tiramisù sobremesa de pão-de-ló embebido em café, ovos, vinho Marsala, queijo mascarpone e cacau em pó
toast [tost] sanduíche quente
tomini sott'olio [sot-tol-io] queijo com pimentão marinado em óleo e ervas
tonno atum
torrone [tor-rone] torrone, nugá
torta torta; bolo; flã
torta della nonna torta com creme e pinholes
torta di mele [mele] torta de maçãs
torta di noci [notchi] torta de nozes

torta di ricotta torta de ricota
torta gelato [djelato] torta de sorvete
torta lorenese [loreneze] quiche lorraine
torta pasqualina [paskualina] massa folhada com espinafre, queijo, presunto e ovo cozido
tortelli ravióli caseiro recheado com ricota e espinafre
tortelli di patate [patate] ravióli caseiro recheado com batata amassada e noz-moscada
tortellini pasteizinhos recheados com lombo de porco, presunto, parmesão e noz-moscada
tortellini al ragù tortellini com molho de tomate com carne moída
tortelloni di magro massa recheada de queijo, salsa e vegetais
tortelloni di ricotta massa recheada com ricota, salsa e vegetais
tortino di asparagi [asparadji] torta de aspargos
tortino di patate [patate] torta de batata
tournedos [turnedos] medalhões de filé mignon
tramezzino [tramedzino] sanduíche
trancio di coda di rospo [trantcho] postas de diabo-marinho (peixe)
trancio di palombo postas de peixe-pombo
trancio di pesce spada [peche] postas de peixe-espada
trenette col pesto [trenet-te] tipo de espaguete fino com manjericão, alho, óleo e parmesão
triglia [trilha] tainha
trippa tripa; dobradinha
trota truta

uccelletti [utchel-let-ti] aves pequenas envoltas em bacon sobre palitos de coquetel
umido ensopado
uova [uova] ovos
uova affogate [af-fogate] ovos pochés
uova all'occhio di bue [ok-io di bu-e] ovos fritos
uova al tegamino con pancetta [pantchet-ta] ovos com bacon
uova farcite [fartchite] ovos recheados com atum alcaparra e maionese
uova in camicia [kamitcha] ovos quentes
uova in cocotte [kokot] ovos cozidos em panela de ferro
uova strapazzate [strapatzate] ovos mexidos
uovo [uovo] ovo
uovo alla coque [kok] ovo quente
uovo sodo ovo cozido duro
uva bianca uva branca
uva nera [nera] uva preta

valigette verdi al gorgonzola [validjet-te verdi] ravióli grande, verde, recheado com gorgonzola
vaniglia [vanilha] baunilha
vellutata di piselli creme de ervilhas com gemas
vellutata al pomodoro creme de tomate com creme de leite fresco
vellutata di asparagi [asparadji] creme de aspargo com gema
veneziana [venetz-iana] panetone pequeno salpicado com açúcar
verdura [verdura] verdura; vegetais
verdura di stagione [stadjone] vegetais da estação
verdure fresche di stagione [verdure freske] vegetais frescos
vermicelli [vermitchel-li] massa mais fina que espaguete
vitello vitela
vitello tonnato vitela fatiada com atum, anchova, óleo e limão
vol-au-vent alla crema di formaggio [krema di for-mad-jo] vol-au-vent com creme de queijo
vongole [vongole] mariscos (vôngole)

würstel [vurstel] salsicha

zabaglione/zabaione [dzabalhone] sobremesa com ovos, açúcar e vinho Marsala
zafferano [dzaf-ferano] açafrão
zampone con lenticchie [dzampone kon lentik-ie] pé de porco recheado, acompanhado de lentilha
zucca [dzuk-ka] abóbora
zucchero [dzuk-kero] açúcar
zucchine [dzuk-kine] abobrinha
zucchine al pomodoro abobrinha picada com molho de tomate, alho e salsa
zuccotto [dzuk-kot-to] sobremesa de pão-de-ló, sorvete, creme de leite fresco e chocolate
zuppa [dzup-pa] sopa
zuppa inglese [ingleze] sobremesa feita de bolo, creme, frutas e vinho
zuppa pavese [paveze] sopa com pão caseiro, queijo ralado e um ovo

Menu:

Bebida

Termos Básicos

açúcar lo zucchero [dz**u**k-kero]
água l'acqua **f** [**a**kua]
água mineral l'acqua minerale **f** [**a**kua min-er**a**le]
água tônica l'acqua t**o**nica **f** [**a**kua]
bebida não-alcoólica la b**i**bita (analc**o**lica)
brande il brandy
café il caffè [kaf-f**é**]
carta de vinhos la l**i**sta dei v**i**ni [dei]
cerveja la birra [b**i**r-ra]
chá il tè [té]
club soda il seltz
copo il bicchiere [bik-i**e**re]
um copo de... un bicchiere di...
garrafa la bottiglia [bot-t**i**lha]
gim il gin
gim-tônica un gin t**o**nic
leite il latte [l**a**t-te]
suco de laranja il succo d'arancia [s**u**k-ko dar**a**ntcha]
taça la tazza [t**a**tza]
uma taça de... una tazza di...
uísque il whisky
vinho il v**i**no
vinho branco il v**i**no bianco [b-i**a**nko]
vinho do Porto il p**o**rto
vinho rosé il ros**é**
vinho tinto il v**i**no r**o**sso
vodca la v**o**dka

outro..., por favor ancora..., per fav**o**re [per fav**o**re]

acqua [**a**kua] água
acqua minerale [miner**a**le] água mineral
acqua minerale gassata água mineral com gás
acqua minerale non gassata água mineral sem gás
acqua naturale [natur**a**le] água natural
acqua tonica água tônica
alcol álcool
alcolici [alk**o**litchi] bebidas alcoólicas
Amaretto licor de caroço de damasco, o que lhe dá um forte sabor de amêndoa
amaro licor de ervas digestivas, escuro, amargo
analcolici [analk**o**litchi] bebidas não-alcoólicas
aperitivo aperitivo
aranciata [arantch**a**ta] laranjada
Asti Spumante [spum**a**nte] vinho espumante branco doce de Asti, no Piemonte

Barbaresco vinho tinto seco, da região do Piemonte
Barbera [barb**e**ra] vinho tinto seco e escuro do Piemonte
Bardolino vinho tinto seco da área ao redor de Verona
Bardolino secco vinho tinto seco da região do Vêneto
Barolo vinho tinto seco e escuro do Piemonte
bevande bebidas
bianco [b-**ia**nko] branco
Bianco dei Castelli secco vinho branco seco do Lácio
bibita analcolica bebida não-alcoólica
birra [b**i**r-ra] cerveja
birra alla spina chope
birra chiara [k-**ia**ra] cerveja clara; lager
birra grande [gr**a**nde] cerveja grande (aprox. 500ml)
birra in bottiglia [bot-t**i**lha] cerveja engarrafada
birra media [m**e**d-ia] cerveja média (aprox. 300ml)
birra piccola cerveja pequena (aprox. 200ml)
birra rossa cerveja escura, maltada
birra scura [sk**u**ra] cerveja amarga, mais escura que a birra rossa
bitter aperitivo amargoso vermelho ou alaranjado
Brachetto [brak**e**t-to] vinho espumante tinto doce das Marche ou de Acqui, no Piemonte
Brunello di Montalcino [montalch**i**no] vinho tinto seco, de Montalcino, na Toscana

Cabernet [kaberne] vinho tinto seco do Vêneto
cacao [kak**a**-o] cacau
caffè [kaf-f**é**] café
caffè corretto café expresso com um pouco de licor ou outra bebida

caffellatte [kaf-fel-**lat**-te] café com leite, meio a meio
caffè lungo café puro e fraco
caffè macchiato [mak-i**ato**] café expresso com um pouco de leite
caffè ristretto café expresso extraforte
caffè solubile [sol**u**bile] café solúvel/instantâneo
camomilla chá de camomila
cappuccino [kap-putch**ino**] café expresso com leite espumoso, salpicado com cacau/chocolate em pó
Cartizze [kar**ti**tz-ze] vinho espumante branco seco do Vêneto
Chianti [k-i**a**nti] vinho tinto escuro da Toscana
china [k**i**na] licor feito da casca da quina
chinotto [kin**o**t-to] refrigerante gasoso, escuro
cioccolata calda [tchok-kol**a**ta] chocolate quente
Cirò [chir**ó**] vinho tinto, rosé ou branco, levemente doce, suave
Cortese [kort**e**ze] vinho tinto do Piemonte
Corvo di Salaparuta vinho tinto seco da Sicília
cubetto di ghiaccio [g-ui**a**tcho] cubo de gelo

degustazione (di vini) [degustatz-i**o**ne] degustação (de vinhos)
denominazione di origine controllata marca de origem controlada
digestivo [didjest**i**vo] licor digestivo
D.O.C. (Denominazione di Origine Controllata) certificado da origem de um vinho
D.O.C.G. (Denominazione di Origine Controllata e Garantita) certificado da qualidade de um vinho
Dolcetto [doltch**e**t-to] vinho tinto seco do Piemonte

espresso café forte/expresso
Est-Est-Est vinho branco seco ou doce dos arredores de Montefiascone, no Lácio

frappé [frap-p**é**] milkshake ou suco de frutas batido com gelo pilado
frappé al cioccolato [tchok-kol**a**to] milkshake de chocolate batido com gelo pilado
frappé alla banana milkshake de banana batido com gelo pilado
frappé alla fragola milkshake de morango batido com gelo pilado
Frascati vinho branco seco dos arredores de Roma
Freisa [fr**e**za] vinho tinto seco do Piemonte
frizzante [fridz**a**nte] espumante

frullato di frutta milkshake de frutas batido com gelo pilado

gazzosa [gatz-**zo**za] soda limonada
ghiaccio [g-ui**a**tcho] gelo
granita bebida com gelo pilado
granita di caffè [kaf-**fé**] granita de café
granita di caffè con panna granita de café com creme de leite fresco
granita di limone [lim**o**ne] granita de limão
grappa forte aguardente de casca de uva
Grignolino [grinhol**i**no] vinho tinto seco, de coloração clara
Grumello vinho tinto seco, com leve sabor de morango

Inferno vinto tinto seco da Lombardia

Lambrusco vinho espumante tinto ou branco, doce, da área da Emilia-Romagna
latte [**l**at-te] leite
latte macchiato con cioccolato [mak-i**a**to kon tchok-kol**a**to] leite espumoso polvilhado com cacau ou chocolate
Lemonsoda® soda limonada
limonata limonada
liquore [likuo**re**] licor
lista dei vini [dei] carta de vinhos

Malvasia [malvaz**i**-a] vinho branco seco, às vezes levemente espumante, da Sardenha ou do Friuli
Marsala vinho encorpado, muito doce, semelhante ao cherry
Merlot [merl**o**] vinho tinto bem escuro, com leve sabor de ervas, de origem francesa
Moscato vinho doce, frutado e espumante

Nebbiolo [neb-i**o**lo] vinho tinto seco do Piemonte

Oransoda® refrigerante de laranja
Orvieto [orvi-**e**to] vinho branco claro, em geral seco

Pinot [pin**o**] vinho branco seco, leve, do norte
Pinot bianco [b-i**a**nko] vinho branco seco, levemente espumante, do norte
Pinot grigio [gr**i**djo] vinho branco seco do norte
Pinot nero [n**e**ro] vinho tinto seco do norte
porto vinho do Porto
prodotto e imbottigliato da... produzido e engarrafado por...
Prosecco vinho branco, espumante ou não, do Vêneto, que pode ser doce ou seco

Recioto [retch**o**to] vinho tinto doce e espumante do Vêneto
Refosco vinho tinto seco do Friuli
Riesling [r**i**zling] vinho branco seco de diversas áreas do norte
rosatello [rozat**e**l-lo] vinho rosé seco
rosato [roz**a**to] vinho rosé seco
rosé [roz**é**] vinho rosé
rosso tinto

Sambuca (con la mosca) licor com sabor de anis (servido com um grão de café no copo)
Sangiovese [sandjov**e**ze] vinho tinto seco encorpado
Sassella vinho tinto seco, delicado, da área de Vatellina
Sauvignon [sovinh**o**n] vinho branco seco do Vêneto
sidro sidra
Soave [so-**a**ve] vinho branco seco e leve, da região em volta do lago de Garda
spremuta d'arancia [dar**a**ntcha] suco de laranja espremido na hora
spremuta di limone [lim**o**ne] suco de limão espremido na hora
spumante [spum**a**nte] vinho espumante
Strega® [str**e**ga] licor doce feito com receita secreta
succo [s**u**k-ko] suco
succo d'arancia [dar**a**ntcha] suco de laranja
succo di albicocca suco de damasco
succo di pera suco de pêra
succo di pesca suco de pêssego
succo di pompelmo suco de grapefruit

tè [té] chá
tè al latte [l**a**t-te] chá com leite
tè al limone [lim**o**ne] chá com limão
Terlano vinho branco seco da área ao redor de Bolzano
Tocai [tok-**a**-i] vinho branco seco do Vêneto e do Friuli

Valpolicella [valpolitch**e**l-la] vinho tinto seco do Vêneto
Verdicchio [verd**i**k-io] vinho branco seco, frutado, das Marche
Vermentino vinho seco da Ligúria e da Sardenha
Vernaccia di S. Gimignano [vern**a**tcha di san djimin-i**a**no] vinho branco seco da Toscana
vino vinho
vino bianco [b-i**a**nko] vinho branco
vino da dessert [des-s**e**r] vinho para sobremesa
vino da pasto, vino da tavola vinho de mesa
vino della casa vinho da casa

Vino Nobile di Montepulciano [nobile di montepultchano] vinho tinto de alta qualidade da Toscana
vino rosato [rozato] vinho rosé
vino rosé [rozé] rinho rosé
vino rosso vinho tinto
Vin Santo tipo de vinho para sobremesa da Toscana

Como Funciona a Língua

Pronúncia

Neste guia, o italiano foi escrito num sistema que imita sua pronúncia, para ser lido como se fosse português, tendo em mente o som particular das letras fornecidas abaixo:

c	como '**tch**au' em port.	s	como '**z**ebra' em port.
ch	como '**k**ardecismo' em port.	sc	como '**ch**uva' em port.
g	como 'a**dj**unto' em port.	scu	som de 'e**scu**do' em port.
gh	como '**gu**erra' em port.	qu	como '**qu**ase' em port.
gl	como 'mi**lh**o' em port.	z	som de '**dz**' em port.
gn	como 'so**nh**o' em port.		

As letras grafadas em negrito indicam a parte acentuada da palavra. Quando aparecem consoantes duplas na pronúncia, a exemplo de t-t, entre outras, as duas devem ser pronunciadas, como no caso de **biglietto** [bilh**e**t-to].

Abreviações

adj	adjetivo	**m**	masculino
f	feminino	**mpl**	masculino plural
fpl	feminino plural		

Observações

Na seção Português-Italiano, quando duas formas do verbo são dadas em frases como: 'você pode...?' **puoi/può...?**, a primeira é a forma familiar e a segunda é a maneira formal de falar (veja a entrada para **você** no dicionário).

Em outros casos, quando são dadas duas formas como: 'alguns/algumas' **alcuni/alcune**, as formas masculina e feminina podem estar por extenso ou abreviadas (veja pág. 238).

Um asterisco (*) ao lado da palavra no Português–Italiano ou no Italiano–Português indica que se deve consultar a seção **Como Funciona a Língua** para mais informações.

Substantivos

Os substantivos italianos têm um dos dois gêneros – masculino ou feminino. Em geral, os terminados em **-o** são masculinos:

il traghetto il trag**ue**-to o ferryboat	**lo zaino** lo dz**ai**no a mochila

Substantivos terminados em **-a** geralmente são femininos:

la macchina la m**a**k-kina o carro	**la benzina** la bendz**i**na a gasolina

Os que acabam em **-e** podem ser masculinos ou femininos:

il ristorante il ristor**a**nte o restaurante	**la chiave** la ki**a**ve a chave

Muitos substantivos terminados em **-a** são usados para se referir tanto a homens como a mulheres:

l'autista m / f
laut**i**sta
o(a) motorista

l'artista m / f
lart**i**sta
o(a) artista

la guida f
la gu**i**da
o(a) guia

il / la centralinista
il / la tchentralin**i**sta
o (a) telefonista

Plural de Substantivos

Em geral, para formar o plural de um substantivo faz-se:

singular	plural
-o	**-i**
-a	**-e**
-e	**-i**

singular	plural
il biglietto il bilh**e**t-to o bilhete	**i biglietti** i bilh**e**t-ti os bilhetes
la strada la str**a**da a rua/estrada	**le strade** le str**a**de as ruas/estradas
il dolce il d**o**ltche o doce	**i dolci** i d**o**ltchi os doces

Estas variações são comuns:

singular	plural
-ca, -ga,	**-che, -ghe,**
-co, -go	**-chi, -ghi**
-io	**-i**
-cia, -gia	**-ce, -ge**

singular	plural
il parco il p**a**rko o parque	**i parchi** i p**a**rki os parques
l'albicocca lalbik**o**k-ka o damasco	**le albicocche** le albik**o**k-ke os damascos
il negozio il neg**o**tzio a loja	**i negozi** i neg**o**tzi as lojas

l'arancia larantcha a laranja	**le arance** le arantche as laranjas

Substantivos terminados em **-i**, **-u**, em vogal tônica ou em consoante não mudam no plural:

il taxi / i taxi o táxi / os táxis	**lo sport / gli sport** o esporte / os esportes
il film / i film o filme / os filmes	**il tram / i tram** o bonde / os bondes
il caffè / i caffè il kaf-fé / i kaf-fé o café / os cafés	**la città / le città** la tchit-tá / le tchit-tá a cidade / as cidades

Alguns outros substantivos comuns não mudam a terminação no plural:

il cinema / i cinema il tchinema / i tchinema o cinema / os cinemas	**la radio / le radio** la radio / le radio o(a) rádio / os(as) rádios

Outras exceções comuns às regras acima são:

il braccio il bratcho o braço	**le braccia** le bratcha os braços
il ciclista il tchiklista o ciclista	**i ciclisti** i tchiklisti os ciclistas
il dito il dito o dedo	**le dita** le dita os dedos
l'uomo luomo o homem	**gli uomini** lhi uomini os homens

l'uovo	le uova
luovo	le uova
o ovo	os ovos

Artigos

A grafia dos artigos definidos e indefinidos em italiano varia de acordo com três elementos:

o gênero do substantivo;
a primeira letra do substantivo;
e se o substantivo está no singular ou no plural.

Artigos masculinos:

il, un (o, um)
lo, uno (o, um) antes de **s** + consoante, antes de **gn**, **ps** e **z**
l', un (o, um) antes de vogal

il / un treno	l'albergo / un albergo
il / un treno	lalbergo / un albergo
o / um trem	o hotel / um hotel
lo / uno scontrino	**lo / uno specchio**
lo / uno skontrino	lo / uno spek-kio
o / um recibo	o / um espelho

lo / uno zaino
lo / uno dzaino
a / uma mochila

Artigos femininos:

la, una (a, uma)
l', un' (a, uma) antes de vogal

la / una stanza	l'autostrada / un'autostrada
la / una stantza	lautostrada / unautostrada
o / um quarto	a / uma rodovia

Artigos no Plural

Os artigos masculinos no plural correspondem ao singular, como está abaixo:

singular	plural
il, un	**i, dei** (os, uns)
lo, uno	**gli, degli** (os, uns)
l', un	**gli, degli** (os, uns)

i / dei pomodori
i / dei pomod**o**ri
os / uns tomates

i / dei biglietti
i / dei bilh**e**t-ti
os / uns bilhetes

gli / degli sbagli
lhi / d**e**lhi sb**a**lhi
os / uns erros

gli / degli scompartimenti
lhi / d**e**lhi skompartim**e**nti
os / uns compartimentos

gli / degli adolescenti
lhi / d**e**lhi adolech**e**nti
os / uns adolescentes

Os artigos femininos no plural correspondem ao singular:

singular	plural
la, una	**le, delle** (as, umas)
l', un'	**le, delle** (as, umas)

le / delle stanze
le / d**e**lle st**a**ntze
o / uns quartos

le / delle arance
le / d**e**lle ar**a**ntche
as / umas laranjas

le / delle automobili
le / d**e**lle autom**o**bili
os / uns carros

Preposições

Quando usado com determinadas preposições, o artigo muda de forma. Aqui estão alguns exemplos comuns:

	il	lo	la	i	gli	le
a (em, a)	al	allo	alla	ai	agli	alle
da (da)	dal	dallo	dalla	dai	dagli	dalle
di (do)	del	dello	della	dei	degli	delle
in (em)	nel	nello	nella	nei	negli	nelle
su (sobre)	sul	sullo	sulla	sui	sugli	sulle

alla stazione
al-la statz**io**ne
na / à estação

alle terme
al-le **ter**me
nas termas

nella casa
nel-la **ka**za
na casa

nei treni
nei **tre**ni
nos trens

Adjetivos e Advérbios

Os adjetivos concordam em gênero e número com os substantivos a que se referem. Na seção Português–Italiano, todos os adjetivos aparecem no masculino singular.

Os adjetivos terminados em **-o** mudam da seguinte maneira:

	singular	plural
m	piccolo	piccoli
f	piccola	piccole

Os adjetivos que acabam em **-e** mudam assim:

	singular	plural
m	grande	grandi
f	grande	grandi

Em italiano, os adjetivos geralmente são colocados depois do substantivo:

un ristorante caro
un ristorante karo
um restaurante caro

i biglietti cari
i bilhet-ti kari
os bilhetes caros

una mostra interessante
una mostra interes-sante
uma exposição interessante

una camera singola
una kamera singola
um quarto de solteiro

delle scarpe italiane
del-le skarpe italiane
uns sapatos italianos

Alguns adjetivos comuns às vezes precedem o substantivo:

bello bello belo, bonito
brutto brut-to feio
giovane djovane jovem
vecchio vek-kio velho
nuovo nuovo novo
largo largo largo
stretto stret-to estreito
grande grande grande
piccolo pik-kolo pequeno
breve breve breve
lungo lungo longo
antico antiko antigo

l'antico duomo
lantiko duomo
a antiga catedral

una grande fetta di torta
una grande feta di torta
uma grande fatia de torta

Existem adjetivos invariáveis (cuja terminação nunca muda):

un vestito blu / rosa
un vestito blu / roza
um vestido azul / rosa

una camicia blu / rosa
una kamitcha blu / roza
uma camisa azul / rosa

Comparativos

Para formar o comparativo, coloca-se **più** (mais) ou **meno** (menos) antes do adjetivo e **di** (que) depois:

grande
grande
grande

più grande
piú grande
maior

rumoroso	meno rumoroso
rumorozo	meno rumorozo
ruidoso	menos ruidoso

questo albergo è più / meno caro di quello
kuesto albergo é piú / meno karo di kuel-lo
este hotel é mais / menos caro que aquele

è più tranquillo qui
é piú trankuil-lo kuí
é mais tranqüilo aqui

Superlativos

Para formar o superlativo, coloca-se uma destas formas antes do adjetivo:

il / la più	o(a) mais	**il / la meno**	o(a) menos
i / le più	os(as) mais	**i / le meno**	os(as) menos

questo itinerario è il meno pericoloso
kuesto itinerario é il meno perikolozo
este itinerário é o menos perigoso

la pizzeria Napoli è la più popolare
la pitzeria Napoli é la piú popolare
a pizzaria Napoli é a mais popular

piazza San Marco è la piazza più famosa di Venezia
piatza San Marko é la piatza piú famoza di venetzia
a praça San Marco é a mais famosa de Veneza

"Tanto/tão... quanto" ou "tanto/tão... como" ficam assim:

questo ristorante è tanto caro quanto quello
kuesto ristorante é tanto karo kuanto kuel-lo
este restaurante é tão caro quanto aquele

la città non è interessante come pensavo
la tchit-tá noné interessante kome pensavo
a cidade não é tão interessante como eu pensava

Note também:

è venuto il più in fretta possibile
é ven**u**to il pi**ú** in fr**e**ta poss**i**bile
ele veio tão depressa quanto pôde

A terminação **-issimo** indica, como em português, o superlativo absoluto sintético sem estabelecer uma comparação:

bello belo	**bellissimo** belíssimo
vecchio v**e**k-kio velho	**vecchissimo** vek-k**i**ssimo velhíssimo

Estes dois adjetivos possuem comparativos e superlativos irregulares:

buono bu**o**no bom	**migliore** milh**o**re melhor	**il migliore** il milh**o**re o melhor	**ottimo** **o**t-timo ótimo
cattivo kat-t**i**vo mau	**peggiore** pedj**o**re pior	**il peggiore** il pedj**o**re o pior	**pessimo** p**e**ssimo péssimo

Advérbios

Se o adjetivo termina em **-o**, coloca-se no feminino e acrescenta-se a terminação **-mente** para formar o advérbio:

esatto ez**a**t-to exato	**esattamente** ezat-tam**e**nte exatamente

Se o adjetivo termina em **-e**, junta-se **-mente** para formar o advérbio:

veloce vel**o**tche veloz	**velocemente** velotchem**e**nte velozmente

Pronomes Possessivos

Em italiano, os pronomes possessivos concordam em gênero e número com o substantivo, como em português:

	singular			
	m		f	
meu/minha	**il mio**	il mio	**la mia**	la mia
teu/tua (fam.)*	**il tuo**	tuo	**la tua**	tua
seu/sua (form.)*	**il suo**	suo	**la sua**	sua
noss(a)	**il nostro**	nostro	**la nostra**	nostra
vosso(a) (form.)*	**il vostro**	vostro	**la vostra**	vostra
seus/suas	**il loro**	loro	**la loro**	loro
	plural			
	m		f	
meus/minhas	**i miei**	i miei	**le mie**	le mie
teus/tuas (fam.)*	**i tuoi**	tuoi	**le tue**	tue
seus/suas (form.)*	**i suoi**	suoi	**le sue**	sue
nossos(as)	**i nostri**	nostri	**le nostre**	nostre
vossos(as) (form.)*	**i vostri**	vostri	**le vostre**	vostre
seus/suas	**i loro**	loro	**le loro**	loro

*veja **Pronomes Pessoais** na pág. 248.

la sua stanza
la sua stantza
seu quarto

il suo biglietto
il suo bilhet-to
seu bilhete

i miei soldi
i miei soldi
meu dinheiro

il vostro appartamento
il vostro ap-partamento
vosso(seu) apartamento (form.)

No uso de **il suo / la sua** etc., para deixar mais claro o que se quer dizer, faça uso de:

il biglietto di lui
il bilhet-to di lui
o bilhete dele

il biglietto di lei
il bilhet-to di lei
o bilhete dela

Quando se fala de membros da família, o artigo é sempre omitido se o substantivo estiver no singular:

mio marito è malato
mio marito é malato
meu marido está doente

questi sono i miei genitori
kuesti sono i miei djenitori
estes são os meus pais

Mais alguns exemplos:

ho già ordinato il mio antipasto
ó djá ordinato il mio antipasto
eu já pedi meu antepasto

ho già ordinato il mio
ó djá ordinato il mio
eu já pedi o meu

Pronomes Pessoais

Pronomes Retos

io	io	eu
tu[1]	tu	tu
Lei[2]	lei	você/o(a) senhor(a)
lui	lui	ele
lei[2]	lei	ela
noi	noi	nós
voi[3]	voi	vós
loro	loro	eles/vocês/os(as) senhores(as)

1 **tu** é usado quando se fala com uma pessoa, na forma familiar geralmente usada quando se conversa com os parentes, os amigos e as crianças.

2 **Lei** é um tratamento formal, e também a mesma forma da terceira pessoa feminina do singular **lei**; veja **Verbos** na pág. 252.

3 **voi** é uma forma tanto familiar como formal, no tratamento de mais de uma pessoa.

Em italiano, os pronomes retos costumam ser omitidos, entendendo-se o significado da frase pela flexão do verbo:

vorrei la ricevuta
vorr**ei** la ritchev**u**ta
eu gostaria da receita

è partito
é part**i**to
ele partiu

Mas o pronome pode ser mantido, quando se quer enfatizar algo ou evitar alguma confusão:

sono io!
s**o**no **i**o
sou eu!

siamo noi!
si**a**mo noi
somos nós!

io pago i panini, tu le birre
io p**a**go i pan**i**ni, tu le b**i**rre
eu pago os sanduíches, você as cervejas

lui è inglese e lei è americana
l**u**i é ingl**e**ze e lei é amerik**a**na
ele é inglês e ela é americana

Pronomes Objetivos (Oblíquos)

me / mi	me / mi	me / mim
te / ti	te / ti	te / ti
Lei / la*	lei / la	a / o / lhe
lui / lo*	**lu**i / lo	a / o / lhe
lei / la*	lei / la	a / o / lhe
noi / ci	noi / tchi	nos
voi / vi	voi / vi	vos
loro / li	**lo**ro / li	as / os / lhes

*Estes se transformam em **l'** antes de vogal ou **h** mudo:

l'ha vista ieri?
la v**i**sta **ie**ri
o sr (a sra.) a viu ontem?

Os pronomes oblíquos geralmente precedem o verbo. A primeira forma dada na tabela anterior é usada para enfatizar e com preposições:

la riconosco
la riekon**o**sko
eu a reconheço

conosco lei, non lui
kon**o**sko lei, non l**ui**
eu a conheço, não ele

questa pizza è per me
ku**e**sta p**i**tza é per me
esta pizza é para mim

non ti sento
non ti s**e**nto
eu não te escuto

dallo a lui
d**al**-lo a l**ui**
dê a ele

vengo con Lei
v**e**ngo kon lei
eu venho com você/o(a) senhor(a)

Quando usados no infinitivo, os pronomes são postos no fim do infinitivo e desaparece a terminação **-e** dessa forma:

portare levar

può portarmi all'aeroporto?
pu**ó** port**a**rmi al-laerop**o**rto
pode me levar ao aeroporto?

Se se empregar um pronome oblíquo para dizer "para mim", "para você/o senhor" etc., geralmente usa-se o seguinte:

mi	mi	(para) mim/me
ti	ti	(para) ti/te
Le	lei	(para) você, o senhor/se
gli	lhi	(para) ele/lhe
le	le	(para) ela/se
ci	tchi	(para) nós/nos
vi	vi	(para) vós/vos
loro	l**o**ro	(para) eles/lhes

ci porti dell'acqua, per favore
tchi p**o**rti d**el**-l**a**kua, per fav**o**re
traga-nos água, por favor

Carla gli ha dato i soldi
karla lhi a dato i soldi
Carla lhe deu o dinheiro

Note que quando seguido de:

lo, la, l', li e **le**
mi, ti, ci e **vi** muda para
me, te, ce e **ve**:

Carla me l'ha dato
karla me la dato
Carla deu-o para mim

e **gli** + **lo, la, l', li** ou **le** viram **glielo, gliela, gliel', glieli, gliele**:

Carla glielo ha dato
karla lhielo a dato
Carla o deu para ele

Alguns verbos que, quando funcionam como transitivos indiretos, pedem pronomes oblíquos em português também o fazem em italiano. Exemplo: **telefonare, credere, ascoltare.**

gli telefono domani
lhi telefono domani
eu lhe telefono amanhã

ascoltami!
askoltami
escute-me!

Pronomes Reflexivos

São usados com verbos pronominais, como **lavarsi** "lavar-se", "tomar um banho":

mi	mi	me
ti	ti	te
si	si	se
ci	tchi	nos
vi	vi	vos
si	si	se

chiamarsi chamar-se

mi chiamo...
mi kiamo...
eu me chamo...

divertirsi divertir-se

mi sono divertito / divertita*
mi sono divertito / divertita
eu me diverti

ci siamo divertiti / divertite*
tchi siamo divertiti / divertite
nós nos divertimos

* forma masculina / feminina plural do particípio passado (veja pág. 255)

Verbos

Há três tipos de verbo, que podem ser reconhecidos pela terminação: **-are**, **-ere** e **-ire**. Por exemplo:

portare levar **chiedere** pedir **partire** partir

Presente

Para formar o tempo presente dos três principais tipos de verbo, retire as terminações **-are**, **-ere** e **-ire** e acrescente as terminações dadas a seguir:

portare levar, trazer, carregar, usar (roupa)

porto	porto	eu levo
porti	porti	tu levas
porta	porta	ele/ela/o(a) senhor(a)/você leva
portiamo	portiamo	nós levamos
portate	portate	vós levais
portano	portano	eles/os(as) senhores(as)/vocês levam

chiedere pedir

chiedo	kiedo	eu peço
chiedi	kiedi	tu pedes
chiede	kiede	ele/ela pede
chiediamo	kiediamo	nós pedimos
chiedete	kiedete	vós pedis
chiedono	kiedono	eles pedem

partire partir

parto	parto	eu parto
parti	parti	tu partes
parte	parte	ele/ela parte
partiamo	partiamo	nos partimos
partite	partite	vós partis
partono	partono	eles partem

Veja a seção **Pronomes Retos** na pág. 248 para o uso das diferentes palavras para designar a terceira pessoa.

Alguns verbos comuns são irregulares:

avere ter		**essere** ser	
ho	o	**sono**	sono
hai	ai	**sei**	sei
ha	a	**è**	é
abbiamo	abiamo	**siamo**	siamo
avete	avete	**siete**	siete
hanno	ano	**sono**	sono

andare ir		**venire** vir	
vado	vado	**vengo**	vengo
vai	vai	**vieni**	vieni
va	va	**viene**	viene
andiamo	andiamo	**veniamo**	veniamo
andate	andate	**venite**	venite
vanno	vano	**vengono**	vengono

fare *fazer*

faccio	fatcho
fai	fai
fa	fa
facciamo	fatchamo
fate	fate
fanno	fano

dovere *dever*

devo	devo
devi	devi
deve	deve
dobbiamo	dobiamo
dovete	dovete
devono	devono

sapere *saber*

so	so
sai	sai
sa	sa
sappiamo	sapiamo
sapete	sapete
sanno	san-no

bere *beber*

bevo	bevo
bevi	bevi
beve	beve
beviamo	beviamo
bevete	bevete
bevono	bevono

dire *dizer*

dico	diko
dici	ditchi
dice	ditche
diciamo	ditchamo
dite	dite
dicono	dikono

potere *poder*

posso	posso
puoi	puoi
può	puó
possiamo	possiamo
potete	potete
possono	possono

volere *querer*

voglio	volho
vuoi	vuoi
vuole	vuole
vogliamo	volhamo
volete	volete
vogliono	volhono

dare *dar*

do	do
dai	dai
dà	da
diamo	diamo
date	date
danno	dano

Pretérito:
Pretérito perfeito

Para descrever uma ação ocorrida no passado, use o presente dos verbos **avere** ou **essere** (veja na pág. 253) seguido do particípio passado do verbo para formar o pretérito perfeito. O particípio passado é formado com a raiz do verbo (o verbo menos a terminação **-are**, **-ere** ou **-ire**) no infinitivo, acrescentando-se as seguintes terminações:

portare levar	**vedere** ver	**partire** partir
portato levado	**veduto** visto	**partito** partido

A maioria dos verbos tem **avere** no pretérito:

l'ha venduto
la vend**u**to
ele/ela o vendeu

ha finito
a fin**i**to
ele/ela terminou

non l'ho vista (ou veduta)
non lo v**i**sta (ou ved**u**ta)
eu não a vi

Alguns verbos usam **essere**, a exemplo de alguns verbos de movimento, como **andare**, "ir", e todos os verbos pronominais, como **alzarsi**, "levantar-se". Quando se usa **essere**, o particípio passado concorda em gênero e número com o sujeito:

è partito
é part**i**to
(ele) partiu

è partita
é part**i**ta
(ela) partiu

sono andati / andate a Firenze la settimana scorsa**
s**o**no and**a**ti / and**a**te a fir**e**ntze la setim**a**na sk**o**rsa
eles foram para Florença na semana passada

ci siamo alzati / alzate alle sette**
tchi si**a**mo altz**a**ti / altz**a**te **a**l-le s**e**t-te
nós nos levantamos às 7 horas

sono andato / andata* all'ufficio postale ieri
sono an**da**to / an**da**ta al-lu**fi**tcho pos**ta**le i**e**ri
eu fui à agência do correio ontem

* = feminino singular
** = feminino plural

Estes verbos comuns usam **essere** para formar o pretérito perfeito:

andare	ir	**sono andato / andata**
arrivare	chegar	**sono arrivato / arrivata**
cadere	cair	**sono caduto / caduta**
entrare	entrar	**sono entrato / entrata**
nascere	nascer	**sono nato / nata**
partire	partir	**sono partito / partita**
passare	passar	**sono passato / passata**
ritornare	voltar	**sono ritornato / ritornata**
salire	sair	**sono salito / salita**
scendere	descer	**sono sceso / scesa**
venire	vir	**sono venuto / venuta**

Alguns verbos comuns têm passado irregular:

aprire	abrir	**aperto**
bere	beber	**bevuto**
chiedere	pedir	**chiesto**
chiudere	fechar	**chiuso**
comprendere	incluir	**compreso**
correre	correr	**corso**
dire	dizer	**detto**
essere	ser	**stato**
fare	fazer	**fatto**
leggere	ler	**letto**
mettere	pôr	**messo**
offrire	oferecer	**offerto**
perdere	perder	**perso** ou **perduto**
prendere	pegar	**preso**

ridere	rir	**riso**
scendere	descer	**sceso**
scrivere	escrever	**scritto**
spingere	empurrar	**spinto**
togliere	tirar	**tolto**
vedere	ver	**visto** ou **veduto**
venire	vir	**venuto**
vivere	viver	**vissuto**

Pretérito imperfeito

É usado para descrever uma ação no passado que era repetida, habitual ou que ocorria durante algum tempo. Para formar o imperfeito, mude a terminação do verbo assim:

portare	**portavo**	port**avo**	eu levava, costumava levar etc.
	portavi	port**avi**	
	portava	port**ava**	
	portavamo	portav**amo**	
	portavate	portav**ate**	
	portavano	port**avano**	
vedere	**vedevo**	ved**evo**	eu via, costumava ver etc.
	vedevi	ved**evi**	
	vedeva	ved**eva**	
	vedevamo	vedev**amo**	
	vedevate	vedev**ate**	
	vedevano	ved**evano**	
partire	**partivo**	part**ivo**	eu saía, costumava sair etc.
	partivi	part**ivi**	
	partiva	part**iva**	
	partivamo	partiv**amo**	
	partivate	partiv**ate**	
	partivano	part**ivano**	

quando ero studente, vivevo a Padova
kuando **e**ro stud**e**nte, viv**e**vo a P**a**dova
quando eu era estudante, morava em Pádua

com'era il tempo in Sicilia?
kom**e**ra il t**e**mpo in sitch**i**lia
como estava o clima na Sicília?

O verbo **essere** é irregular no pretérito imperfeito:

ero	**e**ro	eu era, costumava ser etc.
eri	**e**ri	
era	**e**ra	
eravamo	erav**a**mo	
eravate	erav**a**te	
erano	**e**rano	

Futuro

Para formar o futuro dos verbos terminados em **-ere** e **-ire**, retira-se o **-e** final do infinitivo e acrescentam-se as terminações apresentadas nas tabelas abaixo:

chiedere pedir

chiederò	kieder**ó**	eu pedirei etc.
chiederai	kieder**ai**	
chiederà	kieder**á**	
chiederemo	kieder**e**mo	
chiederete	kieder**e**te	
chiederanno	kieder**a**no	

partire partir

partirò	partir**ó**	eu partirei etc.
partirai	partir**ai**	
partirà	partir**á**	
partiremo	partir**e**mo	
partirete	partir**e**te	
partiranno	partir**a**no	

Com os verbos terminados em **-are**, o **-a-** da raiz se transforma em **-e-**:

portare levar

porterò	porter**ó**	eu levarei etc.
porterai	porter**ai**	
porterà	porter**á**	
porteremo	porter**e**mo	
porterete	porter**e**te	
porteranno	porter**a**no	

comprerò una bottiglia di vino rosso
kompreró **u**na bot-t**i**lha di v**i**no r**o**sso
eu comprarei uma garrafa de vinho tinto

Para alguns verbos irregulares, essas mesmas terminações são acrescentadas à raiz modificada do verbo:

andare	ir	**andrò**	eu irei etc.
avere	ter	**avrò**	
bere	beber	**berrò**	
dovere	dever	**dovrò**	
essere	ser	**sarò**	
fare	fazer	**farò**	
potere	poder	**potrò**	
sapere	saber	**saprò**	
stare	estar	**starò**	
tenere	segurar	**terrò**	
vedere	ver	**vedrò**	
venire	vir	**verrò**	
vivere	viver	**vivrò**	
volere	querer	**vorrò**	

sarà necessario?
sar**á** netchess**a**rio
será necessário?

Em italiano, com freqüência o tempo presente pode ser usado no lugar do futuro para falar de uma ação que irá acontecer (como também costuma acontecer em português):

partiamo domani
partiamo domani
nós partimos amanhã

Quando a ação é iminente, o italiano costuma usar o verbo no presente em vez de empregá-lo no futuro:

vengo subito da te
vengo subito da te
vou imediatamente para sua casa

Às vezes, o tempo futuro em italiano é usado para indicar probabilidade:

sarà vero
sará vero
poderá ser verdade

Formas negativas

Para fazer uma frase negativa, basta colocar a palavra **non** antes do verbo ou do pronome:

capisco	**non capisco**
kapisko	non kapisko
eu entendo	eu não entendo

mi piace il gelato / non mi piace il gelato
mi piatche il djelato / non mi piatche il djelato
eu gosto de sorvete / eu não gosto de sorvete

sono stato a Roma / non sono stato a Roma
estive em Roma / eu não estive em Roma

abbiamo mangiato bene / non abbiamo mangiato bene
ab-biamo mandjato bene / nonab-biamo mandjato bene
nós comemos bem / nós não comemos bem

Quando não há verbo, **non** é usado do seguinte modo:

non molto
non m**o**lto
não muito

non troppo
non tr**o**p-po
não em excesso

non nuovo
non nu**o**vo
não novo

non per me, grazie
non per me, gr**a**tzie
não para mim, obrigado(a)

Em outras expressões, quando se usam palavras como "nada", "ninguém", a língua italiana usa negativas duplas:

non c'è nessuno
non tché ness**u**no
não tem ninguém

non ne so niente
non ne so ni**e**nte
eu não sei nada sobre isso

non ne voglio nessuno
non ne v**o**lho ness**u**no
eu não quero nada

Imperativo

O modo imperativo é empregado para expressar comando (como "venha cá!", "vão!" etc.). Em geral, as formas imperativas são semelhantes às do presente. Retire as terminações **-are**, **-ere** ou **-ire** dos verbos e acrescente as terminações abaixo:

	tu	Lei	noi	voi
portare levar	**porta**	**porti**	**portiamo**	**portate**
chiedere pedir	**chiedi**	**chieda**	**chiediamo**	**chiedete**
partire partir	**parti**	**parta**	**partiamo**	**partite**

fate presto!
f**a**te pr**e**sto
apressem-se! (plural)

prenda un opuscolo, è gratis
pr**e**nda unop**u**skolo, é gr**a**tis
pegue um folheto, é grátis (formal)

Os pronomes geralmente vão para o final da forma imperativa (embora em alguns casos eles a precedam):

aspettami!
aspet-tami
"me espere!" (familiar)

mi aspetti!
mee aspet-ti
espere-me! (formal)

Estes imperativos muito usados são irregulares:

vieni qui!
vieni kuí
venha cá!
(familiar)

venga qui!
venga kuí
venha cá!
(formal)

va' a casa!
vá a kaza
vá para casa!

dimmi la verità!
dim-mi la veritá
diga-me a verdade!

fa' presto!
fa presto
apresse-se!

da' questo a Gigi
dá kuesto a dji-dji
dê isto à Gigi

Para obter a forma negativa do imperativo, coloca-se a palavra **non** antes do verbo; para a forma **tu**, porém, o verbo muda para o infinitivo:

non parlare così in fretta!
non parlare cozí in fret-ta
não fale tão depressa! (fam.)

non parli così in fretta!
non parli cozí in fret-ta
não fale tão depressa! (formal)

non fate rumore!
non fate rumore
não faça barulho!
não façam barulho! (plural)

Interrogação

A ordem das palavras costuma ser a mesma numa pergunta, mas a entonação muda – em geral, a voz se eleva no final da interrogação:

parla inglese?
parla ingleze
você/o(a) senhor(a) fala inglês?

A ordem das palavras também pode ser invertida para criar perguntas, como no caso de se usar uma palavra interrogativa:

quando chiude il museo?
kuando kiude il museo
quando fecha o museu?

è arrivato il pacco?
é arrivato il pak-ko
chegou o pacote?

Datas

Use os números das páginas 265-266 para formar as datas, exceto para o primeiro, quando se deve usar o ordinal **il primo**:

il primo settembre [il primo set-tembre] primeiro de setembro
il tre marzo [il tre martzo] três de março
il ventuno giugno [il ventuno djunho] vinte e um de junho

Dias

segunda-feira	lunedì	lunedí
terça-feira	martedì	martedí
quarta-feira	mercoledì	merkoledí
quinta-feira	giovedì	djovedí
sexta-feira	venerdì	venerdí
sábado	sabato	sabato
domingo	domenica	domenika

Meses

janeiro	gennaio	djen-naio
fevereiro	febbraio	feb-braio
março	marzo	martzo
abril	aprile	aprile
maio	maggio	madjo
junho	giugno	djunho
julho	luglio	lulho
agosto	agosto	agosto
setembro	settembre	set-tembre
outubro	ottobre	ot-tobre
novembro	novembre	novembre
dezembro	dicembre	ditchembre

Tempo

que horas são? che ore sono? [ke ore sono]
uma hora l'una [luna]
duas horas le due [le due]
é uma hora è l'una [é luna]
são duas horas sono le due [sono le due]
são dez horas sono le dieci [sono le dietchi]
uma e cinco l'una e cinque [luna e tchinkue]
duas e dez le due e dieci [le due e dietchi]
uma e quinze l'una e un quarto [luna e un kuarto]
duas e quinze le due e un quarto [le due e un kuarto]
dez e meia le dieci e mezza [le dietchi e medza]
vinte para as dez le dieci meno venti [le dietchi meno venti]
quinze para as duas le due meno un quarto [le due meno un kuarto]
às oito horas alle otto [al-le ot-to]
às quatro e meia alle quattro e mezza [al-le kuat-tro e medza]
14h00 le quattordici [le kuat-torditchi]
17h30 le diciassette e trenta [le ditchassete e trenta]

2h le due di notte [le due di not-te]
14h le due del pomeriggio [le due del pomeridjo]
6h le sei del mattino [le sei del mat-tino]
18h le sei di sera [le sei di sera]
meio-dia mezzogiorno [medzodjorno]
meia-noite mezzanotte [medzanot-te]
uma hora un'ora [unora]
um minuto un minuto [minuto]
um segundo un secondo [sekondo]
quinze minutos un quarto d'ora [un kuarto dora]
meia hora mezz'ora [medzora]
quarenta e cinco minutos tre quarti d'ora [tre kuarti dora]

Números

0 zero [dzero]
1 uno [uno]
2 due [due]
3 tre [tre]
4 quattro [kuat-tro]
5 cinque [tchinkue]
6 sei [sei]
7 sette [set-te]
8 otto [ot-to]
9 nove [nove]
10 dieci [dietchi]
11 undici [unditchi]
12 dodici [doditchi]
13 tredici [treditchi]
14 quattordici [kuat-tor-ditchi]
15 quindici [kuinditchi]
16 sedici [seditchi]
17 diciassette [ditchasset-te]
18 diciotto [ditchot-to]
19 diciannove [ditchan-nove]

20	venti [venti]
21	ventuno [ventuno]
22	ventidue [ventidue]
23	ventitré [ventitré]
30	trenta [trenta]
31	trentuno [trentuno]
40	quaranta [kuaranta]
50	cinquanta [tchinkuanta]
60	sessanta [sessanta]
70	settanta [set-tanta]
80	ottanta [ot-tanta]
90	novanta [novanta]
100	cento [tchento]
110	centodieci [tchentodietchi]
200	duecento [duetchento]
300	trecento [tretchento]
1.000	mille [mile]
2.000	duemila [duemila]
5.000	cinquemila [tchinkuemila]
5.720	cinquemilasette-centoventi [tchinkuemila sette-tchentoventi]
10.000	diecimila [dietchimila]
10.550	diecimilacinque-centocinquanta [dietchimilatchinkue tchento-tchinkuanta]
20.000	ventimila [ventimila]
50.000	cinquantamila [tchinkuantamila]
100.000	centomila [tchentomila]
1.000.000	un milione [un milione]

Como em português, em italiano se escrevem os milhares com pontos, a exemplo de 1.000, 10.000, e os decimais são escritos com vírgula: 3,5.

Ordinais

1º primo [primo]
2º secondo [sekondo]
3º terzo [tertzo]
4º quarto [kuarto]
5º quinto [kuinto]
6º sesto [sesto]
7º settimo [set-timo]
8º ottavo [ot-tavo]
9º nono [nono]
10º decimo [detchimo]

Conversão de Medidas

1 centímetro = 0,39 polegada

1 metro = 39,37 polegadas = 1,09 jarda

1 quilômetro = 0,62 milha = 5/8 milha

1 polegada = 2,54 cm

1 pé = 30,48 cm

1 jarda = 0,91 m

1 milha = 1,61 km

km	1	2	3	4	5	10	20	30	40	50	100
milha	0,6	1,2	1,9	2,5	3,1	6,2	12,4	18,6	24,8	31,0	62,1

milha	1	2	3	4	5	10	20	30	40	50	100
km	1,6	3,2	4,8	6,4	8,0	16,1	32,2	48,3	64,4	80,5	161

1 grama = 0,035 onça

g	100	250	500
oz	3,5	8,75	17,5

1 kilo = 1000 g = 2,2 libras

1 oz = 28,35 g

1 lb = 0,45 kg

kg	0,5	1	2	3	4	5	6	7	8	9	10
lb	1,1	2,2	4,4	6,6	8,8	11,0	13,2	15,4	17,6	19,8	22,0

kg	20	30	40	50	60	70	80	90	100
lb	44	66	88	110	132	154	176	198	220

lb	0,5	1	2	3	4	5	6	7	8	9	10	20
kg	0,2	0,5	0,9	1,4	1,8	2,3	2,7	3,2	3,6	4,1	4,5	9,0

1 litro = 1,75 quartilho (RU) / 2,13 quartilhos (EUA)

1 quartilho (RU) = 0,57 litro
1 quartilho (EUA) = 0,47 litro

1 galão (RU) = 4,55 litros
1 galão (EUA) = 3,79 litros

centígrados / Celsius

°C = (°F - 32) x 5/9

°C	-5	0	5	10	15	18	20	25	30	36,8	38
°F	23	32	41	50	59	64	68	77	86	98,4	100,4

Fahrenheit

°F = (°C x 9/5) + 32

°F	23	32	40	50	60	65	70	80	85	98,4	101
°C	-5	0	4	10	16	18	21	27	29	36,8	38,3

Conheça também:

Rough Guides Guias de Conversação

Rough Guides

Rough Guides Directions

Mapas Rough Guides

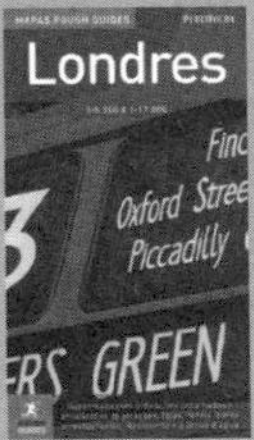

Este livro foi impresso em maio de 2008 pela Cromosete
sobre papel offset 90 g/m².